중국경제학입문

중국 경제학 입문

‘애매한 제도’는 어떻게 기능하고 있는가?

카토오 히로유키 저
김종선 · 박상영 역

일러두기

- 본서는 加藤弘之, 《中国経済学入門-'曖昧な制度'はいかに機能しているか》(名古屋大学出版会, 2016)을 완역한 것이다.
- 본서에 보이는 중국인 인명은 국립국어원의 표기 방식에 따라 현대인과 과거인으로 나누어 각각 현대중국음과 한자음을 반영하여 표기하였다. 다만 지명 등은 모두 현대음으로 표기하였다.
- 일본의 인명과 지명은 모두 일본음으로 표기하였다.
- 본서에는 저자가 참조한 내용을 '인명+발표연도' 방식으로 표기하고 있다. 저자가 참조한 자료 가운데 영어에서 일본어로 번역된 자료에서 인용한 카타카나 표기 인명은 독자가 원저자의 인명을 쉽게 확인할 수 있도록 원래의 영어 인명으로 환원하여 표기하고 '인명+발표연도' 앞에 * 표시를 해두었다. 이때 발표연도는 일본어로 번역출간된 연도를 의미한다.
- 독자의 편의를 위해 책 부록으로 색인을 마련하였다.
- 각주에서 '역자주'라고 표기하지 않은 것은 모두 저자가 붙인 것이다.

차례

제Ⅱ부 응용편

서장(序章)

중국경제학으로의 초대

—— 한층 진화된 중국 연구를 목표로 ——

무언가 중요한 걸 결정하려고 할 때는 말야, 처음에는 우선 아무렇게나 해도 괜찮을 것 같은 곳부터 시작하는 것이 좋아. 누가 생각해도 알 수 있는 정말 바보 같은 곳부터 시작하는 거야. 그러고 그 바보 같은 곳에다 시간을 왕창 들이는 거지. 그러는 사이에 문뜩 알게 되는 거야. 갑자기 안개가 걷히듯이 알게 되는 거지. 거기가 대체 어떤 곳인가 하는 거 말이지.

– 무라카미 하루키, 《태엽 감는 새 연대기(제2부)》, 新潮文庫, 307–308페이지.

1. '논(論)'에서 '학(學)'으로의 진화

필자가 근무하는 대학의 경제학부가 학생들에게 배포하는 실러버스에는 강의명에 '논'이 붙어 있는 것도 있고 '학'이 붙어 있는 것도 있다. 양자의 차이를 한마디로 말하자면, 체제가 확실하게 세워져 있어 체계적인 강의가 가능한 과목에는 '학'이 붙고, 그때까지 체계적 내용을 지니지 않은 새로운 학문 영역이나 '학'의 일부 영역을 취급하는 과목에 '논'이 붙는 것 같다. 예를 들어 거시경제학 · 국제경제학 · 노동경제학 등에는 '학'이 붙지만 경제시스템론 · 금융경제론 · 산업조직론 등에는 일반적으로 '학'이 붙지 않는다. 개발경제학처럼 어느 샌가 논에서 학으로 진화한 과목도 있다.

필자는 '중국경제론'[1] 강의를 오랜 기간 담당하면서 교과서도 여러 권 집필했으며, 일본어는 물론이고 영어나 중국어로 된 관련 서적도 적지 않게 집필하였다(대표적 텍스트로는 加藤 · 上原 2011, 南 · 牧野 2012, 丸川 2013c, Naughton 2007, 林 2012 등이 있다). 필자가 편자로 관여했던 이전 저서의 장별(章別) 구성을 예로 들어보면, 중국의 자연 · 사회지리적 조건의 개설부터 시작하여 근대 이후의 경제사를 간결하게 정리한 뒤 농업 · 공업 · 지역경제 · 환경 · 대외무역 등의 장으로 나누어 서술하여 중국경제의 전체상을 묘사하려고 하고 있다. 각 장의 집필자는 중국경제 가운데에서도 자신 있는 전문분야의 토픽을 들어 경제의 기초이론을 원용하면서 중국경제의 현황을 간결하게 소개하고 있다. 중국경제에 관한 지식이 없는 학부 학생에게는 이것이 텍스트 구성으로서 최선일지도 모르겠다. 하지만 각 분야의 현황을 아무리 정성들여 소개하더라도, "중국경제의 전체상을 한 눈에 볼 수 있는가?" 하는 질문을 받는다면 필자는 불안하기 그지없다.

개발경제학이나 비교경제시스템론의 수법을 기초로 하여 그 응용분야 중 하나로 중국경제학을 논한 스타일의 책도 있다(예를 들면 中兼 2010, 中兼 2012). 특히 나카가네 카츠지(中兼和津次)의 2012년의 저작은 개발경제학의 분석툴을 구사하여 중국경제가 어디까지 해명 가능한가를 밝힌 우수한 저작으로 필자도 배운 바가 적지 않았다. 본서에서 필자가 밝히고자 하는 것도 분석툴은 다르지만 이 나카가네의 시도와 본질적인 차이가 없을지도 모르겠다. 하지만 오해를 무릅쓰고서라도 말하자면 나카가네가 도출한 다음 결론에 대해 필자는 만족할 수 없다. "우리들(나카가네)의 대략적인 판단에 따르자면 중국경제

---

1 엄밀히 말하자면 강의명은 학부가 '중국경제론'이고 대학원이 '중국사회경제론'이다. 대학원 강의명에 '사회'가 덧붙여진 것은 코오베 대학(神戸大學)의 특색으로, 중국경제를 논할 때 경제뿐 아니라 정치 · 사회도 포함되는 것이 필수불가결하다는 인식은 미야시타 타다오(宮下忠雄), 후지모토 아키라(藤本昭) 두 선생부터 이어져 온 전통이다.

의 발전과정은 기본적으로 종래의 개발경제학의 틀로 서술하고 정리하는 것이 가능하다. (중략) 중국은 특수한 나라가 아니며 전체적으로 보자면 '일반적인' 나라이다." 나카가네와 마찬가지로 필자 역시 중국이 특수한 나라라고는 생각하지 않지만, 경제시스템에 주목한다면 중국의 경우 다른 발전도상국은 물론이고 선진국의 과거 경험과도 다른 독자성을 지니고 있다고 필자는 생각하기 때문이다.

이러한 사실은 본서의 타이틀과도 관계가 있다. 필자가 본서의 타이틀을 '중국경제학'이라고 한 이유는 종래의 중국경제론의 틀을 돌파하고 경제시스템에 초점을 맞추어 중국의 독자성을 확실히 하는 연구입문서, 혹은 일정한 학술 수준을 갖춘 계몽서로서 '논'에서 '학'으로 중개 역할을 할 수 있는 책을 쓰고 싶다고 생각했기 때문이다.

내가 아는 한 적어도 일본어로 쓰인 텍스트로는 아직 '중국경제학'이라는 제목의 책은 존재하지 않는다. 다만 중국에는 20년 전부터 그것이 존재했다. 베이징톈쩌경제연구소(北京天則經濟研究所) 편 《중국경제학 1994》(상하이런민출판사, 1995)의 전언(前言)에서 장수광(張曙光)은 다음과 같이 드높이 선언하고 있다.

> 중국의 경제발전과 사회경제 생활은 지금 한창 현대화를 향해 크나큰 한 걸음을 내딛기 시작하였으며, 중국의 경제이론 역시 현대화라는 목표를 향해 전진하고 있다. 《중국경제학》을 편집 · 출판하는 일은 현대화 과정의 하나의 결과이며, 또 한걸음 현대화라는 계단을 오르는 일이기도 하다.

톈쩌경제연구소의 《중국경제학》은 이후 거의 매년 편집책임자를 바꿔가면서 최첨단 중국경제연구를 현재에 이르기까지 소개하고 있다. 참고로 필자가 소장하고 있는 《중국경제학 2012》(상하이런민출판사, 2014년)에서는 커룽주(柯榮

住)(홍콩중원대학香港中文大學) · 장빈(張斌)(중국사회과학원) · 저우예안(周業安)(중국런민대학) 3인이 책임편집자로 되어 있으며 공공정책을 주요 토픽으로 하는 논문을 취급하고 있다. 모든 호가 그 해에 발표된 것을 선별한 논문으로 이루어져 있으며 읽을 만한 가치가 있다. 긴 기간에 걸친 톈쩌경제연구소의 시도는 높이 평가해야만 할 것이다. 다만 이 시리즈는 최첨단의 경제이론을 활용한 중국경제에 대한 이론 · 실증분석의 성과를 소개하는 것에 주안점을 두고 있기 때문이기도 하겠지만, 결과적으로 중국의 독자성이 지적되는 경우가 있더라도 그것은 부차적인 것에 불과한 것으로 취급되고 있다. 필자로서는 이러한 점이 다소 불만스럽다.

2. 본서의 목적

필자는 중국 경제시스템의 독자성에 강한 관심을 가지고 연구를 진행하고 있다. 개혁개방 이래 전통경제에서 시장경제로의 이행, 그리고 사회주의에서 자본주의로의 이행이라는 '2중의 이행'을 진행하여 차츰 그 모습을 드러낸 중국의 경제시스템을 필자는 '중국형 자본주의'라고 부르고 지금까지 그 특징을 다양한 각도에서 논하였다(加藤 1997, 加藤 · 久保 2009). 그리고 그 집대성으로 출간했던 이전 저서(加藤 2013)에서는 중국형 자본주의의 본질적인 특징으로 '애매한 제도'라는 개념을 최초로 제시하였다. '애매한 제도'에 대해서는 본서 제1장에서 상술하겠지만, 그 표현 자체가 '애매'하다는 이유로 나카가네로부터 혹독한 비판을 받았다(中兼 2014b). 하지만 나카가네의 비판을 받은 일이 필자에게는 행운이었으며, 이로 인해 필자로서는 '애매한 제도'에 대한 사색이 더 깊어지고 그 존재에 대한 확신이 한층 강해지게 되었다. 본서는 이전 저서에서 충분히 전개하지 못한 논점을 명확히 하고 보다 깊은 이해를 바탕으로 '애매한 제도'가 어떻게 기능하고 있는지를 논하는 것을 목적으로 하고 있다.

이러한 의미에서 보자면 본서는 이전 저서의 속편이며 전면 개정판이기도 하다.

만약 '애매한 제도'라는 관점에서 중국경제 운행 메커니즘에 대한 전체상을 제대로 서술할 수 있다면, 그러한 관점에서 쓰인 중국경제론 저작에 '중국경제학'이라는 타이틀을 붙이는 것도 허용되지 않을까? 두말할 것도 없이 프레임워크가 확실하게 완성되고 체계적인 강의가 가능한 '학'의 수준에 도달하지 못했다는 것을 필자 자신이 잘 알고 있다. 하지만 본서가 중국경제 사정을 소개한 표준적인 텍스트나 특정분야의 전문서와는 확실히 다른 수법과 목적으로 쓰였다는 것을 '학'이라는 표현을 씀으로써 독자에게 전하고 싶다고 필자는 생각하는 것이다. 타이틀에 '입문'을 덧붙인 이유는 필자의 사고가 아직 거친 단계이며 보다 세련된 이론적인 서술은 후진들에게 맡길 수밖에 없다고 생각하기 때문이지만, 본서에서는 수식(數式)이나 이론모델이 일절 나오지 않고 경제학 전문용어도 될 수 있는 한 쉽게 이해할 수 있도록 해설할 것이기 때문에 경제학 이외 영역의 연구자, 일반인이나 학생 독자들에게도 충분히 이해 가능하게 되었다고 자부한다.

본서를 '중국경제입문'과 헛갈려서 구입한 분들에게는 매우 미안한 일이지만, 본서를 읽더라도 중국경제의 실정에 대해서 체계적인 지식을 얻는 것은 그다지 기대할 수 없다. 하지만 GDP 성장률이나 자동차 생산량, 외화준비고 등의 경제정보는 구글이나 야후에서 검색하면 최신정보를 바로 입수할 수 있다. 또 중국경제의 입문서는 다수 출판되어 있고 특정 분야에 대해 깊게 연구한 연구서도 적지 않다. 본서는 '중국경제학입문'으로, 중국경제의 실태나 제도에 대해 어느 정도의 지식을 지닌 독자가 그 지식을 어떻게 조합해서 중국경제의 전체상을 그려낼까를 고민할 때 도움이 되는 책이다. 필자가 본서에서 전개한 논의에 찬성할 수 없는 독자에게도 본서는 무언가 중국경제에 대해 사고하는 힌트를 제공할 것이라고 필자는 확신하고 있다.

3. 본서의 특징

본서의 특징 가운데 첫째는 철저히 중국의 독자성을 파고들었다는 점이다. 본서에서는 '애매한 제도'를 키워드로 하여 중국의 경제시스템이 지니는 독자성을 강조하고 있다. 하지만 어디에 독자성이 있는가 하는 질문을 끝까지 파고들면 답이 궁한 경우도 있다. 전후 일본에서 고도성장이 시작된 쇼와(昭和) 30년대(쇼와 30년은 1955년이다)와 동일한 열기를 지금의 중국에서 느낀다는 소박한 감상은 필자도 여러 차례 느낀 경험이 있다. 또 선진국을 상회하는 격한 시장경쟁이라는 존재는 중국경제의 특징 가운데 하나이지만, 그것은 중국만의 것은 아니며 경제 이륙 시기 자본주의 국가에서 공통되는 것이다. 게다가 정부의 강력한 시장개입은 구 사회주의 국가에서는 오히려 당연한 일이었다. 이처럼 중국형 자본주의의 개별 특징을 하나하나 들고 있는 한, 무엇이 중국의 독자성인가를 정확하게 답하는 것은 어렵다.

이에 대한 필자의 답은 중국의 독자성을 각각 개별로 분석할 것이 아니라 상호의존의 관계 속에서 '전체적'(holistic)으로 파악하는 것이 중요하다는 것이다. 예를 들자면 정부가 강력하게 지원하는 국유기업이 존재하는 한편, 민영기업도 그것과 막상막하로 세차게 성장하고 있다. 국유기업과 민영기업이 격한 경쟁을 전개하는 가운데 그 산업 전체가 급성장을 이루어낸 현상을 보고서 중국경제는 정부 개입이 강한 '국가자본주의'(*Bremmer 2011)라고 평가한 것도, 민영기업의 활력에 그 본질이 있는 '대중자본주의'(丸川 2013b)라고 파악한 것도, 모두 일면적인 평가이다. 어딘가 한쪽에만 주목하여 그것이 중국경제의 본질이라고 해서는 중국경제의 참모습을 제대로 볼 수 없다고 필자는 생각한다. 이러한 사례가 보여주듯이 일견 상호 모순되고 서로 반발할 듯 여겨지는 여러 요소가 '애매한 제도'를 매개로 하여 유기적으로 결합되어 전체적으로 잘 기능하고 있는 곳에 중국의 독자성이 있다.

본서의 특징 가운데 둘째는 기존 이론이나 실증연구의 성과를 지금까지와는 다른 관점에서 재배치하거나 조합하여 '애매한 제도'란 무엇인가를 밝히려고 했다는 것이다. 현지조사에 기초하여 지역이나 산업의 실태에 바짝 접근하는 것도, 기업이나 가계(家計)의 미시 데이터를 이용한 계량적인 실증연구도, 본서에서는 본격적으로 하지 않았다. 미스터리 소설에 빗대어 말하자면 본서는 자신이 발로 뛰어 정보를 수집한다거나 때로는 범인과 격투하는 등의 활약을 하는 탐정이 아니라 주어진 정보를 면밀히 조합하여 진범을 밝혀내는, 이른바 안락의자형 탐정[2]을 목표로 하고 있다.

이미 언급했듯이 본서는 이전 저서의 속편이며 전면 개정판이기도 하다. 동일한 관점에서 동일한 테마를 취급했기 때문에 서술의 일부에 중복이 발생하는 것은 피할 수 없는 일이다. 하지만 본서와 이전 저서는 다음 사항에서 결정적이라고도 할 수 있는 차이가 있다고 필자는 생각하고 있다. 이전 저서에서는 중국형 자본주의가 갖는 특징으로 ①격한 시장경제의 존재, ②국유와 민영이 병존하는 혼합체제의 존재, ③기업처럼 경쟁하는 지방정부와 관료, ④이익집단이 형성된 가운데 발생한 부패와 성장의 병존 등의 네 가지 측면을 들고 이들 특징을 설명하는 것에 주안을 두었다. 이 때문에 '애매한 제도'에 대한 설명의 경우에는 불필요한 서술도 포함되어 있었으며 반대로 설명이 불충분한 곳도 있었다.

이에 반해 본서에서는 '애매한 제도'가 기능하고 있는 구체적인 사례로 중국형 자본주의의 복수의 특징을 들고 있다. 이전 저서와 동일한 토픽을 취급하

---

2 안락의자형 탐정 : 미국의 권위 있는 추리소설 평론지에 《The Armchair Detectives》가 있다. 번역문에서 '안락의자형 탐정'은 바로 'armchair detective'의 번역술어이다. 이는 사건현장을 오가는 것이 아니라 안락의자에 앉아 추리를 해내어 사건을 해결하는 탐정을 의미한다.[역자주]

고 있는 장(제4장 · 제8장)도 있는가 하면, 이전 저서의 토픽 일부에 초점을 맞춘 장(제3장 · 제5장 · 제7장)도 있으며, 이전 저서에는 없던 새로운 토픽을 취급한 장(제6장 · 제9장)도 있다. 본서에서는 이전 저서에서 전개된 논의에 입각하면서 될 수 있는 한 중복을 피해 '애매한 제도'가 어떻게 기능하고 있는가를 묘사하기 위해 노력하였다. 두말할 것도 없이 테마를 최신의 것으로 바꾼다거나 이전 저서 이후에 새로 얻은 지견을 덧붙이는 일에도 충분히 주의를 기울였다. 필자의 노력이 어느 정도 보상되었는지는 독자의 판단에 맡길 수밖에 없지만, 적어도 '애매한 제도'를 이해한다는 면에서는 본서가 이전 저서에 비해 몹시 쉽게 읽혀질 것이라 여겨진다.

4. 본서의 구성

본서는 제Ⅰ부(제1장~제2장), 제Ⅱ부(제3장~제7장), 제Ⅲ부(제8장~제9장)의 3개 파트로 구성되어 있다.

제Ⅰ부는 기초편으로, 본서에서 가장 중요한 키워드인 '애매한 제도'를 비교제도분석의 관점에서 정의하고 그것이 역사적으로 형성되어 온 과정을 밝힌다. 제1장에서는 '애매한 제도'란 무엇인가를 논한다. 제도라는 것은 결코 미래까지 영원토록 불변하는 것이 아니며 기나긴 시간에 걸쳐 진화하는 것이다. 진화의 과정이 직선적으로 나아간다고 한정할 수는 없다. 때로는 진화가 멈추어 뒤쳐진 제도가 연명하는 경우도 있고 진화와는 역방향의 움직임이 발생하는 경우조차 있을 수 있다. 이 장에서는 비교제도분석의 주요 연구성과를 정리하고, 제도란 무엇인가에 대한 필자의 생각을 제시한 다음, '애매한 제도'가 지니는 '애매함'에 고찰을 가하여 '애매한 제도'를 정의 내린다.

제2장에서는 중국 독자의 제도적 특성인 '애매한 제도'가 어떠한 과정을 거쳐 형성되었는지를 논한다. 기나긴 역사적 전통, 광대하며 다양성이 풍부한

풍토, 그리고 인민공화국 최초 30년 동안 시도된 집권적 사회주의의 실험이라는 세 가지 요소의 상호작용 속에서 '애매한 제도'가 형성되어 온 과정을 밝힌다.

제Ⅱ부는 본서의 응용편에 해당하는 부분으로, '애매한 제도'가 어떻게 기능하고 있는가를 밝힌다. 여기에서 다루는 토픽은 체계적 · 망라적이라기보다 '애매한 제도'가 어떻게 중국경제의 광범위한 영역에 퍼져있는가를 제시하는, 이른바 사례연구의 집합으로서 위치 지워진다. 필자가 생각하기에 토픽이 늘어서 있는 듯한 인상을 받을 독자가 있을지도 모르겠지만, 필자로서는 '애매한 제도'가 특징적으로 나타나 있는 제도나 영역을 뽑아서 다루려고 하였다.

제3장에서는 인민공사(人民公社)가 해체되고 농가경영청부제(農家經營請負制)가 도입된 이후의 농촌에 어떠한 제도 변화가 발생했는지를 논한다. 토지 관련 법률 · 조례의 정비와 청부작농권(請負作農權)의 유동화 현상을 정리한 다음, 토지의 집단소유를 전제로 한 일종의 협동조합 조직인 '토지주식합작사(土地株式合作社)'의 실태에 대해 다룬다. 그리고 토지의 집단소유라는 '애매한 제도'가 토지사유화가 야기할 우려가 있는 문제를 교묘하게 회피하면서 토지의 유효이용을 실현하고 있다는 것을 제시한다.

제4장에서는 '애매한 제도'를 기능시키고 있는 주역의 하나로, 고도성장의 담당자였던 지방정부와 관료를 다룬다. 지방정부는 기업을 직접 경영하는 것에서 출발했지만 기업이 민영화된 이후에는 토지의 독점적인 공급을 통해 관할지역의 도시경영을 담당하였다. 지방정부 사이의 성장경쟁에는 플러스가 되는 면이 있는가 하면 마이너스가 되는 면도 있는데, 중앙정부가 제대로 파악할 수 없는 지방 채무가 비대화하는 등 점차 커지는 마이너스가 되는 면을 개혁하고 성장지상주의로부터의 탈피를 도모하고 있는, 새로운 지방정부의 모습을 분석한다.

제5장에서는 '애매한 제도'를 기능시키고 있는 또 하나의 주역으로, 역시

고도성장의 주역이었던 국유기업 가운데 국유와 민영의 요소가 병존하는 혼합소유 기업에 초점을 맞춘다. 경쟁인가 소유인가라는 양자택일의 논의를 비판적으로 검토하고, 기업 거버넌스의 존재방식이 기업의 경제 퍼포먼스에 영향을 주었다는 관점에서 혼합소유 기업의 거버넌스의 특징을 검토하고 국유기업 개혁의 행방을 논한다.

제6장에서는 중국경제의 지속적이며 안정적인 성장에 있어 열쇠라고 여겨지는 이노베이션을 다루되 '애매한 제도'와의 관련에 초점을 맞추어 논한다. 중국에서는 산업조직론의 상식적 이해와는 다른 현상이 휴대전화 · 태양전지 · 전기자전거 등 신흥 산업을 중심으로 폭넓게 관찰된다. 이 장에서는 이들 신흥 산업의 급성장을 가능케 한 기술혁신을 '중국식 이노베이션'이라 명명하고, 그것이 중국에서 생겨나고 발전한 메커니즘을 밝힌 뒤 이노베이션의 향후 행방을 논한다.

제7장에서는 대외원조에서 발견되는 중국의 특성에 주목한다. 2004년경부터 중국은 자원이나 시장 확보를 목적으로 한 대외투자를 활발하게 전개하고 있는데, 그 움직임과 혼연일체가 된 대외원조는 원조를 받는 나라로부터 환영받는 면이 있는 반면, 인도적 지원을 중심으로 한 국제원조 사회로부터 비판의 대상이 된 면도 있다. 투자와 원조의 경계가 '애매한' 중국의 대외원조는 일본의 원조 경험과 유사한 면이 있기도 하지만 독자적인 원조 방법으로 평가될 가능성도 있다. 또 이 장의 보론(補論)으로 국내의 빈곤지역 지원을 행하는 '대구지원(對口支援)'의 내용을 소개한다.

제Ⅲ부는 과제편이다. 제8장은 '애매한 제도'가 야기한 가장 큰 문제 가운데 하나인 부패문제를 다룬다. 심각해지고 있는 부패 현상과 그 요인에 대해 고찰한 후, 부패를 없애기 위해서는 어떠한 제도개혁이 필요한가를 논한다. 그리고 '애매한 제도'를 전제로 하는 한 성장과 부패의 병존은 피할 수 없다는 사실을 제시한다.

제9장은 '애매한 제도'가 야기한 오늘날 또 다른 문제점으로 자주 지적되는 격차 문제를 다룬다. 개혁개방 이후 줄곧 소득 격차가 확대되었는데, 그 요인은 시장경제화의 추진에 있을까, 아니면 시장경제화의 불철저함에 있을까? 프랑스의 경제학자 토마 피케티가 그의 저서 《21세기 자본》에서 전개한 논의와 실증 결과를 참조하면서 중국에서의 격차 확대의 메커니즘과 그 대응책에 대해 논한다.

종장(終章)은 본서를 정리한 장이다. 앞 장에서의 논의에 입각하여 중국형 자본주의는 결국 선진 자본주의국과 같은 모델로 수렴해가고 있는가, 아니면 그 독자성을 계속해서 유지하게 될 것인가를 '중국적인 것'에 초점을 맞추어 '애매한 제도'와의 관계 속에서 논한다. 필자는 중국형 자본주의가 이후로도 독자성을 유지하는 것이 중국의 안정 성장에 있어 바람직하다는 입장이지만, '애매한 제도'가 미래에 영원토록 지금과 같이 변화하지 않는 쪽이 좋다고 주장하는 것은 아니다. '애매한 제도' 역시 어쩔 수 없이 변화할 것이 분명하지만 그 코어 부분은 모종의 형태로 계승되어 나간다. '애매한 제도'의 기능 메커니즘에 대한 연구를 통해 중국 경제시스템의 독자성을 추구하는 것을 목적 가운데 하나로 둔 중국경제학은, 새로운 경제학 패러다임을 구축하는 시도에도 일정한 공헌을 할 수 있다고 필자는 생각한다.

부론(付論)은 중국 연구에 뜻을 둔 젊은 연구자에게 드리는 메시지로, 내 자신이 걸어온 연구사를 뒤돌아보고 중국 연구가 맞닥뜨렸던 과제와 수법이 어떠한 변화를 이루어왔는가를 정리하였다. 그리고 중국 연구의 앞으로의 행방을 전망할 때, 중국의 독자성을 파고듦으로써 새롭게 보이게 되는 것을 탐색하는 것이 지역 연구로서의 중국 연구가 앞으로도 살아남고 계속해서 발전할 방도라고 여기는 필자의 생각을 서술한다.

제 I 부

기초편

제1장

'애매한 제도'란 무엇인가

── 제도의 내생적 변화라는 관점 ──

제 I 부에서는 본서의 키워드인 '애매한 제도'를 정의하고 그것이 역사적으로 형성되어 온 과정을 분석한다. 우선 이 장에서는 비교제도분석의 주요한 연구성과를 정리하고 제도를 어떻게 파악할 것인가에 대한 필자의 생각을 제시한 다음, "지금 왜 제도에 주목하는가?", "중국의 제도가 가지는 독자성은 무엇인가?" 등을 검토하고 '애매한 제도'가 지니는 '애매함'에 대해 고찰하도록 한다.

필자가 생각하는 '애매한 제도'를 한마디로 표현하자면 '애매함으로 인해 높은 경제효과를 가져오도록 설계된 중국의 독자적 제도'라고 정의할 수 있다. 형성 중인 제도 대부분은 2층(2중의 원) 구조로 이루어진다. 코어 부분은 제도가 인지되고 정착된 영역을 가리키고, 주변 부분은 제도가 진화하는 과정에 일시적으로 생겨나오는 과도적인 영역을 가리킨다. '애매한 제도'는 이중 구조로 이루어진 복수 제도의 중복이 만들어내는 경우가 많으며, 이 경우 주변 부분의 중복이 의미하는 '애매함'은 제도의 진화와 함께 소멸할지도 모르지만, 코어 부분의 중복이 의미하는 '애매함'은 중국 경제시스템의 특성으로서 형태를 변화해가면서 반복해서 재생산되어 나간다.

1. 제도를 어떻게 파악할 것인가

제도가 지니는 네 가지 특징

제도는 매우 포괄적인 개념이기 때문에 경제학에 한정한다 하더라도 반드시 공통적 이해가 있는 것은 아니다. 때문에 우선 필자가 제도를 어떻게 파악하고 있는가를 확실히 해두고자 한다.[1]

첫째, 제도는 단순히 법률이나 규범에 머물지 않으며 보다 포괄적인 내용을 포함하는 개념이다. 신제도주의 경제학을 대표하는 논자인 더글러스 노스에 의하면, "제도란 사회에서의 게임의 룰이다. 보다 공식적으로 말하자면, 그것은 사람들에 의해 고안된 제약으로, 사람들의 상호작용을 만들어낸다. 따라서 제도는 정치적 · 사회적 혹은 경제적, 어떠한 측면이라 하더라도 사람들의 교환에서 인센티브 구조를 부여한다."(*North 1994 : 3페이지)

제도를 '교환에서 인센티브 구조'를 가져오는 것으로 파악한 노스의 관점은 제도를 일종의 게임의 룰로 간주하는 가장 정통적인 사고방식이다. 한편, 비교역사제도분석의 제창자인 애브너 그라이프는 보다 포괄적으로 제도를 파악하는 관점을 아래와 같이 제시하고 있다.

> 제도는 행동의 규칙성을 공동으로 만들어내는 사회적 제요소(諸要素)의 시스템이다. 이 제요소는 사람에 의해 만들어지는 것이며 또 그것은 비물질적인 것인데다, 행동할 때에 그 영향을 받는 각 개인에게는 외생적(外生的)인 것이기 때문에 이 제요소는 사회적이다. 하나의 제도를 구성하는 다양한 제요소, 그 가운데 특히 룰 · 예상 · 규범 및 조직은, 사회적 상황 속에서 기술적으로

---

1 이하의 정리는 필자가 지닌 제도와 관련된 기본 인식을 독자에게 제시하여 필자와 독자 사이의 인식의 틈을 매우는 것을 목적으로 한다. 제도주의 경제학의 포괄적인 설명으로서는 충분하지 않다는 것에 대해서는 미리 양해를 구한다.

> 실행 가능한 수많은 행동 속에서 하나의 행동을 개인이 채용할 때에 개인에게 동기를 부여하고 돕고 인도한다. (*Grief 2009 : 27페이지)

여기에 제시된 제도는 법률이나 규범이라는 의미에서의 게임의 룰을 의미할 뿐만 아니라, 사람들이 공통적으로 품고 있는 예상이나 기대, 그리고 게임을 플레이하는 조직도 포함하고 있다. 이처럼 제도가 포괄적인 구성 요소로 이루어진다는 인식은 제도를 파악하는 출발점이다.

제도에 대해 두 번째로 주목해야 할 것은, 게임의 룰이나 조직으로서의 제도에는 공식적인 것이 있는가 하면 비공식적인 것(관습이나 규범, 비합법 조직 등)도 포함된다는 사실이다. 앞에서 언급했던 노스의 표현을 빌자면 "현대의 서구사회에서 우리들은 생활과 경제가 공식적인 법과 소유권에 의해 질서 지워진 것으로 생각한다. 하지만 공식적인 룰은 가장 발전한 경제에서조차 선택을 형성하는 제약조건 집합의 미미한 부분을 차지하는 것에 불과하다. 조금만 생각해보면 비공식적인 제약조건이 깊이 침투해 있다는 것을 이해할 수 있다."(*North 1994 : 48페이지) 공식적인 제도화가 진전된 선진국에서조차 비공식적인 룰이 중요하다고 한다면, 발전도상국에서 비공식적인 룰의 중요성은 한층 더 크다고 할 수 있다(原 1996).

제도에 대해 셋째로 지적하고 싶은 것은, 제도가 중층구조를 지니고 있다는 사실이다. 경제학에서의 제도에 대한 포괄적인 조사를 했던 올리버 윌리엄슨은 제도를 4레벨로 분류하였다(Williamson 2000). 〈그림 1-1〉은 윌리엄슨의 분류를 도식화한 것이다.

가장 기층에 있는 레벨Ⅰ은 사회에 내장되어 있는 제도를 가리키며 관습이나 사회규범 등을 의미한다. 윌리엄슨에 의하면 이것은 100년에서 1000년 동안이나 불변한다(그 정도의 장기간의 시간 동안 서서히 변해 나간다). 레벨Ⅱ는 개발경제학자 아비짓 배너지와 이스터 듀플로의 용어를 빌자면 '대문자 제도'

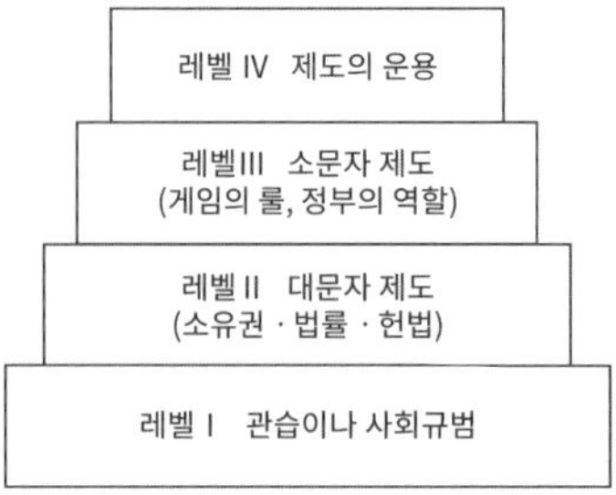

〈그림 1-1〉 제도의 중층구조

출처) Williamson(2000)을 참고하여 작성

에 해당한다(*Banerjee/Duflo 2012). 이것은 10년에서 100년 동안 불변하며(上同) 소유권 · 법률 · 헌법 등이 여기에 포함된다. 레벨Ⅲ은 '소문자 제도'를 의미하며 1년에서 10년 사이에 변화한다. 여기에는 게임을 플레이하는 수법이나 정부의 역할 등이 포함된다. 레벨Ⅳ는 자원의 분배 및 이용과 관련된 신고전파 경제학의 세계이며 다른 말로 표현하자면 제도의 운용과 관련된 레벨이다.

여기에서 한 가지 주의해야 할 사항은 동일한 개념이 쓰이더라도 그 내용이 나라마다 다른 경우가 있다는 점이다. 배너지와 듀플로는 '대문자 제도'는 그 지역의 '소문자 제도'를 통해 실현되지만, 그 존재 방식은 나라에 따라 다양하다고 지적하고 있다. "스위스에서는 외국인이 샬레(chalet, 스위스식의 오두막, 산장)를 소유할 수 없습니다. (중략) 스웨덴에서 사람들은 남의 사유지를 포함해서 어디를 걷더라도 상관없습니다."(同上書 : 317페이지) 이처럼 사유제 · 민주주의 등 동일한 개념이라 하더라도 나라마다 다른 내용을 지니고 있는 것이다.

제도와 관련하여 지적해둘 필요가 있는 넷째는, 제도는 재생산을 반복하면서 차츰 진화해 나간다는 사실이다. 앞에서 서술한 네 가지 다른 레벨로 제도를 파악하면, 제도가 형성되고 변화해 나가는 과정이 저절로 확실해진다. 다

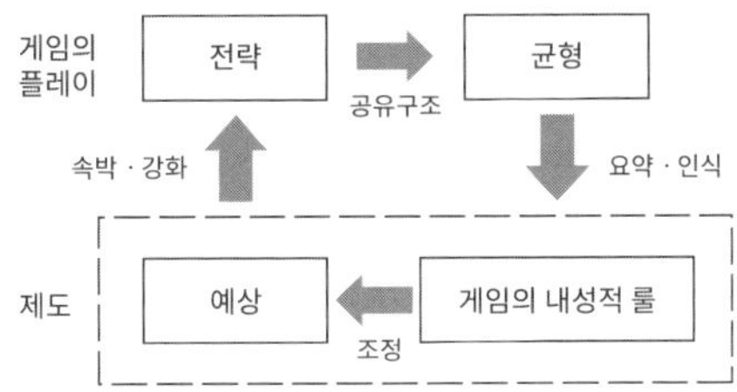

〈그림 1-2〉 게임의 균형으로서의 제도

출처) 靑木(2005)에서 인용함

시 말해 관습이나 사회규범 위에 '대문자 제도'가 형성되고, 또 '대문자 제도'를 기초로 하여 '소문자 제도'가 제정된다. 일반적으로 말하자면 제도의 진화란 주로 관습이나 사회규범에 따르는 상태로부터 대문자 제도가 차츰 형성되고, 또 그 위에 소문자 제도가 출현해 나가는 비교적 긴 과정을 의미한다.

제도는 시간을 두고 진화한다고 설명했는데, 그 이유는 제도에는 한 번 형성되면 좀처럼 변화되지 않는 성질이 내포되어 있기 때문이다. '제도=게임의 균형'이라고 생각하는 제도에 대한 관점에 근거하여 아오키 마사히코(靑木昌彦)는 룰이 내생적으로 만들어지고 결과적으로 그것이 자기 구속력이 되는 메커니즘을 다음과 같이 설명하고 있다(靑木 2005).

우선 게임의 플레이어는 그 게임 전체가 어떻게 진행되고 있는지에 대한 예상을 갖고 그 예상에 기초하여 다음 전략을 선택한다. 마찬가지로 각 플레이어는 각각 전략을 선택해 나가기 때문에 전체적으로 모종의 균형이 생기게 되는데, 그 균형은 끊임없이 요약되면서 내생적으로 형성된 게임의 룰로 플레이어에게 인식된다. 그리고 그것이 룰로 끊임없이 확인됨으로써 각 플레이어는 자신이 가진 예상을 조정하는, 그러한 순환관계에 있다고 생각한다(〈그림 1-2〉 참조).

제도를 게임의 균형이라고 파악하는 아오키의 관점은 제도가 게임의 플레이어에게 늘 재인식되고 재생산되는 메커니즘을 잘 설명해주고 있다. 그것은 또 제도가 일단 형성되면 좀처럼 변화하지 않는 이유를 내재적인 논리로 설명한 면도 있다. 제도 진화와 관련하여 또 부가해 두고 싶은 것은 제도는 늘 바람직한 방향으로 진화한다고는 할 수 없다는 사실이다. 메사추세츠공과대학의 다론 아제모을루와 하버드대학의 제임스 로빈슨이 들었던 수많은 역사적 사례가 일러주었듯이, 잘못된 방향으로 제도 변화(진화)가 자주 발생하고 있으며 뒤떨어진 제도가 기나긴 기간에 걸쳐 연명한 사례도 수없이 존재한다(*Acemoglu/Robinson 2013).

자본주의 제도를 어떻게 파악할 것인가

"제도를 어떻게 파악할까?"라는 논의의 마지막으로 "자본주의 제도를 어떻게 파악할까?"에 대해 필자의 생각을 밝혀두고 싶다. 비교경제시스템 전문가 미소바타 사토시(溝端佐登史)는 필자의 이전 저서에 대한 서평 논문 속에서, 필자가 사적 소유와 시장이라는 두 가지 기준으로 자본주의를 정의하고 있었던 것에 반해, 이들에 더하여 의사 결정의 존재방식이나 인센티브, 공공 선택의 절차도 자본주의라는 제도의 코어가 되는 요소라고 지적하였다(溝端 2014).

미소바타가 지적한 것처럼 자본주의를 몹시 포괄적인 개념으로 파악하여 기타 요소를 사상(捨象)하는 것이 필자의 입장이다. 그 이유는 이렇게 해야만 보다 자본주의의 본질에 접근하는 것이 가능하다고 생각하기 때문이다. 필자는 2001년 WTO 가맹 전후의 시기에 중국은 협의의 시장이행을 완성하고 광의의 시장이행의 시기로 옮아갔다고 파악하고 있다.[2] 그 기준은 ①사적 소유

2　여기에서 말하는 광의의 시장이행이란 협의의 시장이행에 의해 자본주의의 기본적 조건을 충족시킨 후, 시간을 두고 보다 세련된 자본주의(예를 들면 선진 자본주의 국가의 시스템)로 이행해 가는 과정을 의미한다. 다만 선진 자본주의국가 시스템으

가 지배적인 것이 되었다는 사실, ②재화와 서비스의 대부분이 시장을 통해 입수된다는 것, 이렇게 두 가지이다. 참고로 이 기준은 헝가리의 경제학자 야노스 코르나이가 제기한 시장이행의 완료를 보여주는 세 가지 조건 가운데 두 가지와 동일하다(Kornai 1992). 필자가 들지 않은 코르나이의 세 번째 기준은 공산당의 정치적 지배가 없어지는 것이다. 코르나이의 기준을 엄밀하게 적용하면 공산당 일당독재 체제가 계속되고 있는 중국은 아직 협의의 시장이행이 끝나지 않은 것이 된다.

필자가 코르나이의 세 번째 기준을 취하지 않은 첫째 이유는, 공산당 자체에 실질적인 의미에서의 변질이 이루어졌다는 사실에 있다. 장쩌민(江澤民) 국가주석(당시)이 2000년에 제기한 '3개 대표론'(三個代表論)은 공산당이 노동자 · 농민의 대표일 뿐 아니라 자본가도 포함한 모든 국민을 대표하는 정당이라는 것을 선언한 것이다. 실질적인 변질이 이루어지고 있는 공산당의 실태는 실증적으로도 확인할 수 있다. 코지마 카즈코(小嶋華津子)는 엘리트층 의식조사에 근거하여 젊은 세대의 당원일수록 당을 공산주의 이념 발양의 장이 아니라 자기실현의 기회와 이익을 얻을 수 있는 장으로 인식하고 있으며, 이데올로기로서의 사회주의 · 공산주의가 구심력을 잃어가는 현상을 지적하고 있다(小嶋 2012). 또 모오리 카즈코(毛里和子)는 공산당이 고학력의 엘리트집단이 되고 있다는 사실을 인식한 상황에서 하나의 정치조직으로서 모든 국민을 대표하는 것이 가능할 것인가를 묻고, 당내 파벌의 발생과 공인, 당의 분화, 그리고 다당제로의 이행 가능성을 시사하였다(毛里 2012b).

필자가 코르나이의 세 번째 기준을 취하지 않은 둘째 이유는, 공산당의 정치적 지배가 여전히 당분간은 계속될 가능성이 크다고 생각하기 때문이다.

로 중국의 경제시스템이 수렴될 것인지의 여부는 알 수 없다.

공산당 일당독제가 계속되는 한 이행기에 있다고 간주한다면, 상당히 긴 기간 동안 이행기는 계속된다고 보아야만 한다. 그 동안 중국의 경제시스템이 사회주의도 아니고 자본주의도 아닌 제3의 경제시스템에 해당한다고 상정하는 것은, 그다지 현실적이지 않으며 유효한 분석시각도 될 수 없다고 생각하기 때문이다.

본서에서는 다양한 자본주의가 존재하고 있다는 것을 전제로 하여 중국형 자본주의도 그 가운데 한 가지 형태라고 파악하고 있다. 중국형 자본주의가 어떠한 의미에서 독자적인가를 논하기 위해서는 다른 나라 · 지역의 자본주의와의 비교가 불가결하다는 지적에 대해서는, 종장에서 자본주의의 유형화라는 관점에서 재차 논할 것이라고 답하는 것으로 하겠다. 다음 장 이하의 분석에서 미리 중국형 자본주의가 어떠한 유형으로 구분될 수 있는가를 논할 필요가 있다고는 생각하지 않기 때문이다.

자본주의 제도의 형성과 관련된 중요한 논점으로 지금 하나 지적해 두고 싶은 것은, 1978년 개혁개방으로 사회주의에서 자본주의로의 시장이행을 진행한 중국은 통상적으로 상정된 의미에서 보자면 제도의 진화 과정이 역행하고 있는 사례에 해당한다는 사실이다. 시장이행이란 사회주의 시대에 형성된 제도를 자본주의 시스템에 합치되는 것으로 바꾸어 나가는 과정이다. 그런데 점진적으로 시장화를 진행한 중국에서는 사회주의 시대의 제도가 잔존하고 있는데다 무리하게 자본주의 제도를 접목한다거나 양자를 병존시키는 특징이 발견된다. 이러한 제도의 중복이나 병존은, 필자가 '애매한 제도'로 중국의 시스템을 생각할 때의 한 가지 중요한 요소가 되고 있다.

2. 왜 제도에 주목하는가

왈라스적 패러다임을 넘어

이상에서도 알 수 있듯이 필자는 개혁개방 후의 중국의 지속적인 경제성장을 분석할 때 제도가 해낸 중요한 역할에 주목하고 있지만, 이러한 사항은 중국에만 국한된 것이 아니다. 최근 경제발전에서 제도의 중요성이 경제학자 내에서 점차 공유되고 있다. 그 계기가 된 것은 20세기 말에 발생한 공산주의의 붕괴였다. 산타페 연구소의 사무엘 보울즈는 다음과 같이 회고하였다.

> 소비에트 연방과 동유럽의 공산주의 붕괴 이후 대부분의 경제학자들은 국가 소유가 폐지된 이상 자본주의적인 여러 제도가 충분히 기능하는 형태로 자연발생적으로 출현할 것이라며 자신을 갖고 예언하였다. 하지만 러시아에서 (중략) 생겨난 제도는 생산성을 향상시키는 인센티브도 없고 투자를 촉진시키는 인센티브도 없는 것이었다. (중략) 이러한 사실은 좋은 제도는 무료라는 일반적인 시각이 얼마나 틀렸는가를 여실히 보여주고 있다. (*Bowles 2013a : 14페이지)

제도의 중요성을 지적하는 보울즈가 최종목표로 삼는 것은 기존 경제이론의 대전제로 되어 있는 왈라스(Walras)적인 패러다임의 극복이다. 왈라스의 패러다임은 이하의 세 가지의 가정으로 이루어져 있다. ①개인은 자기 지향적으로 외생적(外生的)으로 정해져 있는 선호를 가지고, 행위의 결과에 대해 긴 시야를 가지고 평가하며 그 평가에 기초하여 행위를 선택한다고 가정한다. ②사회적 상호관계는 계약에 기초하는 교환이라는 형태 이외는 취하지 않는다고 가정한다. ③대부분의 경우에서 규모와 관련된 수확체증은 무시할 수 있다고 가정한다.

보울즈는 왈라스적 패러다임을 대체하는 다음 세 가지 가정을 새로운 패러다임의 중심에 위치시켰다. ①계약에 의하지 않은 사회적 상호작용. 계약에 기초한 개인 간의 상호작용뿐 아니라 계약에 의하지 않은 사회적 상호작용 또한 보편적이다. ②적응적이면서도 타자를 고려하는 행동. 자기 이해는 중요하지만 타자를 고려하는 동기 또한 마찬가지로 중요하다. ③일반화된 수확체증. 경제적 상호작용 및 다른 사회적 상호작용은 '누적적 인과관계'(*Myrdal 1959)에 이끌린다.

보울즈는 그의 저작에서 최첨단 미시경제학과 게임이론을 구사하여 위에서 서술한 세 가지 가정에 근거한, 새로운 경제학 기초이론의 구축에 목표를 두었으며, 그 가운데 제도의 형성에 대해서도 이해하려고 하고 있다. 다만, 보울즈의 선구적 시도는 높이 평가해야 하겠지만, 필자가 이해한 범위 내에서 말하자면 낡은 패러다임의 파괴에는 성공했으나 새로운 패러다임을 구축하는 데까지 이르지는 못한 듯하다. 한층 더 나아간 이론과 실증연구의 전개를 바라는 바이다.

경제제도와 정치제도의 관계

정치와 경제의 관계에서 제도를 새롭게 파악하려는 시도도 있다. 앞에서 언급했던 아제모을루와 로빈슨은 그들의 공저 《국가는 왜 실패하는가》에서 경제발전 과정에서 제도가 이루어낸 결정적으로 중요한 역할을 밝혔다(*Acemoglu/Robinson 2013).[3]

아제모을루와 로빈슨 주장의 요점 가운데 첫째는, 부유한 국가와 가난한 국가가 생기는 근본적인 이유를 '포괄적인 제도'와 '수탈적인 제도'라는 제도의 차이에서 설명하고자 하는 것이다. '포괄적인 경제제도'는 모든 사람이 참여 가능한 포괄적인 시장을 만들어내고, 지속적인 성장에 불가결한 요소인 테크

3 *Acemoglu/Robinson(2013)의 내용과 이에 대한 비판에 대해서는 加藤(2014a)에서 상세하게 검토하였다.

놀로지와 교육으로의 길을 연다. 반면 '수탈적인 경제제도'는 '포괄적인 경제제도'의 대극(對極)에 위치하며, 사회 속의 어떤 집단으로부터 수탈하여 다른 집단에게 이익을 가져다주기 위해 설계된 제도이다. 경제제도와 정치제도 사이에는 강한 상승작용(시너지 효과)이 있으며, 충분히 중앙집권화된 다원적인 정치제도, 다시 말해 '포괄적인 정치제도'가 '포괄적인 경제제도'의 장기적인 지속을 가능하게 한다.

아제모을루와 로빈슨 주장의 요점 가운데 둘째는, 정치제도의 우위성이다. 정치제도와 경제제도 사이의 강한 상승작용과 관련하여 저자들은 정치제도가 토대에 있으며 그것에 맞추어 경제제도가 만들어진다는 입장에 서 있다. 저자들은 다음과 같이 말한다. "본서가 보여주는 것은 어떤 나라가 가난한지 부유한지를 결정하는 데에 중요한 역할을 하는 것은 경제제도이지만 국가가 어떠한 경제제도를 지니는가를 결정하는 것은 정치와 정치제도라는 사실이다."(上同書 : 상권 76페이지) 경제가 토대이며 정치가 상부구조를 형성하다고 생각한 마르크스와는 인과관계가 역전되어 있는 점이 주목된다.

아제모을루와 로빈슨 주장의 요점 가운데 셋째는, 역사적 프로세스의 강조이다. 저자들은 다음과 같이 말한다. "열쇠를 쥔 것은 역사이다. (중략) 페루가 오늘날 서구나 미국보다 훨씬 가난한 것은 페루의 제도 때문이며, 그 이유를 이해하기 위해서는 페루의 제도가 성립한 역사적 프로세스를 이해해야만 한다."(上同書 : 하권 243페이지) 저자들이 특히 주목한 것은 처음에는 서로 비슷했던 두 나라가 점차 동떨어진 것이 되어 가는 '제도적 편차'(institutions drift)라는 개념이며, 그 제도적 편차의 계기를 부여한 것은 역사적 우연에 다름 아니다.

포괄적/수탈적 제도로는 이해할 수 없는 중국의 독자성

독특한 정치경제시스템을 지닌 중국에 대해서는 아제모을루와 로빈슨도 그들의 저서에서 여러 차례 언급하고 있다. 그리고 "중국의 독재적이면서 수탈적인 정치제도 하에서의 성장은 여전히 당분간 지속될 것으로 보이지만, 수탈적인 정치제도가 전환되지 않는 한 진정으로 포괄적인 경제제도와 창조적 파괴로 지탱되는 지속적 성장으로는 전환되지 않을 것이다."라고 결론짓는다(上同書 : 하권 257페이지).

이 결론은 지극히 온당해 보인다. (정치제도의 전환이 어떻게 발생하는지는 차치하고) 수탈적인 정치제도를 바꾸지 않는 이상, 중국의 미래는 그다지 밝지 않을지도 모른다. 하지만 필자는 수탈적인 정치제도 하에서는 어떠한 성장도 기대할 수 없다는 비관론에도, 포괄적인 정치제도만 있으면 모든 것이 잘된다는 낙관론에도 찬성할 수 없다.

인도의 경제학자 아빈드 수브라마니안은 중국과 인도를 다루면서 아제모을루와 로빈슨 논의의 문제점을 지적하고 있다(Subramanian 2012). 수브라마니안은 X축을 민주화 지표로 취하고 Y축을 경제발전 지표로 취하여 중국과 인도를 그림 속의 좌표로 제시하였다(〈그림 1-3〉). 이 그림에 그어져 있는 45도선은 경제발전과 민주화의 밀접한 관계를 보여주며, 대부분의 나라가 이 선의 주변에 위치한다고 여겨진다. 하지만 그림에 제시된 것처럼 중국은 좌상(左上), 인도는 우하(右下)라는 예외적인 위치에 있다. 다시 말해, 인도는 민주화의 레벨에서 보자면 경제적으로 발달하지 않았으며 중국은 민주적인 제도가 결여되어 있지만 경제적으로는 부유하다.

중국과 인도 모두 현 시점에서는 예외적인 위치에 있지만, 중장기(예를 들면 20년이나 30년)를 고려하면 양자는 45도선에 접근해 나간다고 아제모을루와 로빈슨은 예측할지도 모르겠다. 아제모을루와 로빈슨의 틀로 살펴보면, 독립변수 X(정치)가 종속변수 Y(경제)를 결정한다. 하지만 45도선에 접근하는 방법에

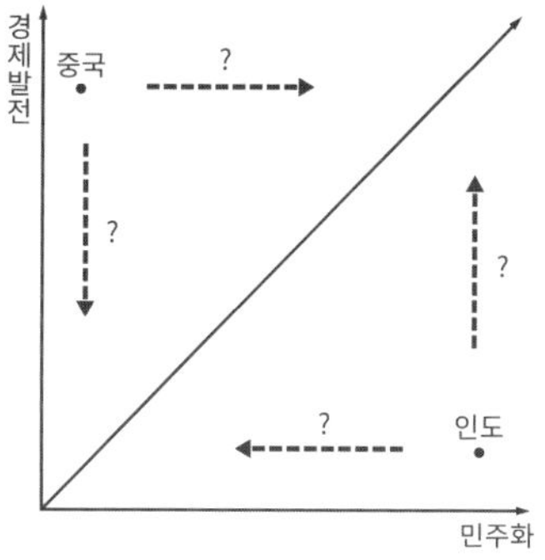

〈그림 1-3〉 경제발전과 민주화의 관계

출처) Subramanian(2012)의 그림을 일부 수정

는 여러 가지가 있다고 수브라마니안은 말한다. "2030년의 인도는 오늘날의 베네수엘라처럼 권위주위의 카오스가 되어 있을지도 모르며, 중국처럼 부유해져 있을지도 모른다. 이것과는 정반대로 중국은 토머스 제퍼슨 류(流)의 민주주의 국가가 되어 있을지도 모르며, 출산의 극적 붕괴에 시달리고 있을지도 모른다. 이 네 가지는 모두 출현할 가능성이 있지만 어떠한 것도 출현하지 않을지도 모른다. 결국 20년 후도 중국과 인도는 저자들(아제모을루와 로빈슨)의 논리에 따른다면 적절히 설명할 수 없다."

필자 역시 수브라마니안의 비판에 동의하고 싶다. 결국 중국의 '국가 사정'에 맞는 정치경제시스템을 계승하고 발전시켜 나가는 것 이외에 이 나라가 성장을 지속할 방법은 없다고 생각하기 때문이다. 중국이 지닌 독자성을 고려사항에 넣는다면, 포괄적 제도와 수탈적 제도라는 단순한 개념으로 모두 설명하는 것은 불가능에 가까운 일이다.

새삼 중국경제에 대해 필자의 생각을 이야기하자면, 구소련이나 중부 · 동부 유럽 등의 이행국(移行國)과는 달리 중국은 35년이 넘는 기간 동안 고도성장을 지속하는 우수한 경제 퍼포먼스를 실현하였다. 그 이유는 다름 아니라 중국이 긴 역사적 전통을 계승하면서도 30년의 집권적 사회주의의 실험을 극복하여 형성해 온 독자 경제시스템의 우수성에 있다고 여겨진다.

필자는 이전 저서에서 이러한 관점에서 중국 경제시스템의 독자성에 주목하여 그것을 '애매한 제도'라고 명명하였다(加藤 2013). 필자가 제기한 '애매한 제도'라는 개념은, 학계의 좁은 범위이긴 하지만 비판을 포함하여 일정 정도 포지티브한 반응을 일으킬 수 있었다(예를 들면 中兼 2014b, 溝端 2014, 木越 2014). 이와 같은 건설적인 비판은 필자의 사색에 깊이를 더해 주었으며 '애매한 제도'를 보다 세련된 개념으로 만들기 위한 큰 자극이 되어주었다(加藤 2014c). 이하의 서술에서는 비판자와의 상호교류나 그 이후의 사색에서 얻은 성과가 반영되어 있다는 것을 미리 일러두는 바이다.

3. '애매한 제도'를 어떻게 파악할까

사회에 내장된 '애매한 제도'

'애매한 제도'는 중국사회의 다양한 영역에서 관찰되는 보편적인 현상이라고 말해도 좋다. 우선 그 구체적인 이미지를 독자에게 제공하기 위해 2006년부터 2007년에 걸쳐 1년 동안 필자가 일본 외무성과의 인사교류 사업으로 베이징의 일본대사관에서 근무했던 때의 두 가지 에피소드를 '애매한 제도'의 사례로 소개하고자 한다.

하나는 대사관의 총무부에 항공회사에서 파견 와있던 N이라는 사람에게서 들었던 이야기이다. N에 의하면 일본식의 요인(要人) 관찰 프로그램은 몇 시 몇 분에 어디로 가서 무엇을 하는가가 자세하게 결정되어 그 스케줄에 따라 움직일 것이 요청된다. 이에 반해 중국식은 완전 반대이다. 요인의 지위가 높으면 높을수록 시찰 내용은 직전까지 확실히 하지 않으며 시간 배분 역시 명확하지 않은 채이다. 총무 담당자로서는 머리가 아픈 일이지만 결과만을 보면 일본식으로 자세하게 결정된 스케줄의 관리보다 직전까지 어떠한 것도 정하지 않는 중국식 쪽이 오히려 잘 운영된다고 느낀 경우가 많았다고 한다.

다른 하나는 합자기업을 경영하는 오랜 친구 S의 경험담이다. S는 회사 소개 팸플릿 제작을 중국인 사원 1명에게 맡겼는데 단기간에 매우 질 좋은 것이 완성되어 놀랐다고 한다. S는 경리담당 책임자로서 중국인 사원에게 어느 회사에 어떻게 발주하여 비용은 얼마나 들었는지 자세히 캐물으려고 했지만 그 사원은 결코 확실히 해주지 않았다고 한다. 중국인 사원에게 팸플릿 작성 비용의 정액을 제시하고 기한 내에 완성한다는 조건에다 뒷일은 자유롭게 하는 것으로 했었지만, S는 이 사원이 얼마간 돈을 떼먹고 있음에 틀림없다고 의심하였다. 다만 이 사원이 취한 행동은 (적어도 2006년 당시의 중국에서는) 투명하지는 않더라도 위법은 아니다.

이 두 가지 에피소드는 중국의 경우 조직이나 규칙을 떠나 개인이 자유롭게 결정할 수 있는 범위가 다른 사회(적어도 일본)보다 매우 크다는 것을 보여주는 사례이다. 그것을 가능하게 하는 것은 사람들이 공유하는 예상이나 규범이며, 그것에 근거해서 만들어진 룰이나 조직, 다시 말해 '애매한 제도'인 것이다.

'애매한 제도'를 도해(圖解)하다

그런데 필자는 이전 저서에서 '애매한 제도'가 지니는 네 가지 특징을 들고 간단한 설명을 가하였다(加藤 2013). 구체적으로 말하자면 ①조직의 '애매함', ②책임의 '애매함', ③룰의 '애매함', ④목표모델의 '애매함' 등의 네 가지이다. 이 네 가지 특징은 '애매한 제도'를 잘 표명하고 있다고 여겨지지만, 나카가네 카츠지(中兼和津次)가 비판한 것처럼 '애매한 제도'라는 정의로서는 충분하지 않으며 독자를 혼란시키는 원인이 될지도 모른다(中兼 2014b). 때문에 제도에 '애매함'을 가져오는 최대의 요인이라고 필자가 생각하는 제도의 중복을 도해

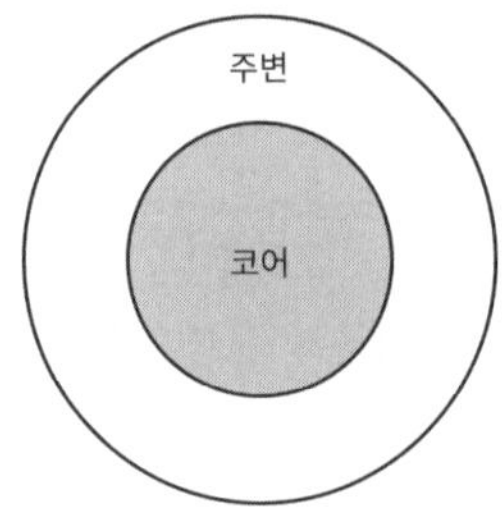

〈그림 1-4〉 코어와 주변이라는 2층 구조로 이루어진 제도

출처) 저자가 작성함

하는 것으로 그 특징을 확실히 해보고자 한다.

극히 단순화해서 말하자면, 이 장의 첫머리에서 언급한 것처럼 형성 중인 제도의 대부분은 코어 부분과 주변 부분이라는 2층(2중의 원) 구조로 이루어진다고 파악할 수 있다. 코어 부분은 인지되고 정착된 영역을 의미하고, 주변 부분은 제도가 진화하는 과정에서 일시적으로 생겨난 과도적인 영역을 의미한다. 여기에서 말하는 제도에는 조직이나 법규처럼 구체적인 형태가 되어 나타나는 것뿐 아니라 '암묵의 계약'(후술)처럼 사람들이 공유하는 예상이나 기대 등의 형태로 공식적인 제도에 내장되어 있는 것도 포함된다. 제도의 진화와 함께 주변 부분은 생성 · 발전하여 코어 부분으로 바뀌는 경우도 있지만 그 대부분은 차츰 소멸해간다. 한편, 코어 부분은 중국의 경제시스템의 특성으로서 형태를 바꾸면서 반복해서 재생산되어 나간다. 지금 가령 이 코어 부분을 색칠한 원으로 표시하고 그것을 감싸는 주변 부분을 색칠하지 않은 원으로 표시하면 〈그림 1-4〉와 같이 된다.[4]

4 두말할 것도 없이 코어 부분과 주변 부분 사이에 명확한 선을 그을 수는 없으며 색칠이 진한 부분과 옅은 부분의 그라데이션으로 표현하는 쪽이 보다 정확할지도

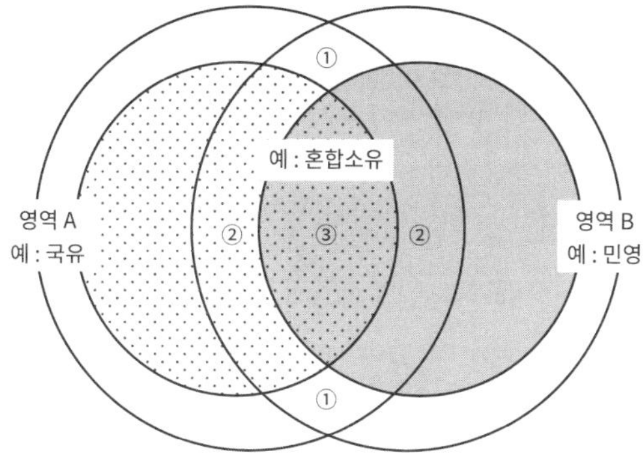

〈그림 1-5〉 '애매함'의 3영역

출처) 저자가 작성함

'애매한 제도'의 대부분은 코어 부분과 주변 부분이라는 2층 구조로 이루어진 복수 제도의 중복이 만들어낸 것이다. 여기에서는 기업의 소유형태와 관련된 제도를 예로 들어 제도의 중복에 따른 '애매함'에 대해 생각해 보기로 하자. 소유형태에는 국유와 민영, 그리고 혼합소유가 있다. 이것을 도해하고자 한다면, 국유의 영역과 민영의 영역이라는 두 개의 원이 교차하는 것으로 혼합소유의 영역을 그리게 될 것이다. 여기에 상술한 코어 부분과 주변 부분으로 이루어진 2중의 원을 덧붙여 생각해보면, 〈그림 1-5〉와 같은 그림을 그릴 수 있다. 이 그림에서 원의 교차에는 세 가지 중복 부분이 있다는 것을 알 수 있다. 영역①의 중복은 색칠을 하지 않은 영역들의 중복, 영역②의 중복은 색칠한 영역과 색칠을 하지 않은 영역의 중복, 영역③은 색칠한 영역들의 중복이다. 여기에서 말하는 세 가지 중복은 다른 종류의 '애매함'이 존재하는

모른다. 또 이 그림을 〈그림 1-1〉과 대응시킨다면, 〈그림 1-1〉의 하층 쪽을 코어로 삼고 상층 쪽을 주변으로 삼아 동심원으로 표현한 것이 될 것이다.

것을 의미하고 있다.

이 세 가지 중복의 차이는 다른 레벨의 제도가 겹쳐져 있는 이미지로 파악하는 것이 가장 이해하기 쉽다. 기업 소유제도의 경우, 근대 법치국가에서라면 가장 우선시되는 제도는 헌법이겠지만, 중국에서는 헌법보다 우선시되는 제도가 있다. 즉 국유기업이나 민영기업과 관련한 당의 결정이 바로 그것이다. 그 아래에 위치하는 것이 사회법 등 소유와 관련된 국가의 법규 · 법률이다. 그리고 법규 · 법률에 근거하여 지방정부가 제정한 조례나 정부 각 부문의 지침 등이 그 아래에 위치하게 된다. 하지만 이러한 우선순위가 명확하게 되는 것은 어디까지나 제도 진화의 결과로 제도의 정치화(精緻化)가 이루어진 뒤의 일이며, 그 과정에서 다양한 중복, 다시 말해 어느 쪽이 우선시되는지 알 수 없는 애매한 상황을 생각해 볼 수 있다. 앞에서 서술한 색칠을 하지 않은 영역들의 중복을 나타내는 영역①은 가장 하위에 위치하는 조례나 정부 지침 레벨의 중복을 의미한다. 예를 들어 성(省) 정부의 조례와 현(縣) 정부의 조례가 있는 경우, 재정부의 지침과 민생부의 지침이 있는 경우, 어떤 것이 우선시되는가는 반드시 명확한 룰이 있는 것은 아니다.

다음으로 색칠한 영역과 색칠을 하지 않은 영역의 중복을 나타내는 영역②는, 예를 들어 법규 · 법률과 정부 지침의 중복을 의미한다. 근대 법치국가라면 법률이 상위규정이기 때문에 조례나 정부 지침은 그것에 저촉될 수 없지만, 제도의 정치화가 진행되는 가운데 조례나 정부 지침이 상위 규정인 법률보다 우선시되는 듯한 경우가 중국에서는 자주 관찰된다. 예를 들면 독점금지법이 존재함에도 불구하고 석유를 생산 · 가공하는 국유의 2개사에 의한 국내 유통의 독점을 승인하는 정부 지침이 우선시되어 8만개소의 민영 가솔린 매장이 어쩔 수없이 폐쇄된 사례가 있다(加藤 2013). 다만 제도의 정치화가 진행되면 법률이 남고 그것에 저촉되는 조례나 행정 지침은 폐지되거나 바뀌게 된다(다시 말해 색칠을 하지 않은 영역이 축소된다).

마지막으로 색칠한 영역들의 중복을 나타내는 영역③은 근대 법치국가에서는 생각하기 어렵지만 중국의 경우에는 모든 법률에 우선하는 당의 결정이 존재한다. 구체적으로 말하자면, 국유기업 개혁의 목표모델을 애매하게 둔 채로 민영기업의 발전과 국유기업의 견지를 동시에 내거는 당의 결정을 의미하며, 그것을 구현한 것이 국유의 요소와 민영의 요소를 아울러 가지는 혼합소유 기업이다. 영역③은 두 개의 다른 제도가 일체가 되어 구조화하는 것을 의미한다. 이 부분은 이른바 '애매한 제도'의 코어 부분에 해당한다. ①이나 ② 등은 주변 부분이 일시적인 중복을 상정하고 있는 것에 반해, ③은 꽤 장기간에 걸쳐 중복이 유지되는 것을 상정하고 있다.

이상과 같이 도해한다면 영역①·②·③을 깔끔하게 구분할 수 있지만 실제로는 어떤 한 시점에서 세 가지 영역을 구분하는 것이 그다지 간단하지 않다. 왜냐하면 제도에 ①·②·③의 요소가 모두 포함되는 것이 아니라 영역③이 존재하지 않는 제도도 충분히 상정할 수 있기 때문이다.

좀 더 구체적으로 말하자면, 본서에서는 제5장에서 국유와 민영의 요소를 아울러 가지는 혼합소유 기업을 영역③을 포함한 '애매한 제도'의 사례로 다루며, 그 기업의 거버넌스의 특징을 분석하였다. 하지만 혼합소유 기업은 영역①이나 ②, 즉 국유기업이 민영기업의 활동영역에 일시적으로 침입하는 사례(혹은 그 반대)에 지나지 않는 것이 아닐까 하고 의문을 품는 독자들도 있을 것이다. 독자들의 의문에 근거가 없다고 할 수는 없다. 만약 극히 단기간(수년 사이)에 국유기업의 민영화가 진행되어 규범화된 주식회사로 개조된다고 한다면, 그 의문은 맞는 것이 된다. 하지만 만약 혼합소유 기업이 향후 10년 혹은 20년이나 지속되고 일정한 역할을 해낸다면, 그것은 모종의 구조화가 생겨났다는 것을 의미하며 필자가 말하는 '애매한 제도'의 코어 부분에 해당하는 영역③을 포함하는 사례임이 사후적이기는 하지만 증명되는 것이다. 아마 대다수의 독자들은 영역①·②와 함께 영역③이 포함되어 있는가 여부를 사후적이 아니라 사전에 알고 싶다고 생각할 것이기 때문에, 이 점은 '애매한 제도'의 분석틀의 한계라고 말할 수밖에 없다.

하지만 영역③의 존재를 (엄밀한 의미에서) 사전에 알 수 없다고 하더라도 그 존재가 완전히 추론 불가능하다는 것은 아니다. 제2장에서 필자는 '애매한 제도'가 어떻게 형성되어 왔는가를 명청(明淸) 시대로 거슬러 올라가 역사적으로 뒤돌아볼 것인데, 거기에서 나타난 특징(조직이나 법률, 사람들이 공유하는 예상 등 다양한 내용을 포함한다)이 모종의 형태로 현대에 되살아나 있다고 한다면, 그것을 필자가 말하는 '애매한 제도'의 코어 부분이라고 생각하는 것은 그다지 사리에 어긋나지 않을 것이다.[5] 그러한 특징이 반복해서 재생산되는 이유를 단적으로 말하자면, 기나긴 역사적 전통, 광대하며 다양성이 풍부한 국토로 규정되는 '국가 사정' 아래, 제도의 중복, 다시 말해 '애매함'을 품고 있는 제도를 유지함으로써 시스템의 기동성이나 효율성이 제고되는 우위성이 다른 나라 · 지역보다 중국이 크다고 여겨지기 때문이다. 그리고 이러한 점을 확실히 하기 위해서라도 영역③을 고려할 필요가 있는 것이다.

이상과 같이 중국에서는 제도 이행에 동반되는 일시적인 제도의 병존이나 중복을 이용할 뿐 아니라 '애매함'을 의식적으로 남겨두고 적극적으로 활용함으로써, 조직이나 규칙에 속박되지 않고 개인이 자유롭게 의사결정 할 수 있는 범위를 넓혀 기동적 · 효율적 제도 운용을 도모하는 '애매한 제도'가 존재한다고 파악된다.

---

5 필자의 이전 저서(加藤 2013)에서도 언급했지만, 명청사(明淸史) 전문가 무라카미 에이(村上衛)는 명청 시대의 제도와 현대의 제도 사이에 다양한 레벨의 유사성이 발견된다고 하며 이들 유사성은 단순한 인상론이 아니라 대부분이 구조적으로 설명 가능하게끔 되어 있다고 지적하고 있다(村上 2015). 무라카미 자신이 지적하듯이 단속적(斷續的)으로 명청 시대에서 현대로의 제도 지속성을 강조하는 것에는 신중해야 하겠지만, 현대의 중국연구자가 역사에서 배울 점은 적지 않다.

'암묵의 계약'으로서의 '애매한 제도'

지금까지의 논의는 주로 제도의 중복이라는 관점에서 '애매한 제도'의 특징을 밝히고자 한 것이지만, '애매한 제도'의 내용에는 제도의 중복이라는 관점에서는 충분히 설명할 수 없는 것도 포함되어 있다.

'애매한 제도'를 분석하는 제2장에서는 이와이 시게키(岩井茂樹)나 황중즈(黃宗智)의 논의를 다룬다. 여기에서는 국가라는 정규 영역과 사회라는 비정규 영역 사이에 모종의 중간적 영역(이와이는 '주변', 황중즈는 '제3영역'이라 불렀다)이 존재한다는 사실이 제시되었는데, 이것을 '애매한 제도'의 한 가지 형태로 파악하는 것도 충분히 가능하다고 필자는 생각한다. 즉, 국가와 사회 사이에 모종의 괴리가 존재하며 양자와 크고 작은 다양한 '애매한 제도'가 연계되어 있는 구조를 상정할 수 있다. 제도가 정치화(精緻化)되면 공식적인 제도가 비공식적인 제도를 대신함으로써 정규 영역과 비정규 영역의 괴리는 점차 소멸되는데, 황중즈는 '제3영역'은 집권적 사회주의 시대를 넘어 개혁개방 이후에도 잔존하고 있다고 주장하고 있다(구체적인 내용에 대해서는 제2장을 참조하기 바란다).

그리고 역사적으로 연속성이 명확하게 파악된다는 의미에서 필자는 '포(包)'에 주목하고 있다. '포'는 청부(請負)[6]의 총칭으로 그 어원은 태반 혹은 아이를 임신한 모친이며, 그것은 또 꽃봉오리('포苞')를 형성하는 것을 의미한다(楊 1987). 청부라는 것은 "지정된 내용의 완성을 담보한다면 뒷일은 당신의 자유에 맡기겠다"라는 의미이다(張 2009 : 195페이지).

제2장에서 상세하게 검토하겠지만, 필자가 '포(包)'에 주목하는 이유는 명

6 '청부'는 우리나라 말에서 '살인청부' 외에는 거의 쓰이지 않아 우리말과 정확히 부합하는 개념이 아니지만, 본서에서 주요개념으로 쓰이고 있기 때문에 이 용어를 그대로 쓰기로 한다. '청부'는 우리말에서 '도급'과 매우 유사한 개념이다. [역자주]

청 시대의 상관습(商慣習) · 재정제도나 사법 · 행정제도에도 민국 시기의 토지제도나 기업제도에도 '포'를 내포한 제도가 존재하고 있었을 뿐 아니라, 1978년부터 시작된 개혁개방 이후의 중국에서 농가경영청부제나 지방재정청부제 등 다양한 분야에서 청부제가 부활하여 자주 쓰이게 되었기 때문이다.

다만, '포(包)'를 일본어의 청부와 같은 뜻으로 파악해버리면 중국에서 '애매한 제도'가 지니는 뉘앙스가 잘 전달되지 않는다. 때문에 '애매한 제도'의 중요한 구성요소 가운데 하나인 '포'를 조직경제학이 발전시킨 계약이론의 관점에서 서술해 보면 다음과 같이 일반화할 수 있을 것이다.

스탠퍼드 대학의 폴 밀그롬과 존 로버츠의 연구에 의하면 계약이란 "서로가 서로의 이익을 인식하고 서로의 이익증대를 위해 행동의 수정에 합의할 수 있는 사람들 사이에 맺어지는 협정"이라 정의된다(*Milgrom/Roberts 1997). 하지만 사전에 모든 가능성을 고려한 '유효한 계약'(완비계약)을 맺는 것은 쉽지 않다. 왜냐하면 계약을 맺는 당사자는 '제한적인 합리성'(bounded rationality)밖에 지니지 않기 때문이다. 따라서 상정 가능한 모든 상황에 대해 사람들이 해야 할 것을 명기한 완비계약은 사실상 존재할 수 없다.

이러한 관점에서 살펴보면 우리들의 사회에 실로 수많은 레벨의 청부가 존재하는 것을 알 수 있다. 건축계약이나 위탁계약에도 청부가 쓰인다. 이러한 레벨의 청부는 기간이 한정되며 계약이 부분적으로 불완전한 듯한 '신고전파적(新古典派的)인 계약관계'를 가리킨다. 또 고용계약으로 청부가 쓰이는 경우가 있으며, 이것은 '관계적 계약'으로 구분할 수 있다. 관계적 계약이란 관계의 틀과 관련한 합의만을 성립시키는 계약을 의미한다.

관계적 계약에서 더 들어간 것이 '암묵의 계약'(implicit contracts)이다(*Picot 외 2007). 이것은 당사자가 상호 관계 위에서 품고 있는, 막연하기는 하지만 공유된(혹은 당연히 공유되었다고 여겨지는) 기대를 의미한다. 암묵의 계약은 비공식적인 상호의존을 전제로 한 계약이며 세세한 조건이나 제약을 부과하지 않고서(즉 '애매함'을 보지한 채) 모종의 신뢰관계에 근거하여 계약의 수행을 기대하는 계약이다. 우리들이 주목하는 '포'는 이러한 암묵의 계약의 일종이라고 파악할 수 있다(암묵의 계약의 한 사례로 제4장에서 향진기업鄕鎭企業을 다룬다).

'애매한 제도'를 정의하다

제도의 중복에 따른 '애매함'을 도해해도, 혹은 '포(包)'를 '암묵의 계약'이라고 바꾸어 말해도, '애매한 제도'의 실체는 변함없이 애매모호하여 붙잡을 곳이 없다고 불만스럽게 생각하는 독자가 있을지도 모르겠다. '애매한 제도'가 어떠한 형태로 중국경제 속에 내장되어 기능하고 있는가를 이해하기 위해서는, 구체적인 제도를 하나하나 들고 그 운행 메커니즘을 밝히는 것이 가장 이해하기 쉬운 방법이다. 다음 장 이하에서 필자는 그것을 시도할 예정이지만, 독자의 편의를 위해서는 역시 어떠한 형태로든 '애매한 제도'를 정의해 두는 것이 필요할지도 모르겠다.

붉은색을 추상적인 말로 정의하는 것이 쉽지 않듯이, 구체적인 제도의 집합으로 '애매한 제도'를 파악하는 방법을 취하지 않고서, '애매한 제도'를 정의 내리는 것은 매우 어려운 일이다. 없는 지혜라도 짜내어 애브너 그라이프와 비슷하게 엄밀함을 추구해 본다면 다음과 같은 정의가 가능할 것이다. '애매한 제도'란 "높은 불확실성에 대처하기 위해 리스크의 분산을 도모하면서 개인 활동의 자유를 최대한 높여 그 이득을 최대화하도록 설계된 중국 독자의 룰·예상·규범·조직"을 가리킨다.

하지만 이 정의는 너무 긴 경향이 있다. 때문에 엄밀함을 다소 희생하여 이것을 보다 간결하게 서술한 것이 이 장의 첫머리에서 내걸었던 "애매함으로 인해 높은 경제효과를 가져오도록 설계된 중국 독자의 제도"라는 것이다. 독자는 "애매함으로 인해 높은 경제효과를 가져온다"라는 표현에 위화감을 느낄지도 모르겠다. '애매함'에서 받는 인상은 어중간함·불철저·불투명 등과 같이, 말하자면 네거티브한 것이다. 하지만 '애매함'은 뒤집힌 유연함이나 강함이기도 하다. 일반적으로 말해 제도의 '애매함'을 없애고 '명확함'을 추구하는 것은 제도의 진화를 의미하는 것이며, 이는 경제발전을 촉진하기 마련이다. 하지만 그것이 늘 맞다고는 할 수 없다. '명확함'이 마이너스로 작용하고 '애매함'이 플러스로 작용(적어도 그 가능성이 있다)하는 영역도 존재하기 때문이다.

예를 들어 토지의 개인사유제가 효율적인 토지이용을 방해하고 있을 우려는 없는가? 중앙집권적인 행정 · 재정 시스템이 지방정부의 창의적인 고안의 여지를 좁히고 지방의 피폐를 초래할 가능성은 없는가? 글로벌화가 진행되는 오늘날 민영기업보다 큰 리스크를 안는 것이 가능한 국유기업 쪽이 기업 거버넌스만 적절하다면 격렬한 국제시장에서의 경쟁을 이겨낼 수 있지 않을까? 지재권 보호를 강화한다면 발명자 개인의 이익은 지켜지겠지만 사회적 비용은 몹시 커지기 때문에 지재권 보호의 규제를 완화하는 쪽이 기술혁신을 촉진할 가능성은 없는가? 자원이나 시장 확보와 일체화된 인프라 투자 등의 유상지원 쪽이 인도적 지원으로 한정된 무상지원보다 발전도상국에 도움이 되고 있지 않을까?

필자의 이해가 맞는 것이라면 '애매함'이 마이너스가 아니라 플러스로 작용하는 영역은 우리들이 상상하는 이상으로 광범위하게 미치고 있는 것 같다. 하지만 '애매한 제도'가 지니는 우수성은 언제 어디서나 유효한 것은 아니며, 그 나라 · 지역이 위치한 발전 단계나 자연 · 사회지리적 조건에 따라 자연스럽게 그 구현되는 방식이 다르다. 어쨌든 간에 제도의 진화와 맞물려 '애매함'이 우수성을 발휘하는 영역은 차츰 작아지겠지만, 결코 없어질 일은 없다. 특히 광대하며 다양성이 풍부한 풍토를 지닌 중국에서는 그러한 '애매함'이 지니는 우수성이 발휘되는 영역이 다른 나라 · 지역보다 훨씬 크다. 필자가 '애매한 제도'를 키워드로 중국 경제시스템의 독자성을 파악하는 이유는 주로 이러한 점 때문이다.

이상과 같은 문제의식 아래 이하의 장에서는 '애매한 제도'가 어떻게 기능하고 있는지를 분석한다. 서장(序章)에서도 소개했지만 '애매한 제도'라는 관점에서 한 번 더 확인해 둔다면, 제3장에서 다룰 토지의 집단소유는 사회주의 시대의 유산인 집단소유가 새로운 형태를 띠고 '애매한 제도'로 되살아난 사례이다. 제4장에서 다룰 지방정부 간 경쟁 메커니즘은 역사적인 전통인 행정청 부제를 잇는 '애매한 제도'의 사례이다. 제5장에서는 국유와 민영의 요소를 아울러 가진 혼합소유 기업이라는 '애매한 제도'가 경쟁적 시장에서 민영기업에 필적하는 높은 경영효율을 실현하고 있다는 사실을 논한다. 제6장에서는 기술이나 디자인의 모방을 전제로 한 이노베이션을 가능하게 하며, 결합과 이탈을 반복하면서 다수의 기업이나 개인이 관련되어 있는 복잡한 분업체계를 '애매한 제도'의 사례로 다룬다. 제7장에서는 자원·시장의 확보와 원조가 혼연일체 되어 있다는 의미에서, '애매함'을 내포한 중국의 원조방법이 국제 원조사회와는 다른 원조방법으로 확립할 가능성을 논한다.

이하에서 다룰 사례는 모두 현재 중국에서 실제로 발생하고 있는 현상이며, 제도의 진화 과정에서 발생하여 비교적 장기간에 걸쳐 지속되리라 전망되는 '애매한 제도'를 다룬 것이다. 중국 경제시스템의 특성을 밝히는 것이 본서의 목적인 이상, 이러한 것은 굳이 지적할 필요도 없겠지만, 필자가 분석하는 제도에는 주변 부분뿐이고 코어 부분이 없다(다시 말해 단기간 내에 소멸할 제도에 불과하다)고 독자가 판단한다면, 필자의 인식 오류 혹은 필자의 표현력 부족에 다름 아닐 것이다. 그러한 비판은 달게 받을 수밖에 없지만 경제학의 상식적 이해로부터 조금만 자유로워져 보는 것도 결코 나쁘지만은 않을 것이라고 필자는 확신하고 있다.

'애매한 제도'가 향후 어떻게 변화해 나갈 것인가에 대한 전망은 제8장과 제9장에서 '애매한 제도'가 야기한 두 가지 문제점을 들고 그 해결책에 대해 논한 뒤 종장(終章)에서 다시 다루는 것으로 하겠다.

제2장

'애매한 제도'는 어떻게 형성되었는가

—— 역사 · 풍토와 사회주의의 실험 ——

이 장에서는 '애매한 제도'가 어떠한 과정을 거쳐 형성되었는지에 대해 논한다. 기나긴 역사적 전통, 광대하며 변화무쌍한 풍토, 그리고 인민공화국 최초 30년 동안 시도되었던 집권적 사회주주의 실험이라는 세 가지 요소의 상호작용 속에서 '애매한 제도'가 형성되어 온 과정을 밝히고자 한다.[1]

특히 최근 주목되고 있는, 중국에서의 도시화가 상대적으로 뒤쳐진 곳에서는 비공식적인 관습이나 사회규범의 중요성을 강화하여 독특한 사회의 결합원리를 만들어내었다. 그러한 배경 하에서 명청 시대 이래 '애매한 제도'의 특징 가운데 하나인 '포(包)'(청부)가 다양한 영역에서 관찰되었다. 이러한 특징은 사회주의 시대에도 온존 · 강화되어 형태를 바꾸면서 오늘날에 이르고 있다.

1　이하의 논의는 加藤(2013)의 제1장과 제2장의 내용을 재구성하고 대폭 가필 · 수정한 것이다. 서술의 편의상 일부 생략한 곳도 있기 때문에 관심 있는 독자분들은 이전 저서를 참조하시기 바란다.

1. '애매한 제도'를 키운 중국의 역사와 풍토

'니덤의 수수께끼'와 '대분기(大分岐)'

중국사에는 역사에 흥미가 없는 사람마저 매료시키는 큰 수수께끼가 있다. 그것은 일찍이 중국과학기술사의 권위자 조지프 니덤이 제기한 '니덤의 수수께끼'라 불리는 현상이 왜 발생했는가 하는 것이다.

	1500년	1700년	1820년	1913년	1950년	1973년	2001년
중국	24.9	22.3	32.9	8.8	4.5	4.6	12.3
인도	24.4	24.4	16.0	7.5	4.2	3.1	5.4
일본	3.1	4.1	3.0	2.6	3.0	7.8	7.1
서유럽	17.8	21.9	23.0	33.0	26.2	25.6	21.2
미국	0.3	0.1	1.8	18.9	27.3	22.1	21.4

〈표 2-1〉 세계의 GDP 분포 (1500~2001년)

주) 서유럽은 서구 29개국이며 동구를 포함하지 않았다.

출처) Maddison(2006)을 참고하여 작성함

우선 〈표 2-1〉을 보자. 이 표는 매우 긴 기간의 역사통계를 정리한 앵거스 매디슨의 추계에 근거하여 주요지역의 GDP가 세계의 GDP에서 차지하는 비율의 추이를 제시한 것이다. 세계 GDP 분포에서 중국은 1500년의 24.9%에서 1820년의 32.9%까지, 1/4에서 1/3이라는 높은 비율을 차지하고 있었다. 19세기 초엽 단계에도 중국이 세계 GDP의 약 1/3을 차지하고 있었다는 사실은 매우 놀랍지만 이후 중국의 비율은 1950년에 4.5%까지 추락하고 말았다.

또 중국사 연구자인 케네스 포메란츠가 '대분기'(great divergence) 이론에서 중국과 유럽의 비교를 통해 밝힌 바에 의하면, "적어도 (프랑스 혁명이 시작된) 1789년에조차 유럽의 토지 · 노동 · 생산물 시장은, 대체로 중국의 과반 지역 이상에서 이루어지고 있던 완전경쟁과는 동떨어진 것이었다. (중략) 아담 스미스가 그렸던 성장과정으로는 전혀 적합하지 않았던 것이다." (*Pomeranz 2015 : 31~2페이지) 포메란츠가 말하는 "아담 스미스가 그렸던 성장과정"이란 사회적 분업의 진전을 통한 경제성장을 의미한다. 요컨대 유럽은 중국과 비교해서 요소시장을 포함한 시장이 발달하지 않았으며 사회적 분업이 뒤쳐져 있었던 것이다.

그렇다면 산업혁명이 유럽에서 일어나고 중국에서 일어나지 않은 것은 무엇 때문일까? '니덤의 수수께끼'란 그 원인을 과학기술의 발전이라는 각도에서 지적한 것이다. 니덤의 말로 표현하자면 그것은 다음과 같다.

> 중국인이 세계의 과학과 기술에 공헌한 것에 대해 흥미를 지니고 있습니다. 하지만 단순히 중국인이 이룩한 것에 흥미가 있는 것이 아니라 왜 그들은 유럽 문명이 성공했듯이 근대과학과 근대기술을 만들어내는 것에 성공하지 못하였는가 하는 점에도 흥미를 지니고 있습니다. 왜 그들의 과학과 기술은 늘 무엇보다도 경험적이었을까요? 왜 중국에서는 토착 산업혁명이 일어나지 않았을까요? (*Needham 2009 : 11페이지)

엄밀히 말해 '니덤의 수수께끼'에는 왜 서구가 돌연 성장을 가속시킬 수 있었는가 하는 문제, 그리고 동시대의 중국은 왜 성장의 보틀넥을 돌파하지 못했는가 하는 문제, 이렇게 두 가지의 독립된 문제가 포함되어 있다. 포메란츠는 전자 문제에 주목하였고, 니덤은 후자 문제에 강한 관심을 가지고 있었다. 어디에 중점이 있는가는 차치하고 이들 문제에 대해서는 옛날부터 다양한 논의가 진행되었다. 전자에 대해서는 농촌공업화의 진전 등 내생적 발전을 중시하는 논의가 주류였다. 한편, 후자에 대해서는 중국의 문화·사상이나 종교에서 뒤쳐진 원인을 찾는 논의가 주류였다. 그런데 최근 후자에 대해서는 중국의 대두를 배경으로 역사학자들만의 논의에 그치지 않고 경제학자나 기타 영역의 학자도 참여하는 활발한 논의가 전개되고 있다.

자연지리, 자원과 기술의 제약, 제도

'대분기'를 제기한 포메란츠는 유럽에서 발생한 내생적 발전이 산업혁명을 준비했다고 하는 주류의 논의에 이의를 제기하여 다음과 같이 주장하였다. "우리들은 19세기 중엽 이전의 유럽과 관련하여 유럽이 생산성의 우위를 확립한 것은 내생적인 요인에 의한 것이었다고 하는 다양한 논의를 검토하여 그것들이 모두 의심스럽다는 결론에 도달하였다. (중략) (유라시아의 다른 인구밀접지역을 포함하여) 어느 지역에서도 이러한 발전 패턴이 '자연스럽게' 공업화로의 약진으로 이어지지 않았다. 뿐만 아니라 이들 핵심 지역에서는 시장의 존재만으로는 도저히 해결 불가능한, 기본적인 기술과 자원의 제약 속에서 주로 분업의 발전에 따른 느릿느릿한 성장을 경험하고 있었다."(*Pomeranz 2015 : 123페이지)

그리고 포메란츠는 "분업의 발전에 따른 느릿느릿한 성장"을 지속시키는 것이 기술과 환경의 제약 때문에 차츰 어려워져 가던 시기에 유럽의 핵심 지역이 역사상 전례가 없는 생태환경적 자원이라는 '생각지 못한 선물'을 얻은 것에 주목한다. 산업혁명 이전의 발전단계에서는 "식량 · 의복 · 건축재료 · 연료 등의 대부분은 모두 토지와 물과 햇빛의 조합으로 식물을 성장시키고 그것을 수확하고 그것을 먹인 동물을 이용하는 것으로 획득되고 있었다."(上同書 5페이지) 포메란츠에 의하면 이 제약을 영국이 돌파할 수 있었던 한 가지 요인은 값싼 연료(석탄)가 입수되었다는 사실이다. 한 추계에 의하면, 1815년까지 잉글랜드의 연간 석탄 생산량은 1500만 에이커(약 60만 헥타르)의 삼림의 목재에 필적하는 에너지를 만들어내었다고 한다. 또 하나의 요인은 신대륙으로부터의 토지집약적인 수입품이다. 포메란츠가 특히 주목한 것은 북아메리카로부터 영국으로 수입된 면화이며, 1830년경의 면화 수입은 앞에서 살펴보았던 석탄이 가져온 삼림의 절약 이상에 해당하는 경지의 절약 효과를 가져왔다고 한다.

값싼 연료(석탄)가 입수된 것, 신대륙의 자원을 독점적으로 확보할 수 있었던 것 등 두 가지가 '대분기'의 주요한 요인이었다고 하는 포메란츠의 주장은 설득력이 있으며 포메란츠를 지지하는 실증결과도 증가하고 있다.[2] 다만 포메란츠에 대한 비판도 많다. 황중즈(黃宗智)는 중국과 유럽이 같은 정도로 발전해 있었다는 포메란츠 논의의 출발점을 비판하여 18세기 잉글랜드에서는 농업혁명, 프로토 공업화, 도시의 발전, 인구와 소비패턴의 변천 등 다섯 가지의 혁명적인 변화가 생겨났지만 창장(長江) 삼각주에서는 그러한 조건이 하나도 구비되지 않았다고 한다(黃 2002).[3]

포메란츠 자신도 인정하듯이 두 가지 외부요인만으로 모든 것을 설명할 수는 없으며, 그 이외의 요인, 특히 두 지역에서의 내부요인의 차이도 중요하다. 필자는 이전 저서에서 중국이 왜 성장의 보틀넥을 돌파하지 못했는가 하는, 니덤과 비슷한 각도에서 이 문제에 접근했던 주요한 연구성과로서 자연지리, 자원과 기술 제약, 제도라는 세 가지 요인을 들었다(加藤 2013). 여기에서는 그 대표적인 논자들의 논의에서 극히 일부를 요점만 제시하도록 하겠다.

우선 자연지리 학자인 재레드 다이아몬드는 지리적 조건의 차이가 중국과 유럽을 나누었다고 하였다(*Diamond 2000). 중국의 지형은 해안선이 그다지

2 사이토오 오사무(齋藤修)는 독자적인 추계를 진행하여 두 지역에 차이가 없다고 하는 포메란츠를 지지하는 결론을 얻었다. "만약 18세기 후반의 잉글랜드 농촌 지역의 전형적인 세대인 임금노동자와 같은 시기 동아시아 농촌의 전형적인 세대인 소농민(小農民)을 실질임금이 아니라 가계의 가처분소득으로 비교할 경우, 후자가 소작농일 경우 그 수준은 전자보다 10% 정도 낮지만 자작농일 경우 거의 같은 수준이었다." (齋藤 2008 : 186페이지)

3 포메란츠는 황중즈가 그의 저작 속에서 범한 기술적 오류(창장 삼각주 직포공織布工의 소득을 계산할 때에 소수점을 틀려 소득을 1/10로 했던 것)가 밝혀졌을 때 자신의 설이 널리 받아들여지게 되었다고 지적하고 있다(*Pomeranz 2015 : 10페이지).

복잡하지 않고 매끄러운 것에 반해, 유럽의 지형은 해안선이 몹시 복잡하며 다섯 개의 반도가 해안선에서 돌출되어 있고 가는 곳마다 섬들이 흩어져있는 복잡한 형상을 띠고 있다. 이러한 지리적 조건의 차이는 중국이 기원전 221년에 통일된 이후 거의 분단되어 있었던 적이 없었던 것에 반해, 395년에 고대 로마제국이 동서로 분열된 이후 유럽이 정치적으로 통일된 적이 한 번도 없었다는 차이를 가져왔다.[4] 자연의 장벽이 거의 없고 지역적 연계가 강한 것은 작물 · 가축이나 기술의 전파에 유리하지만, 1인 지도자의 잘못된 결정이나 지도자의 교체가 전국의 기술혁신 흐름을 여러 차례 중단시켜버리는 일을 발생시킨다.[5] 이에 반해 분열 상태에 있던 유럽에서는 수많은 작은 나라가 난립하여 독자의 기술을 경합하였다. 다른 나라에게 정복당하거나 경제적으로 뒤떨어지지 않기 위해서는 다른 소국(小國)들이 받아들인 기술을 받아들일 수밖에 없기 때문에, 정치적인 분열은 기술의 전파를 결정적으로 방해하는 것이 아니었다.

또 오스트리아 국립대학 명예교수 마크 엘빈은 명청 이후의 중국 경제 정체를 자원과 기술의 제약으로 설명하는, '높은 수준 균형의 덫'(high-level equilibrium trap) 가설을 제시하였다(Elvin 1973). 엘빈에 의하면 중국은 인구가 많기 때문에 농업기술의 발전에 전력을 다하여 농경기술은 유럽을 훨씬 상회하는 수준에 도달해 있었다. 하지만 농업기술 개선이 가져온 수익은 모두 인구증가에 흡수되고 인구증가가 한층 더한 기술진보를 가져오는 현상이 반

---

4 "거의 분단되어 있었던 적이 없었다"는 다이아몬드의 표현은 다소 과장되어 있으나 여기에서는 그대로 실어둔다.

5 대외무역이 성행했던 송대(宋代)의 유산을 이어받아 명(明)의 영락제(永樂帝)는 15세기 초엽 대선단(大船團)을 아프리카 대륙 동해안까지 보내었다(정화鄭和의 남해원정南海遠征). 하지만 영락제 사후 명은 해금정책(海禁政策)을 취하여 조공형식 이외의 대외무역을 금지시켰다.

복된 결과, 중국의 농업은 기술적으로 도달할 수 있는 최고 레벨의 수준으로 거대한 인구를 부양할 수 있게 되었다. 그리고 이와 같은 최고 레벨의 수준이 뛰어넘을 수 없는 '덫'이 되었다고 설명한다.[6]

또 중국사회과학원의 장위옌(張宇燕)과 가오청(高程)은 특수한 소유권 제도에 주목하였다(張 · 高 2005). 명나라 말기에 해외무역과 국내 장거리무역이 중국 상인에게 거대한 이윤 기회를 제공하였다. 하지만 유럽 상인과는 달리 중국 상인은 이러한 기회를 이용하여 새로운 계급을 형성하지 않아서 사회변혁을 실현할 수 없었다고 파악하였다. 무역으로 막대한 이익을 얻은 상인은 재산을 보호할 것을 희망하였다. 중국에서는 '관상(官商) 결합에 의한 소유권 제도'가 생겨났다. 다시 말해, 상인은 과거제도를 통해 자제(子弟) 중에서 관료를 만들어내고 권력을 이용하여 가족의 재산을 보호했던 것이다. 자제가 과거를 통과 못하더라도 다양한 수단을 통해 관료에게 투자하여 재산 보호를 꾀하는 동시에 탈세나 경쟁상대의 배제에 관료를 이용하였다. 이러한 특수한 소유권 제도가 유효하게 기능했기 때문에 상인 계급은 사회변혁에 힘이 되지 못하였다. 이러한 사실은 상인 측에서 말하자면 가일층의 축적을 통해 실력을 높일 기회를 잃게 된 것이며, 통치자 측에서 말하자면 국가의 경제력을 높일 수단을 잃게 된 것이다.

이상과 같이 자연지리, 자원과 기술의 제약, 제도 등의 세 가지는 '니덤의

---

6 엘빈의 설명은 농업국이었던 중국이 왜 정체에 빠졌는지를 잘 설명하지만, 왜 중국에서 산업혁명이 발생하지 않았는가 하는 문제에는 직접 답하고 있지 않다. 공업의 자원제약은 절대적인 것이 아니다. 왜 중국에서는 신기술에 의해 공업부문의 자원제약을 돌파하는, 그러한 현상이 발생하지 않은 것일까? 한 가지 해석은 유럽과는 달리 중국에서는 토지가 상대적으로 희소하기 때문에 토지의 가치가 높고 농업부문의 잉여자금이 그대로 농업으로 투하되어 공업은 자금부족에 빠져 발전이 정체된 것이라고 보는 것이다(姚 2003).

수수께끼'를 설명하는, 중국 내부의 요인이다. 다만 이들 요인이 중국 고유의 것이라고 할 수 있는가의 여부는 의문이 남는다.[7] 오히려 최근 갑자기 주목이 집중된 것은 도시화가 이루어낸 역할에 주목하는 논의일 것이다. 이 논점은 본서의 키워드인 '애매한 제도'의 형성과도 깊은 연관이 있기 때문에 아래에 자세하게 설명하기로 한다.

도시화가 이루어낸 역할

유럽사 전문가인 진 로런 로젠탈과 중국사 전문가 빈 웡은 중국과 유럽에서 생긴 '대분기'를 도시화와 관련하여 설명하였다(Rosenthal and Wong 2012). 그들에 의하면 유럽에서는 경제발전과 도시화 사이에 깊은 관계가 있지만, 중국에서는 양자의 관계가 그다지 현저하지 않다. 산업혁명을 맞이하고 있던 시기의 유럽은 소국으로 분열되어 전쟁이 반복되고 있었다. 때문에 인적 · 물적 손실이라는 비용은 커지고, 안전을 추구하여 보다 많은 제조업이 도시로 집중하게 되었다. 그 결과 도시가 발전하고 도시의 발전은 자치 · 법권리 의식의 발달을 촉진하였으며 재산권의 확립이 진행되었다. 이에 반해 상대적으로 평화로웠던 중국에서는 제조업이 농촌에 분산되어 있었기 때문에 도시로의 인구집중이 진행되지 않아 도시의 발전이 늦었다. 양자의 차이는 공업화의 다른 길을 선택하게끔 하였다. 다시 말해, 유럽에서는 자본이 상대적으로 싸고 임금이 높기 때문에 자본집약적인 기술이 선택되고 또 재산권의 명확화는 자본집약적인 기술과 결합하여 장기투자를 가능하게 하였다. 한편, 중국에서는 상대적으로 풍부한 생산요소인 노동을 이용한 노동집약적인 기술이 계속

---

7 엘빈은 '높은 수준 균형의 덫'을 중국 독자의 내부요인으로 파악하고 있지만, 포메란츠는 정도의 차이는 있지만 유럽도 거의 동등한 기술과 자원의 제약에 직면해 있었으며 양자 사이에 본질적인 차이가 없다고 파악하고 있다.

해서 선택되었다.

애브너 그라이프와 기도 타벨리니는 '혈연집단'(kinship groups)의 존속이라는 각도에서 도시의 중요성을 지적하고 있다(Grief and Tabellini 2010). 전통사회에서는 지역을 불문하고 혈연집단이 보편적으로 존재했지만, 서기 1000년경이 되면 중국에서는 대형의 혈연집단으로 '종족'(clan)이 존속하는 반면, 유럽에서는 그러한 집단이 거의 보이지 않게 되었다. 중국에서의 종족은 국가에 대신하여 그 구성원에게 공공재를 제공하는 역할을 하였다. 이에 반해 10세기 이후의 유럽에서는 교회와 세속 통치자의 지지를 얻어 혈연집단에서 분리된 개인이 도시를 건설하였다. 도시주민은 개인의 이익에 근거하여 혈연을 넘어선 조직을 만들어내었다. 도시는 크리스트교를 비혈연자 사이의 도덕으로 널리 퍼트렸으며 1350년경에는 혈연을 넘어선 상대적으로 큰 규모의 협력관계가 자치도시를 만들어내었다.[8]

한편 미국 트리니티 칼러지의 원관중(文貫中)은 경제지리학의 관점에서 중국의 도시화가 상대적으로 뒤쳐져 명청 이후에 시작된 점에 주목하였다(文 2005). 원관중에 의하면 송대(960~1279)의 중국은 북방 기마민족의 압박에 노출되어 영토가 현저히 줄어드는 한편, 인구는 9세기(당대)의 5000만 명으로부터 13세기 초(남송 중기)에는 1억 1500만 명으로 오히려 증가하였다. 그 이유는 높은 인구밀도 하에 도시가 발전하고 수공업과 상업이 번영하고 해외무역이

8 중국과 유럽의 차이는 상업도덕이라는 면에서 오늘날에도 이어지고 있다고 그라이프와 타벨리니는 지적하고 있다(Grief and Tabellini 2010). 중국에서는 거래가 사인(私人)의 네트워크를 의미하는 '꽌시(關係)'에 고도로 의존하고 있다. 중국사회에서도 신임이라는 개념이 중시되지만, 그것은 혈연관계나 협력관계에 있는 파트너와의 관계에 한정되며 사회에 공유되는 것은 아니다. 2005년에 실시된 '세계 가치관 조사'(world value survey)에 의하면 전혀 모르는 사람을 믿는 중국인은 11.3%에 불과한 것에 반해 미국 · 유럽(영국 · 프랑스 · 미국 · 독일)에서는 그 비율이 26.1%~49.3%로 높았다.

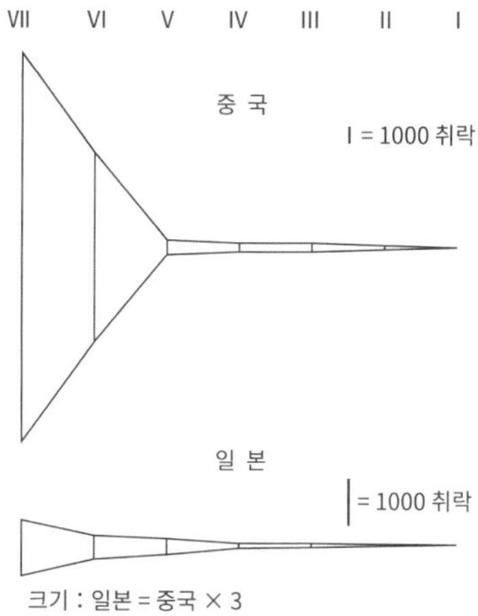

〈그림 2-1〉 취락구조의 일본 · 중국 비교
출처) 岡本(2011)에서 인용함

활발히 이루어졌기 때문이라고 원관중은 지적하였다. 송대가 중국 역사상 기술발명이 가장 활발하게 이루어진 시대라는 사실은 잘 알려져 있다. 그런데 16세기 이후 유럽이 신대륙에 눈을 막 돌리던 바로 그 시기에 중국은 내륙의 프런티어에 눈을 돌려 인구는 증가했지만 공간분포는 오히려 분산되었다. 원관중의 추계에서는 남송(1200년 전후)의 도시 인구비율은 22%였지만 청대 후기(1820년)에는 6.9%까지 내려갔다고 한다.

원관중의 도시 인구비율 추계는 영토 면적의 해석 방법에 따라 크게 변화하기 때문에 반드시 정확하다고는 할 수 없지만, 내륙에 프런티어가 존재한 것이 오히려 도시화의 진전을 늦추었다는 지적은 신대륙의 발견이 유럽에게 미친 영향과 비교하면 흥미로운 논점을 제공한다.

중국에서 도시화가 상대적으로 늦어진 것을 국가 행정기능의 후진성이라는 관점에서 살펴보면 보다 선명해진다. 역사학자 오카모토 타카시(岡本隆司)는 청대 중국과 토쿠가와(德川) 일본의 취락 규모와 계층 구조를 비교하여 흥미로운 결론을 얻어내었다(岡本 2011). 〈그림 2-1〉의 로마숫자는 취락의 규모를 의미한다. Ⅰ은 전국을 지배하는 행정기능을 가진 수도로, 인구는 100만 규모이며 일본은 에도(江戶)이고 중국은 베이징이다. Ⅱ는 전국적인 행정 · 경제기능을 지닌 30만 이상의 대도시로, 일본의 경우 오오사카(大阪)와 교토(京都)이고 중국은 난징(南京) · 쑤저우(蘇州) · 우한(武漢) · 광저우(廣州) 등이다. Ⅲ은 지역을 지배하는 레벨의 도시로, 인구 3만 명에서 30만 명이며 일본의 경우 큰 번(藩)의 성하정(城下町)(제후의 성 주위에 발달된 도시), 중국은 성도(省都) 및 다른 도시를 가리킨다. Ⅳ는 인구 1만 명에서 3만 명으로, 일본에서는 10만석(石)에서 30만석의 성하정, 중국에서는 부(府)라는 행정관청이 설치된 도시에 해당한다. Ⅴ는 인구 3000명에서 1만 명으로, 일본에서는 작은 성하정이나 재향정(在鄕町)(농촌 등에서 상품생산의 발전과 함께 발전한 취락형태이다)이며 중국에서는 대략 1100곳이 있던 현(縣)의 거의 절반이다. Ⅵ은 3000명에서 5000명 규모로, 일본에서는 3만석 이하 번(藩)의 성하정과 재향정, 중국은 나머지 절반의 현과 행정기능을 지니지 않은 취락이다. Ⅶ은 500명에서 3000명의 취락이며 행정기능이 없다. 한편 횡축인 굵은 선의 길이는 취락의 수를 가리킨다. 참고로 그림에서는 인구규모를 감안하여 일본을 중국의 3배 크기로 하였다.

이 그림에서 밝혀졌듯이 일본과 중국의 차이는 저변의 확장방식의 차이, 다시 말해 Ⅰ~Ⅴ에 대비된 Ⅵ · Ⅶ 취락의 수가 중국은 일본에 비해 압도적으로 많은 것이다. 요컨대 중국에서는 권력의 통제가 말단 취락까지 미치지 못하였으며 권력과의 관계가 희박한 취락이 두텁게 존재하고 있었다. 바꾸어 말하자면 중국에서의 도시 미발달은 도시가 존재하지 않았던 것이 아니라, 행정기능을 해낼 일정규모 이상의 도시가 상대적으로 적어 농촌에 소규모의 취락이 분산해서 입지해 있었다는 것을 의미한다.

유럽이나 일본과 비교하여 중국의 도시화가 뒤쳐진 것(정확히 말하자면 행정 기능을 해낼 일정 규모 이상의 도시의 미발달)은, 국가(자치도시를 포함한다)에서 강제력을 지닌 공식적인 룰이 미발달했다는 것과 표리일체의 관계에 있다. 거기에서는 공식적인 룰을 대신하는 비공식적인 룰인 관습이나 사회규범이 장기간 중요한 역할을 하게 된다. 그러한 역사적 전통은 지금도 여전히 중국의 경제발달에 커다란 영향을 미치고 있다고 여겨지지만, 여기에서는 이 이상의 언급은 피하기로 한다.[9]

2. '애매한 제도'와 사회의 결합원리

앞 절에서 살폈듯이 중국의 역사와 풍토, 도시화가 상대적으로 뒤쳐진 것 등은 '애매한 제도'의 형성과 깊은 관계가 있는 듯하다. 이 절에서는 '애매한 제도'가 구체적인 모습을 드러내게 된 명청 시대(14세기 중반부터 20세기 초엽) 이후의 중국경제의 특징에 초점을 맞추어 사회의 결합원리와의 관계에서 '애매한 제도'의 형성과정을 밝히고자 한다. 참고로 명청 초기는 중세 유럽에서 자치도시가 성립한 시기와 거의 중첩된다.

여기에서 새삼 사회의 결합원리에 주목하는 이유는 '애매한 제도'의 중요한 구성요소인 사람과 사람의 관계, 조직과 조직의 관계, 사람과 조직의 관계가

9 중국이 2014년부터 추진하고 있는 '신형도시화' 전략에서는 중소 규모의 도시를 대상으로 한 도시화 추진을 21세기 성장의 기폭제로 삼으려는 의도가 명확히 제시되어 있다. 하지만 도시화가 뒤쳐진 것은 기나긴 역사적 과정 속에서 형성된 어쩔 수 없는 유산이기 때문에 단기간에 수정할 수 있는 것이 아니다. 유효하게 기능하는 도시에서 필요불가결한 병원 · 학교 · 극장 등의 사회 인프라나 그것을 담당할 행정인원의 확보는 용이한 일이 아니다. 인구가 증가하는 것만으로 농촌이 도시로 변모하는 것은 아닌 것이다(加藤 2015a, 張 2015).

중국의 독자적인 발달을 이루었다는 사실을 밝히고 싶기 때문이다.

명청 시대 전문가 아다치 케이지(足立啓二)는 봉건제를 거치지 않고 '전제국가'를 형성한 중국에서는 봉건제와 비교해서 다음과 같은 특징이 발견된다고 하였다(足立 2012 : 63~7페이지).

첫째, 중국에서는 사회를 재생산하는 일반적 공동업무가 국가에 의해 총괄되어 수행되었다. 둘째, 이들 업무를 수행하기 위해 잉여 농민을 흡수하는 거대한 체계가 발달해 왔다. 셋째, 법적 규범능력을 지닌 중간 제단체(諸團體)(사회나 동업자 단체 등)가 중국에서는 결여되어 있거나 극히 약하였다. 중국에서도 송대 이후 대토지 소유가 생겨 지주 · 소작농의 관계가 형성되었지만, 지주와 소작농 사이에는 지주 쪽에서 보자면 무언가 경제 외적인 강제적 체계를 필요로 하는 듯한 관계는 형성되지 않았으며 소작농은 소작료를 지불하지 않을 경우에는 떠나야만 하는 존재였다.

이상에서 알 수 있듯이, 전제국가를 유효하게 기능하게 하는 것은 중앙집권적인 관료제이지만, 국가 운영에 필요한 세금을 징수하는 기능을 빼면 봉건제와 비교할 경우 중간 제단체가 약하며, 지역 간, 계층 간의 유동성은 지극히 높았다.[10]

사회적인 유동성이 높은 것은 사회의 결합원리의 중국적 특성과도 관련이 있다(足立 1998 : 70~4페이지). 사회학자인 나카네 치에(中根千枝)가 말했듯이 일본사회는 닫힌 집단을 단위로 하며 집단의 집합으로서 상위의 집단이 형성되어 있다(中根 1987). 이에 반해 중국은 '기본적으로 비단체적인, 양자 간 관계

---

10 일본사 전문가 요나하 준(與那覇潤)은 일본과의 비교를 염두에 두고 근세 송조(宋朝) 중국(요나하는 이것을 중화문명의 본질로 파악한다)을 다음과 같이 간결하게 정리하였다. "가능한 한 고정된 집단을 만들지 않고 자본이나 인원의 유동성을 최대한으로 높이는 한편, 보편주의적인 이념에 근거한 정치의 도덕화와 정치권력의 일원화를 통해 시스템의 폭주를 제어하려고 하는 사회"(與那覇 2011 : 48페이지).

의 사회'에 속한다. 중국인에게는 인간관계에 대한 존중과 삭막한 개인주의라는, 얼핏 보면 상호 모순되는 듯한 특징이 발견되는데, 이는 앞에서 서술한 사회의 결합원리의 원인이기도 하며 결과이기도 하다.

사회학자 페이샤오퉁(費孝通)도 나카네와 거의 동일한 인식 아래 중국사회의 결합원리로 '차등적 질서구조[差序格局]'를 제기하였다. 페이샤오퉁은 다음과 같이 말한다.

> 우리들의 사회구조는 서양과는 달리 땔감을 한 묶음씩 묶은 듯한 것이 아니라, 돌을 물에 던졌을 때 발생하는 동심원 모양으로 퍼져나가는 파문과 같은 것이다. 한 사람 한 사람은 사회에 영향을 미치는 원의 중심에 있고 파문의 확장에 의해 관계가 생겨난다. 한 사람 한 사람이 어떤 시점, 어떤 지점에서 만들어내는 원은 동일하지 않다. (費 2006 : 21페이지)

'차등적 질서구조'에서는 원(사회관계)의 중심에 '기(己)'(자신)가 있다. '기'는 서양식의 개인주의와는 다르다. 굳이 말하자면 '자기중심주의'(egoism)이다. 서양식의 개인주의에서는 사회를 구성하는 개인은 본질적으로 평등하며, 서양사회에서는 그것을 전제로 사회 구성원에게 공통된 이익을 실현하는 공(公), 그리고 특정한 집단이나 개인의 개별적인 이익과 관련된 사(私)를 영역적 · 이념적으로 구분하고 있다. 하지만 중국의 사회관계에서는 늘 '기'가 중심이며 자신이 속한 집단이 자신에게 이익을 가져다줄 경우는 '사'가 되지만 그렇지 않을 경우는 '공'으로 인식된다. 이처럼 공과 사는 상황 의존적이며 상대적인 것이다. 더 나아가 사회의 결합원리는 거시적 수준의 '공'과 '사'의 관계에도 반영되어 있다. 중국사상 전문가 미조구치 유우조오(溝口雄三)는 공과 사의 관계에 대해 다음과 같이 지적하였다.

> 고대 중국에서 공 · 사는 일본의 경우와 마찬가지로 공동체의 그것에서부터 군(君) · 국(國) · 관(官)의 그것으로 팽창해 나갔다. 한편, 이와 병행하여 일본에서는 발견되지 않는 천(天)의 공 · 사라는, 보다 고차원적인, 다시 말해 원리적 · 도의적인 개념이 형성되어 그것이 정치적인 공 · 사에 임팩트를 주고 침투라는 형태로 그 내용에 영향을 미치고 있었다. (중략) 조정 · 국가의 공은 공의 · 공정 · 공평 등 원리적 · 도의적인 천하의 공에 의해 자신을 정당화하였으며 이 천하의 공에 대비해서는 조정 · 국가라 할지라도 그 위상으로서는 일성일가(一姓一家)임을 면할 수 없었다. (溝口 2011 : 205페이지)

미조구치가 말하는 '천하의 공'을 정치나 사회 레벨에서 파악할 경우, 그것이 구체적으로 가리키는 것은 '생민(生民)'이며 '균(均)'이다. '생민'이란 '생존을 하늘에 의거하는 백성'이며, '생민'들이 '균', 즉 '생존 및 소유의 자연권이 치우쳐지는 일 없는 충족'을 실현하고 있는 상태가 '천하의 공'이다. 다시 말해, 중국에서는 황제라 하더라도 '대사(大私)'에 불과하며 그 정당성은 '천하의 공'을 실현하는가의 여부로 판단하게 되는 것이다.

이처럼 중국의 독자적인 '공'과 '사' 관계를 전제한다면 중국의 전통사회에서는 '관'이라 해서 반드시 '공'은 아니라는 사실을 알 수 있다. 황제의 경우 '관'은 '사' 그 자체이며 '관'의 힘이 약하면 '민'이 대두하고 그 반대로 '관'의 힘이 강대하면 '민'의 활력이 깎여나가는 관계는, '대사(大私)'와 '소사(小私)'의 관계로 파악하는 쪽이 적절할 것이다.

중국 관료의 독특한 지위나 역할에 대해 사상가인 와츠지 테츠로오(和辻哲郎)가 민국 시기(1912~1949년)의 중국여행에서 얻은 흥미로운 관찰을 참고삼아 소개하고자 한다. 와츠지의 관찰은 군벌시대(1926~1928년)의 것이기 때문에 다소 극단적 사례이긴 하지만 그 특징을 잘 표현하고 있다고 할 수 있다.

> 현재 중국의 관리뿐 아니라 학자라는 사람들도 경상(經商)에 관계하고 있는 자들이 많은 것에 놀라게 된다. 그렇다면 국가 그 자체, 정부 그 자체가 무정부적이라고 말할 수밖에 없다. 최후의 제국이 붕괴한 이후 그 관료들은 분산되어 군벌이나 재벌이 되었으며, 외국의 자본과 결합하여 치부에 주력하였다.

이상을 정리하자면, 중국 사회의 결합원리에서는 다음과 같은 특징이 발견된다. 중간 제단체가 취약하며 조직에 의해 제약되지 않는 개인이 존재하는 것, 그러한 개인을 전제로 하여 긴밀한 인적 관계가 형성되어 있는 것, 중앙집권적인 관료제는 강하지만 그것이 커버하는 범위는 제한적이며 국가가 사회에서 괴리되어 있는 것, 그러한 가운데 공과 사의 관계는 상황 의존적이고 상대적인 것이며 관과 민에는 독특한 상호의존 · 상호반발의 관계가 형성되어 있는 것 등이다. 이들 특징은 다음 절에서 논하겠지만 '애매한 제도'의 형성과도 깊게 결부되어 있다.

3. 역사 속에 나타난 '애매한 제도'

명청시대의 상습관 및 재정제도와 사법 · 행정제도에 나타난 '포(包)'

사회의 결합원리에서 발견되는, 앞에서 서술한 다양한 특징은 역사를 통해 시대마다 공식적 · 비공식적인 룰이나 조직으로 모습을 드러내었다. 이하에서는 시대를 초월하여 이어지며 현대에도 관류하고 있는 중국의 제도적 특성 가운데 하나로서, '포(包)'가 명청시대 이후의 역사 속에서 어떠한 형태로 나타났었는지를 되돌아보고자 한다.

명청시대의 경제제도를 연구한 아다치 케이지(足立啓二)는 '경영의 내부에 경영이 끼어든 구조' 혹은 '노동력에 대한 지배를 경영의 내부에서 완결시키는 것이 불가능한' 부분에서 '포'의 특징을 발견하였다(足立 2012 : 506페이지).

아다치는 해운업을 그 전형적인 사례로 들었다. 아다치에 의하면 선장은 배의 운행책임자일 뿐 아니라 한 명의 객상(客商)으로서 기항지에서 상품을 매입하여 목적지에서 판매한다. 배에는 상업 목적으로 배에 승선한 객상 외에 일반 여행자들도 영업주체로서 흔히 상품을 휴대하여 여행하고 그것을 판매해서 여비의 일부를 충당한다. 게다가 배의 승무원들조차 선장의 지휘 하에 배의 운행에 종사하는 노동자임과 동시에 자신의 상품을 휴대해서 목적지에서 판매하는 한 명의 상업 주체이다. "배의 운행이 자기 영업을 지닌 상업주체의 집합"으로 이루어져 있어 운수업과 상업이 미분화된 중국식 경영의 특징이 드러나 있는 것인데, 여기에서 "지정된 내용의 완성을 담보한다면 뒷일은 당신의 자유에 맡기겠다"(張 2009 : 195페이지)라는 '포(包)'의 특징을 발견할 수 있다.

다음으로 명청 시대 재정제도의 특징을 살펴보자. 이와이 시게키(岩井茂樹)는 명청 시대 내내 '원액주의(原額主義)'가 재정제도의 기본이었다고 파악한다(岩井 2004). 원액주의 하에 재정은 2층 구조로 되어 있다. 다시 말해 중앙정부의 지출을 조달하는 경직성을 띤 '정액(正額)' 부분, 그리고 유연하게 때에 따라 정액의 몇 배까지 규모가 커지며 지방정부의 공적 지출 및 사적 지출을 조달하는 '정액' 외의 주변 부분으로 이루어지는 것이다. 지방정부의 관리는 '정액'을 징수하고 상납할 의무를 지지만, 이를 위한 필요경비나 기타 개인적 지출을 조달하기 위해 독자적으로 부가적 세금을 징수할 권리를 가지고 있었다. 바꾸어 말하자면, "집권적 국가재정이 그 이외의 부문에 '애매함'을 남기는 '공(公)' · '사(私)'의 재정을 덧붙이게 하고 있었다"(上同書 : 192페이지)는 것이다.

명청 시대의 재정제도에 드러난 특징은 우리들의 용어로는 지방관리에 의한 '포(包)'(청부)의 구조에 다름 아니지만, 이와이는 그것을 다음과 같이 표현하고 있다. "중심의 영역과 주변의 구조라는 것은 대립하고 있는 것이 아니며,

당위와 그것으로부터 일탈된 현실이라는 단순한 관계에 있는 것도 아니다. 중심 영역은 주변 구조라는 유연한 막에 싸여있을 경우에만 사회라는 배양기에서 양분을 흡수하는 것이 가능하며, 배양기의 변동에도 불구하고 중심 영역에서의 가치나 기구(機構)의 안정적 지속을 지켜낼 수 있다."(上同書 : 477페이지) 이와이는 국가와 사회의 중간부에 '주변'이 두텁게 존재하는 구조를 발견한 것이다.

이와이가 '주변'이라고 표현한 영역에 대해 청나라 농촌지역의 사법 · 행정 제도를 연구한 황중즈(黃宗智)는 '제3영역'이라는 개념으로 파악하였다(黃 2007). 황중즈에 의하면 ①성문법전 · 관료법정의 정식 사법체계, ②종족 · 사구(社區)(커뮤니티)가 분쟁을 해결 · 조정하는 관습적인 법에 의해 구성된 비정식 사법체계, ③양자 사이에서 '제3영역'으로 이루어진다는 이유로 앞의 둘에 주목을 집중하겠지만 실제로는 그 중간에 존재하는 '제3영역'의 역할이 중요하다고 주장하였다. 황중즈가 조사한 1760년대 3개 현(縣)에서의 628건의 민간소송 가운데 221건은 정식 재판이 열려 지방관이 판정을 하였다. 나머지의 대부분은 소송이 일어나서 정식적인 재판이 열리기 전에 정식 사법체계와 비정식 사법체계의 상호작용, 즉 '제3영역'에서 끝났다고 한다.

또 청나라 현(縣) 레벨의 공공활동은 정부로부터의 봉급을 받지 않는 '향보(鄕保)' · '패장(牌長)' 등 사구(社區)가 추천하여 정부가 인가한 '준관리'(semiofficials)가 담당하였다. 청나라의 국가와 사회의 관계를 황중즈의 틀에 근거하여 도식화하면 정상부의 작은 덩어리가 국가라는 정식기관이며, 저부의 큰 덩어리가 사회이다. 그리고 양자 사이에 크고 작은 '제3영역'이 존재하는 것이다.

아다치가 발견한 해운업에서의 상습관(商習慣)은 바로 '포' 그 자체이지만, 이와이가 말하는 '주변'과 황중즈가 말하는 '제3영역' 모두 국가와 사회의 중간에 위치하며 국가 · 사회 쌍방과 위탁 · 대리관계를 매개하는 '포'의 구조를 가리킨다고 이해할 수 있을 것이다.

카시와 스케카타의 '포(包)'라는 윤리규율[11]

농업경제학자인 카시와 스케카타(柏祐賢) 역시 민국 시기 중국경제에 대한 관찰을 통해 경제사회의 기저에 놓인 통합원리로서 '포'라는 윤리규율을 발견하였다(柏 1985).[12] 카시와는 그의 저작에서 다양한 사례를 다루었는데, 그 구체적인 예를 정리함으로써 근대로 이어진 '애매한 제도'로서의 '포'의 실태를 밝혀보기로 한다.

카시와에 의하면 대자연적(對自然的) 관계에서도 대인적 관계에서도 중국의 경제사회는 불확실성으로 가득 차 있다고 한다. 그러한 가운데 "(사람과 사물 사이 혹은) 사람과 사람 사이의 거래 행위에서의 불확실성을 제3자를 삽입하여 청부시킴으로써 정확하게 하려는" 것이 바로 '포'이다. 카시와는 다음과 같이 말한다.

> 중국사회에서는 모든 행위가 '포'적인 움직임을 가지고 있다. 하지만 '포'적으로 제3자인 사람은 또 그것을 제4자에게 '포'적으로 전가하려고 하기 때문에 자연스럽게 '포'적인 사회질서는 중층적이 되고 사회를 뒤덮는 데에 이르렀다. (上同書 : 155페이지)

---

11 이전 저서에서는 카시와 스케카타 외에 무라마츠 유우지(村松祐次)의 '개별주의'를 다루었다(村松 1949). 본서에서는 '포'에 초점을 맞춘다는 의미에서 무라마츠의 논의는 생략하고 카시와의 저작을 소개하는 것에서 그치도록 한다. 무라마츠가 말하는 '개별주의'는 카시와와 동일한 현상을 관찰하여 그것을 다른 개념으로 이론화하고자 한 것이며 '애매한 제도'의 다른 표현에 다름 아니다. 무라마츠의 논의에 흥미가 있는 독자는 加藤(2013)을 참조 바란다.

12 柏(1985)는 1948년(쇼와 23년)에 나온 원저의 복각판이다. 참고로 카시와가 발견한 '포'라는 윤리규율에서 저자는 '애매한 제도'의 착상을 얻었다(加等 2010).

‘포’라는 윤리규율은 중국 사회경제의 모든 면에서 발견할 수 있지만, 카시와는 특히 이하 다섯 가지 측면을 들고 있다.[13]

(1) 중개업이 발달한 상품시장의 중층구조. 복수의 중개상인으로 결합된 시장은 고립적으로 보이지만 실은 밀접하게 이어져 있으며 시장 사이에서의 재화와 수급 조정은 신속하게 이루어지고 있다. 다만 국내 통일가격은 성립하지 않는다. 왜냐하면 통일가격을 실현하는 전제조건인 시장의 통합이 없기 때문이다.

(2) 농업경영에서의 ‘포’의 구조. 광둥성에서의 ‘포조제(包租制)’ 사례에서는 우선 광대한 경지를 ‘부상거신(富商巨紳)’이 청부하고 그것을 소작지로 분할하여 제3자인 ‘분익농(分益農)’ 혹은 ‘분경자(分耕仔)’에게 전대(轉貸)한다. ‘분경자’는 또 그것을 제2의 청부 소작인에게 임대한다.

(3) 시장가격의 바깥쪽에서 발생하는 ‘이윤’. 자본주의 국가에서는 끊임없는 비용절감이나 제품의 차별화를 통해 비로소 이윤을 획득할 수 있다. 그런데 중국에서의 이윤은 시장가격의 바깥쪽에 존재한다. 왜냐하면 “사회적 불확정성이야말로 이윤의 원천”이며 청부자는 거기에서 이윤을 얻는다(혹은 이윤을 얻을 가능성을 발견한다).

(4) 관료조직의 ‘포’적인 성질. 중국에서는 관료조직 자체가 ‘포’적인 청부인의 성격을 지니고 있다. 중국의 관료는 사인(私人)이며 관료 자신이 징세 청부인의 성격을 지닌다. 게다가 관료는 직접 민중으로부터 징세하지 않고 ‘포세인(包稅人)’을 고용하여 징세청부를 시키고 있다.

(5) ‘포’의 위탁자로서의 기업경영자. 중국에서는 기업경영자는 슘페터(Schumpeter)적인 의미에서의 리스크를 떠안는 모험자로의 기업가가 아니

13 복수의 중개상인으로 이루어진 시장구조는 민국 시기 특유의 것이라기보다 명청 시대부터 발견되는 특징이다(村上 2015). 또 관료조직의 ‘포’적인 성질은 명청 시대의 재정제도를 계승하고 있는 것으로 볼 수 있다(岩井 2004).

라 '포'의 위탁자에 불과하다. 기업의 경영 역시 '포'적으로 운영되며 노동자 조차도 정도의 차이는 있지만 '포'적인 기업가인 경우가 보통이다.

이처럼 당시 중국사회의 다방면에서 관찰되는 '포'의 구조는 마치 중국경제 전체를 뒤덮고 있는 듯이 보인다. 카시와가 그러한 현상을 파악하여 '포'라는 윤리규율로 이론화하고자 한 것에는 충분히 근거가 있다고 할 수 있을 것이다.

다만 이러한 점과 관련하여 중국 근대경제사 전문가인 키고시 요시노리(木越義則)는 '포'를 역사를 관통하는 중국적 특성으로 파악한 것이 아니라, 어느 시대, 어느 지역의 특유 현상을 카시와가 이론화한 것이 아닌가 하고 지적하였다(木越 2014). 구체적으로 말하자면 19세기 말 국제무역의 확대에 따라 시장경제화가 진전된 도시 · 지역에서 특히 빈번하게 '포'가 관찰되는 것이라든지 수직적으로 통합된 조직을 요구하는 산업기술의 도입이 뒤쳐진 것이 '포'를 가져온 요인이 되었다는 것 등을 근거로, 키고시는 '포'가 이 시기에 보이는 특이한 현상에 지나지 않다고 지적하였다.

키고시의 지적은 중국의 독자성 혹은 '중국적인 것'이라는 존재를 어떻게 평가하는가와 관련된 중요한 논점이다. 필자의 관점은 '애매한 제도'는 결코 일시적으로 특정 지역에만 적용되는 것이 아니라, 크고 작은 진폭을 반복하며 형태를 바꾸어가면서 시대를 초월하여 계승되어 오늘날까지 계속되고 있다고 여기는 것이다. 이러한 점은 자본주의의 다양성에 대한 평가, 그리고 '애매한 제도'의 행방 등과 밀접하게 관련된 중요한 논점이기 때문에 여기에서 논의하기보다는 현대에 나타난 '애매한 제도'를 분석하는 제3장 이하의 논의를 근거로 하여 종장(終章)에서 다시 다루는 것으로 하겠다.

'포(包)'의 이념형의 세 가지 특징

필자는 이전 저서에서 카시와 스케카타(柏祐賢)가 다루었던 앞에서 서술한

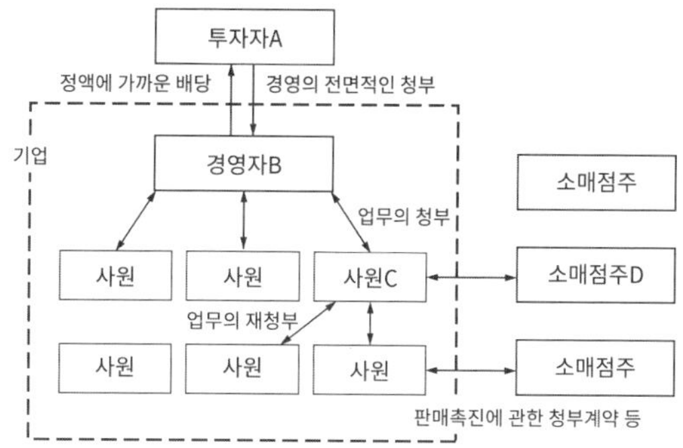

〈그림 2-2〉 '포(包)'의 개념도

출처) 저자가 작성함

다섯 가지 특징으로부터 독자적으로 추출한 '포'의 이념형을 가설적으로 제시하였다(加藤 2013). '포'가 의미하는 내용에 대해 독자가 보다 명확한 이미지를 가질 수 있도록 그 내용을 다시 적시하고자 한다. 여기에서는 투자자A로부터 경영자B가 기업의 경영을 '포'하고, 또 경영자B가 사원C에게 일을 '포'시키고, 사원C와 기업 밖의 소매점주D 사이에 '포'의 관계를 지닌 케이스를 상정한다. 〈그림 2-2〉는 이 네 명의 관계를 도식화한 것이다. '포'는 이하 세 가지 특징을 함께 가지고 있다.

첫째는 수평성이다. 조직의 안과 밖, 혹은 조직 내에서의 상하 명령관계가 어떠한가에 관계없이 청부 계약의 당사자인 투자자A와 경영자B, 경영자B와 사원C, 사원C와 소매점주D의 관계는 대등·평등하다.

투자자A와 경영자B의 관계를 들자면, 소유권 이론에서는 '잔여통제권'(기업자산을 자유롭게 처분하는 것이 가능한 권리)이 소유자에게 있나. 따라서 A에게 잔여통제권이 있어야 하지만 중국의 경우에는 잔여통제권이 A에게 있는지 B에게 있는지 '애매'한 경우가 적지 않다. 투자자A는 잔여의 처분과 관련하여 경영자B의 결정에 끼어들 수 없고 A는 B로부터 이득의 일부로 배당을 받는 관계에 가까운 경우도 보편적으로 발견된다. B와 C의 관계, C와 D의 관계에서도 마찬가지로 우리들이 상상하는 상하의 명령관계나 하청관계와는 다른, 상대적으로 평등하거나 온전히 평등한 인적 관계가 존재하고 있다.

둘째는 다층성이다. 청부는 연쇄되어 사회 전체를 뒤덮는 다층구조를 형성한다. 이 케이스로 말하자면 경영자B는 판매담당인 사원C와 판매 확대에 관한 청부계약을 맺고, 사원C는 기업 밖의 소매점주D와 판매 촉진 청부계약을 맺는 구조가 상정된다. 다층구조는 피라미드형으로 상하로 겹겹이 쌓인 중층구조가 되는 경우도 있지만, 상하좌우로 서로 포개어져 상호간 액자형 구조를 형성하는 경우가 많다. 청부의 연쇄를 통해 형성된 다층구조는 리스크를 낮추고 청부에 의한 이득을 확정해주는 메리트를 지니지만, 다른 면으로는 이익의 제한 없는 분산을 가져온다.

셋째는 불확실성이다. 청부계약은 공식적인 룰에 의해 보증된 것이 아니라 특정한 사람의 관계 속에서만 효력을 발휘한다. 수평성 원칙에서 보았듯이 경영자B는 사실상 잔여통제권을 행사할 수 있는 존재이지만 그 권한은 극히 위험한 균형 위에 놓여있다. 다시 말해, 투자자A는 '잔여청구권'(나머지를 모두 자신의 것으로 할 권리, 자산을 처분할 권리)을 방기한 것이 아니라 그것을 보류(혹은 집행연기)하고 있는 것뿐이며, 상황에 따라서는 그 권한을 행사할 수도 있다. 여기에서 말하는 불확실성이란 계약이나 그 상위규정인 법률이나 조례 등에서 규정되지 않은 영역, 혹은 규정이 있더라도 그 집행에 숨은 뜻이 있는 영역 등이 존재한다는 것을 상정하고 있는 것이다.

당연한 말이지만 '포'의 이념형의 세 가지 특징은 제1장에서 가설적으로 제시한 '애매한 제도'의 정의와 중복된다. 다시 말해 목표모델, 룰이나 조직에 '애매함'을 둔 채(=불확실성) 개인행동의 자유를 최대한까지 인정하는 사회관계가 형성되어(=수평성) 리스크를 분산시키면서 각각의 인센티브를 최대화하는 청부의 구조(=다층성)는 '애매한 제도' 그 자체인 것이다.

4. 사회주의 실험과 '애매한 제도'

집권적 사회주의 시대의 '포(包)'

카시와 스케카타(柏祐賢)가 관찰한 민국 시기의 중국에서는 '포'가 사회를 뒤덮을 정도로 존재하였다. 그 후 1949년에 인민공화국이 성립하고 집권적 사회주의가 진행된 시기 이후 '포'를 그 내용 가운데 하나로 하는 '애매한 제도'는 어떠한 변화를 겪게 된 것일까? 사회주의 실험은 '애매한 제도'를 파괴하게 되었을까, 아니면 '애매한 제도'를 오히려 온존 · 강화하게 되었을까?

중국에서의 중앙집권적인 계획경제의 시도는 뒤쳐진 농업국이라는 곤란한 조건에서 출발할 것이 강요되었으며, 구소련의 계획경제와 비교할 경우 그 미숙함은 뚜렷하였다. 구소련에서 1970년대까지 계획물자로 계획당국이 배분한 물자의 수는 대략 6만 품목에 달하는 데 반해, 제1차 5개년 계획 시기의 중국 공업 부문에서의 계획물자는 겨우 600품목에 한정되어 있었다(Naughton 2007 : 62페이지). 100분의 1이라는 낮은 수준이다. 또 1958년의 대약진이나 1966년의 프롤레타리아 문화대혁명의 발발 등 정치변동이 가져온 혼란은 계획경제의 정상적인 운행을 방해하였다.

만약 중국에서 구소련과 같은 정도의 계획경제(이것조차도 세련된 것이라고 할 수 없다)가 실현되었다면, '애매한 제도'는 큰 영향을 받고 그것이 기능하는 영역은 크게 축소되었을지도 모른다. 그런데 계획경제 운영의 미숙함이나 정치적 혼란 때문에 지역 간 · 산업 간의 다양한 영역에서 물자의 과부족이 발생하였다. 당시의 중국정치는 그러한 상황을 오히려 긍정까지 하면서 '자력갱생(自力更生)'을 슬로건으로 내걸고 현(縣) 레벨의 좁은 지역에서도 자급자족적인 경제권을 형성할 것을 권장하였다. 다시 말해, 중앙과 지방의 관계에서 '포'의 구조가 온존 · 강화되었던 것이다.

'포'의 구조가 온존 · 강화되었다는 논의에 대해 다른 평가도 있다. 앞에서 언급한 황중즈(黃宗智)는 전근대부터 이어져오던 정규영역과 비정규영역의 중간에 존재하던 '제3영역'은 마오쩌둥 시대에 출현한 극단적인 국가화('제3영역'을 국가가 거두어들임)가 진행된 탓에 하는 수없이 축소되었다고 파악하였다.

다만 사회주의 시대의 국가라는 정규영역이 얼마나 사회에서 받아들여지고 정착되었는가에 대해서는 검토의 여지가 남아있다. 저장성 북부 농촌에 대한 미시적 수준의 관찰을 장기간 진행한 사회학자 장러톈(張樂天)과 루양(陸洋)은 인민공화국 성립 이후의 농촌 기층간부를 ①은의감응형(恩義感應型) '토지개혁' 간부(1951~65년), ②혁명형 '사청운동(四淸運動)' 간부(1966~82년), ③이익추구형 농촌간부(1983~97년), ④서비스형 농촌간부(1998~)의 네 유형으로 구분하였다(張 · 陸 2012). 인민공사(人民公社) 시대의 '사청운동' 간부는 "혁명이라는 말을 숙지하고 농촌혁명의 진행상황에 대해 이야기하며 마오쩌둥 사상을 이야기하고 혁명에 대해 이야기했다"고 한다. 이러한 상황은 '국가가 제3영역을 거두어들인' 정치적 측면을 표현하고 있다고 할 수 있는데, 그것은 공식적인 제도의 정착과는 꽤 거리가 있다고 말하지 않을 수 없다. 장러톈과 루양은 "혁명으로는 밥을 먹을 수 없다"는 것을 그들도 의식하고 있으며 혁명을 드높이 구가하는 동시에 생산대(生産隊) 속의 각종 '자연발생적인 자본주의 경향'에 대해 한쪽 눈은 뜨고 한쪽 눈은 감은 채 그 속에서 몇몇은 '속임수'에도 관여했다고 지적하였다. 국가가 '제3영역'을 거두어들이는 것은 원래부터 한계가 있었다고 여겨진다. 후술하겠지만 개혁개방 시대에 들어 '제3영역'이 기세 좋게 부활한 것은 사회주의 시대의 '극단적인 국가화'가 충분히 정착되지 않았다는 사실을 시사해준다.

이행기에 나타난 포(包)

지금까지 살폈듯이 사회주의 시대의 중국에서는 '애매한 제도'가 온존 · 강화된 측면과 축소된 측면이 병존하였으며 어느 쪽이 우세하였는지는 판단하기 어렵다. 하지만 개혁개방 이후 다시 '애매한 제도'가 강력히 부활한 것에 대해서는 표현은 다르지만 복수의 논자들이 공통으로 인정한 부분이다.

황중즈(黃宗智)는 부활한 '제3영역'의 구체적인 예로 다음 세 가지를 지적하였다. ①농촌에서 토지의 공유제를 담당하는 것은 관료제 국가도 아니고 민간도 아닌 그 중간물(中間物)이다. ②향진기업(鄕鎮企業)은 국유경제도 아니며 민영경제도 아니다. 하지만 국가의 통제와 시장으로부터의 자극이라는 이중의 영향을 받고 있다. ③새롭게 생긴 민영기업의 대부분은 당 · 국가기관과 뒤얽힌 관계에 있다. 국가에서 독립해 있다거나 더 나아가 국가와 대립하고 있다고 보는 것 등은 불가능하다.

한편, 사회주의에서 자본주의로의 이행과정에서 '애매한 제도'가 특히 중요한 역할을 했다고 보는 사람이 제도경제학의 논객 중 한 명인 장우창(張五常)이다(張 2009). 장우창은 자본이 희소한 사회에서는 경쟁을 적절히 제한하지 않으면 자원이 낭비되어 흔적 없이 사라져 버린다고 생각한다. 경쟁을 제한하는 방법으로는 ①소유권에 의한 제한, ②등급에 의한 제한, ③규칙에 의한 제한, ④종교나 관습에 의한 제한 등 네 가지가 있다. 경쟁을 제한하는 수법은 명시적이건 암시적이건, 자발적이건 비자발적이건, 일종의 계약이다. 지금 시장이 존재하지 않는 케이스를 생각해보자. 이때 소유권에 의한 제한은 의미를 가지지 않기 때문에 경쟁을 제한하기 위해서는 이외의 방법이 필요하게 된다.

장우창은 계획경제에서 시장경제로의 이행을 '등급에 의한 권리규정 제도'(등급에 근거하여 자원을 분배함)에서 '자산에 의한 권리규정 제도'(자본에 근거하여 자원을 분배함)로의 전환이라고 파악하고, 중국의 경우에는 이 두 가지 제도 사이에 '청부책임계약'(responsibility contract)이라는 제3의 계약형태, 즉 우리가 말하는 '포'가 존재했던 것이 제도이행에 동반되는 혼란을 회피하고 고도 성장을 가져온 비밀이라고 말한다.

개혁개방 이후 이원구조로부터 삼원구조로의 전환이 진행되었다고 하는 정치학자 모오리 카즈코(毛里和子)가 주창한 '삼원구조' 이론(毛里 2012a) 역시 이행기에 '애매한 제도'가 유효하게 그 기능을 발휘했다고 파악하는 필자의 관점과 비슷하다. 모오리에 의하면 1980년대 '소성진(小城鎮)'(small town)에 소기업을 열고 그곳에 농민을 흡수한 '이토불리향(離土不離鄕)'(농민이 농업을 떠났지만 농촌은 떠나지 않음) 방식으로 생겨난 것이 도시도 농촌도 아닌 중간물(中間物)이며 농민도 노동자도 아닌 '농민공(農民工)'들이었다. 한편, 시장화로 인해 커진 것은 민영기업이라기보다 영리화한 국유의 독점기업이며, 국가와 사회 사이에 쌍방이 침투하는 국가 · 사회 공존의 영역이 활기를 띠고 있다. 모오리의 '삼원구조'는 두 가지의 다른 영역에서 제3의 영역이 분리했다고 파악할 것이 아니라, 양자가 중첩된 영역이 형성되었다고 파악해야 할 것이다. 다시 말해, '계획도 시장도 아닌' 영역이 아니라 '계획이기도 하지만 시장이기도 한' 영역, 혹은 '도시도 농촌도 아닌' 영역이 아니라 '도시이기도 하지만 농촌이기도 한' 영역이다. 이것은 바로 필자가 말하는 '애매한 제도'인 것이다.

이상과 같이 사회주의의 실험은 국가가 '제3영역'을 거두어들이는 형식을 통해 '애매한 제도'의 축소를 가져왔을 가능성이 있다. 하지만 계획경제의 미숙함과 정치적 혼란은 그러한 시도를 오랫동안 지속시키지 못하였으며, 오히려 '애매한 제도'가 지속한 탓에 계획경제가 완전히 기능을 할 수 없는 상태에 빠진 경우에서조차 큰 파탄 없이 최소한의 재생산 구조가 유지된 측면도 무시할 수 없다. 또 복수의 연구들이 공통으로 지적하고 있듯이 '애매한 제도'는 집권적 사회주의 시대보다 사회주의에서 자본주의로의 이행기에 보다 선명하게 나타난다고 할 수 있다. 사회주의에서 자본주의로의 이행이 제도의 중복이나 병존을 불가피하게 만들어내었기 때문이지만, 제도의 이행을 필요로 했던 것은 다름이 아니라 사회주의의 실험이 이루어진 탓이기 때문에, 집권적 사회주의를 경험함으로써 '애매한 제도'의 중요성이 한층 더 두드러지게 되었다고도 할 수 있다.

제Ⅱ부

응용편

제3장

진화하는 토지의 집단소유

—— 청부제에서 토지주식합작사(土地株式合作社)로 ——

제Ⅱ부에서는 중국에서의 구체적인 사례를 들어 각각의 영역에서 '애매한 제도'가 어떻게 기능하고 있는가를 분석하고자 한다. 우선 이 장에서는 국유도 아니지만 사유도 아닌 토지의 집단소유라는 '애매한 제도'가 유효하게 기능하고 있는 사례에 대해 검토한다.

토지의 집단소유는 사회주의 제도 하에서 농업의 집단화가 진행되는 과정에서 생긴 것인데, 1958년에 성립한 인민공사 체제에서는 집단소유는 국유에 준하는 형식적인 것에 지나지 않았다. 그런데 인민공사가 해체되고 농가경영 청부제가 도입되자 집단이 소유하는 토지의 의미는 크게 변화하였다. 경작지의 유동화(流動化)를 목적으로 다양한 법률이나 조례가 정비되고 토지의 소유권 · 청부권 · 경영권의 분리가 진행되어 농촌 토지의 유효이용을 꾀하게 되었다. 그러한 가운데 토지의 집단소유를 기초로 한 집단경영이 새로운 형태로 부활하였다.

집단소유 그대로는 토지의 유효이용이 불가능하다는 상식적인 이해를 거스르고 토지의 사유화가 일으킬 우려가 있는 문제들을 교묘하게 회피하면서 토지의 집단소유를 유지한 채로 농민의 청부경작권을 집약하고 다양한 목적으로 토지의 효율적 이용을 실현한 몇몇 성공사례가 있다. 그 가운데 하나로 쓰촨성 충저우시(崇州市)의 '토지주식합작사'를 들고 그 실태를 밝히고자 한다.

1. 집단경제라는 '애매한 제도'

인민공사 체제 하의 집단경제

집단경제란 토지의 집단소유를 기초로 한 공동경영조직을 가리킨다. 공동경영조직을 굳이 일본어로 고쳐보자면 협동조합(영어 표현으로는 collectives나 cooperatives)이 되지만, 일본어 협동조합에서 얻어지는 이미지(조합원이 출자하고 전원이 대등한 관계로 경영에 참여하는 협동조합)와 인민공사 시대의 집단경제의 실태는 크게 동떨어진 면이 있으며 양자는 언뜻 봐서는 비슷하지만 전혀 다른 존재라고 생각하는 쪽이 낫다. 베이징대학의 저우치런(周其仁)은 집단경제를 서구식의 협동조합의 일종이라고 생각하는 것은 잘못이라고 주장하고 집단경제의 기초에 있는 토지의 집단소유에 대해 "집단소유란 '공공의 혹은 공동의 소유권'이 아니며 순수한 국가소유권도 아니다. 그것은 국가가 통제하며 집단이 그 결실의 일부를 얻게 되는 농촌사회주의 제도이다"라고 정의하였다(周 2002 : 6페이지). 다시 말해, 국유도 사유도 아닌 그 중간의 협동조합적 소유라고 파악한 것이 아니라, 국가가 통제하는 사회주의 제도의 한 가지 형태에 지나지 않는다고 파악한 것이다.

역사를 되돌아보면 1952년에 완성된 토지개혁은 농민에 의한 토지사유를 인정한 것이었다. 그런데 중국은 사회주의 공업화를 목표로 한 중공업 우선발전 전략의 요청에 근거하여 도시로의 안정적인 식량공급을 확보하기 위해 '호조조(互助組)'(농작업의 상호협력), '초급합작사(初級合作社)'(농기구 등의 생산

수단을 공동으로 제공한 공동영농), '고급합작사(高級合作社)'(토지를 포함한 모든 생산수단을 공동으로 제공하는 공동영농)를 거쳐 1958년에 '인민공사'를 설립하였다.[1]

원래 인민공사란 마오쩌둥이 머릿속에 그린 이상향이었다. 마오쩌둥은 농민이 원할 때 원하는 만큼 일하고 먹고 싶을 때 배불리 먹을 수 있는 도원향(桃園鄉)을 꿈꾸고 그것을 실현시키고자 하였다. 그런데 실제로 완성된 인민공사는 이상향에 걸맞지 않았으며 농민을 농지에 붙들어 매는 억압 장치로 기능하였다.

인민공사 체제 하에서는 토지를 위시한 모든 생산수단이 집단소유가 되었고 농민은 한 사람도 예외 없이 '작업조(作業組)'라고 불리는 그룹으로 조직되어 농업에 종사하는 것이 의무화되었다. 수익분배는 '노동점수'라고 불리는 포인트에 따라 행해졌다. 일하건 일을 하지 않건 노동점수에 큰 차이가 없어서 농민의 노동의욕은 저하되었다.

인민공사 체제를 보완 · 강화한 두 가지 제도가 '통일매부(統一買付) · 일수판매(一手販賣) 제도'와 '호적제도'이다. 통일매부 · 일수판매 제도는 농산물 유통의 국가독점을 의미한다. 주요 농산물의 공정가격이 설정되고 농민은 공정가격으로 전량을 정부에 매도할 것이 강요되었다. 공정가격은 낮은 가격에 묶였으며 농민은 마음대로 농산물을 판매하는 것이 금지되었다. 한편, 도시 호적과 농촌 호적을 엄격히 나누는 호적제도는 농민이 도시로 유출되는 것을 엄격히 제한하였다. 낮은 농산물 가격으로 도시노동자는 저임금을 커버하고

---

1 1958년에 나온 〈농촌이 인민공사를 세울 것에 관한 중공중앙(中共中央)의 결정〉에서는 "인민공사는 전인민 소유의 요소를 포함한 것으로, 이 요소는 끊임없이 발전을 지속하는 가운데 성장을 지속하며 집단소유제를 대신하는 것이다"라고 하였다. 집단소유가 전인민 소유에 이르는 과정적 단계라는 인식이 명확히 나타나 있다.

호적제도로 도시인구의 증가를 억제하여, 중공업 우선발전을 목표로 한 공업화를 추구했던 것이다.

인민공사 제도, 통일매부 · 일수판매 제도, 호적제도로 이루어진 삼위일체의 체제는 농민의 생산의욕을 현저하게 떨어뜨렸을 뿐 아니라, 도시 · 농촌 간의 노동력 배분, 공업 간의 자원배분의 왜곡을 동반하였다. 농산물 가격의 통제, 농업용 투입재의 상대적인 고가 정책, 한정된 경지의 높은 인구밀도 등의 요인이 중첩되었기 때문에 증산이 증수(增收)로 이어지지 못했으며, 그렇다고 해서 농업 이외의 일을 하려고 하면 곧장 '자본주의의 꼬랑지'라고 규탄 당했다. 농촌 · 농민은 출구 없는 피폐한 상황에 놓인 것이다.

청부제 도입 후의 집단경제

농촌의 피폐한 상황을 타계할 출발점이 된 것은 인민공사를 해체하고 청부제를 도입한 농촌개혁이었다. 농촌개혁의 발단은 '걸식의 고향'이라고도 불리며 가난한 농촌의 대명사였던 안후이성 펑양현(鳳陽縣)에서 시작되었다.

1978년 12월 12일 오후 펑양현 샤오강촌(小崗村)에 있던 전체 농가 18호(戶)가 모여 비밀회합을 열었다. 그곳에 모인 농민들은 협의 끝에 3개조로 이루어진 서약서를 기초하고 선서를 한 뒤 손도장을 찍었다. ①위(정부)를 속이더라도 아래(동료)는 속이지 말 것, 그리고 어떠한 일이 있어도 일을 외부에 누설하지 말 것, ②나라에 상납하는 부분, 집단에 유보하는 부분을 절대 속이지 말 것, ③만일 일이 드러나 체포자가 나오는 경우가 생기면 그 자식들이 18세가 될 때까지 전체 농가가 책임을 지고 부양할 것.

농민들의 결사적인 각오가 전해지는 글이지만, 샤오강촌 농민들이 정부의 승인 없이 몰래 실시하고자 한 것은 단순한 일이다. 그것은 농가마다 농업을 청부하고 정액 상납분을 뺀 나머지를 모두 자신의 것으로 삼는 청부생산(훗날 '농업생산책임제' 혹은 '농가경영청부제'라 불린다)의 도입이었다.

처벌을 각오하고 실시된 샤오강촌의 청부생산은 순식간에 전국으로 퍼졌다. 당초 3년으로 짧았던 청부기간은 그 후 15년으로, 다시 30년으로 연장되었다. 청부제의 보급은 농촌의 정치 · 경제 구조에 큰 변화를 주었다. 1985년 봄까지 65,000개소의 인민공사를 대체하여 92,000개소의 향진정부(鄉鎮政府)가 설립(부활)되었다.[2] 중국사회주의의 상징이며 20년간 지속된 인민공사 체제가 샤오강촌의 비밀회의로부터 겨우 몇 년 만에 해체되어 버릴 거란 사실은 어느 누구도 예상하지 못하던 것이었다.

청부제의 도입은 농민의 생산의욕을 비약적으로 증대시켰다. 이와 병행하여 농업생산에 대한 인센티브를 한층 더 높이는 것을 목표로 낮은 가격에 묶여 있던 농산물 매부가격이 대폭으로 인상되고, 이후에는 통일매부 제도 그 자체가 폐지되었다. 이 조치는 농민의 생산의욕을 더욱 증강시켰다. 청부제가 영향을 끼친 범위는 농업분야에 한정되지 않는다. 농민은 자신이 일해서 얻은 자금을 밑천으로 엄청난 기세로 비농업 영역으로 진출하였다. '향진기업(鄉鎮企業)'(농민이나 향촌정부가 소유하고 경영하는 기업의 총칭. 주로 비농업 기업으로 이루어진다)의 급성장이 시작된 것이다. 이와 같이 토지의 집단소유나 호적제도는 잔존하였지만, 농가경영청부제를 지렛대 삼아 풍요로움을 추구하는 농민의 거대한 에너지가 분출되어 농촌은 크게 변모하게 된다.

청부제의 도입은 토지에 대한 농민의 권리의식을 현격히 높였지만, 토지는 어디까지나 집단소유였으며 집단을 대표하는 촌 간부에게 그 이용에 관한 결정권이 있었다. 청부제 도입의 초기 단계에 농지는 농가마다 청부하는 '청부전(請負田)'과 촌(村)이 모아두고 필요에 따라 분배하는 '기동전(機動田)'으로 나

---

2 중국의 행정기구는 성(省) · 시(市) · 현(縣) · 향(鄉)[진鎮]의 4층 구조로 되어 있으며 향진정부가 최말단의 행정구조이다. 향진 아래에 설치되어 있는 행정촌은 촌민의 자치조직이며, 그것이 토지의 소유자 기능을 하는 집단경제의 실체이다.

뉘었으며, 각 농가의 경작자 수의 증감에 따른 청부전의 변동을 기동전으로 조정하는 수법이 일반적이었다. 공평성을 담보한다는 등의 이유로 촌 정부가 농민으로부터 임의로 청부전을 회수하여 다른 농민에게 배분하는 '재배분' 개입도 빈번히 이루어졌다. 농민과 청부지의 관계는 반드시 안정된 것은 아니었던 것이다. 후술하겠지만 농민과 청부지의 관계가 규모화하기 위해서는 토지 이용에 관한 제도가 정비될 때까지 기다려야만 했다.

앞에서 언급했던 저우치런(周其仁)은 집단경제는 준국유라고 할 만한 사회주의 제도의 한 가지 형태에 불과하다고 주장하였다. 이 주장은 인민공사 시대에는 잘 들어맞는다고 해도 청부제 도입 이후에도 잘 들어맞을까? 이 점에 대해 다음 두 가지를 지적하고 싶다.

첫째는, 집단경제가 관리 · 감독하는 경지의 이용을 둘러싸고 농민의 권리의식이 높아진 것을 수용하면서 집단을 대표하는 촌 간부는 모종의 잉여이익을 획득하게 되었다는 사실이다. 즉, 어떤 농민에게 어떤 농지를 얼마나 배분하는가, 혹은 배분한 경작권을 농민에게서 회수하여 다른 농민에게 배분하는 것 등 농지의 이용에 관한 결정권이 모종의 권리로 변화한 것이다.

둘째는, 청부제의 도입이 부차적으로 가져온 향진기업의 발전이다. 제4장에서도 자세하게 취급할 것이기 때문에 여기에서는 간단히 언급하는 것에 그치겠지만, 향진기업의 급성장은 개혁개방 이후의 농촌발전을 견인하는 원동력이었다. 향진기업을 소유하고 경영하는 주체는 집단경제이며 촌 간부는 향진기업이 벌어들인 이익을 어떻게 사용할지 등의 큰 경제권한을 지니게 되었다.

청부제 도입 이후에 생긴 이 두 가지 변화는 인민공사 시대에는 거의 눈여겨볼만한 경제실체를 지니지 않았던 집단경제가 경제조직으로 구체적인 모습을 드러낸 것을 시사하는 것이다.[3]

2. 토지에서의 소유와 경영의 분리

토지 관련 법률 · 조례의 정비

일단 농촌에서 벗어나도록 한다. 개혁개방 이후 경제개발이 진행됨에 따라 도시개발을 착실히 진행하기 위해 토지 거래에 관한 법률을 정비할 필요성이 생긴다.[4]

우선 1986년에 '중화인민공화국 토지관리법'이 시행되어 공유제를 전제로 한 토지관리 법체계가 정비되었다. 그리고 다음해인 1987년에 선전시(深圳市)에서 처음으로 도시에서의 국유지 사용권 유상양도가 이루어졌다. 그리고 1990년에는 국무원이 '도시에서의 국유지 사용권의 양도 · 매매에 관한 잠행(暫行) 조례'를 제정하여 구체적인 행정집행 절차와 함께 도시에서의 국유지 사용권 기한도 구체적으로 정하였다.

이처럼 토지 거래에 관한 제도정비가 진행된 덕에 1992년경부터 제1차 부동산 개발 붐이라 불리는, 토지 사용권 유상양도 제도를 이용한 도시개발에 가속도가 붙게 되었다. 이 시기의 부동산 붐이 일단 진정된 후 국유기업이 무상으로 제공하고 있던 주택의 '상품화'가 진행되자 자기 집을 소유하고 싶은 도시주민에 의해 주택 구입 열기가 뜨거워지고 2002년경부터 제2차 부동산 개발 붐이 일어났다.

이러한 움직임과 함께 1994년에 '중화인민공화국 도시부동산 관리법'이 발표되어 민간개인이나 민영기업이 부동산 개발을 할 수 있게 되었다. 또 토지

---

3 제2장에서도 다루었던 장러텐과 루양의 연구에서는 인민공사 시대의 혁명형 '사청운동' 간부가 1980년대 초엽에 이익추구형 간부로 대체되었다고 한다(張 · 陸 2012). 집단경제의 실체가 변화하면 촌 간부에게 요구되는 역할도 변화할 수밖에 없다.

4 이하의 서술은 劉(2014), 梶谷(2014), 丸川 · 梶谷(2015 : 제4장)의 정리에 많은 신세를 졌다.

거래를 원활하게 진행할 목적으로 1996년에는 선전시와 상하이시에서 토지투자회사가 설립되고, '토지비축센터'가 지방정부로부터 위촉 받는 형태로 개발용지를 수용하여 부지 정비나 인프라 정비 등의 관리도 일괄해서 진행하는 '토지비축제도'가 도입되었다.

앞에서 서술한 법률 · 조례와 토지비축센터의 설립은 주로 도시에 있는 국유지의 유효이용을 꾀하는 것을 의도한 것이며, 집단소유인 농촌의 토지는 이 제도의 적용 범위 밖에 있었다. 하지만 1998년 토지관리법이 개정되어 농촌의 토지도 유효이용의 길이 열렸다. 이에 따르면 농촌 집단소유지의 비농업용지로의 전용이 있을 경우에는 일단 정부가 수용하여 국유화하는 것을 의무화하고, 토지의 전체적인 이용계획서 작성은 중앙정부 혹은 성(省) 레벨의 정부의 인가가 필요하다는 것이 명기되었다(제21조). 또 국유지의 사용권한이 토지의 사용목적별로 상세하게 정해졌을 뿐 아니라, 농지를 수용할 경우 농민에 대한 보상기준에 대해서도 구체적인 규정이 담겼다.[5]

2002년에 공포되어 2003년부터 실시된 '농촌토지청부법'에서는 토지 청부경영권의 유동화를 위한 법률적인 근거가 명시되었다. 이 법에서는 농가의 농지청부권(경영권)을 토지에 대한 용익물권의 한 가지라고 명문화함으로써 농가의 토지에 대한 '재산권'을 승인하였다. 또 청부기간 내(경지는 30년, 목초지는 30~50년, 삼림은 30~70년)에는 농지의 사용권이 정부에 의해 회수 · 조정되지 않는다고 정해졌다. 게다가 농지청부권을 지닌 당사자가 청부권을 상속 · 매매하는 권리도 인정하였다(제31조 · 제32조).

2007년에 시행된 '물권법'에서는 '사회주의 공유제를 주체로 한 상황 하에서의 다양한 소유제에 의한 경제의 공동개발 원칙'이 확인되어 국가나 집단조직

---

5 구체적으로 말하자면 수용이 진행된 시기부터 과거 3년 동안의 평균 수확량의 6~10배를 지불하도록 규정되었다(제47조).

의 소유권뿐 아니라 개인의 소유권도 평등하게 보호되어 나갈 것이 명기되었다. 이 물권법에는 지방정부가 수용할 경우 주민에 대한 보상 규정(제42조), 촌의 집단조직 또는 촌민위원회의 대표가 소유권을 행사하는 것(제60조), 집단이 소유하는 농지에 대해 청부기간 만료 후에도 청부자가 계속하여 청부하는 것(제126조) 등의 내용도 담겼다.

유동화하는 청부경작권

앞에서 서술한 것처럼 토지관련 법률이나 조례가 정비됨에 따라 '평등한 협의, 자발성, 유상으로 양도'를 원칙으로 하여 농촌에서도 토지의 유동화가 서서히 진행되기 시작하였다. 토지의 유동화에서는 '토지의 집단소유라는 성질을 바꾸지 않을 것, 토지의 용도를 바꾸지 않을 것, 그리고 농민의 청부권익을 침해하지 않을 것'이 강조되었다. 그렇다고는 하지만 청부경영권의 유상양도가 가능하게 됨에 따라 토지거래 시장이 형성되고 농민 개인 이외에 '합작사(合作社)'나 기업 등 영리조직에게도 청부경영권의 취득을 인정하게 되었다.

농지의 시장거래에는 농가 간에 직접 거래가 이루어지는 경우와 행정조직이 개입하는 경우, 이렇게 두 가지가 있다(寶劔 2002). 농가 간의 거래에는 ①일정기간 동안 토지의 청부권을 대차(貸借)하는 '전포(轉包)', 그리고 ②토지의 청부권을 무한기간 양도하는 '전양(轉讓)'이 있다. 한편, 행정조직이 개입하는 경우에는 ①촌 레벨에서 토지를 집약하여 대규모 농가나 농업기업에 임대하는 '반조도포(反租倒包)', ②촌 레벨에서 토지를 집약하여 집단으로 토지를 관리 · 운영하는 주식화(柱式化) 등이 있다. 주식화의 경우 개별 농가는 토지 제공분을 출자한 것이 되며 운영실적에 따라 배당을 받는다.

토지경영권 임대시장은 1990년부터 본격화하기 시작했지만 시장을 통해 유동화된 농지의 비율은 1980년대부터 90년대를 통해 경지면적의 1~3% 정도이며 반드시 널리 침투했다고 할 수는 없었다(丸川 · 梶谷 2015 : 제4장). 1993년에 농업부가 실시했던 조사에 의하면 전체 농가의 2.3%에 해당하는 농가가 토지경영권을 임차하고 있었으며 그것은 경지면적의 2.9%였다. 1998년에 농업부가 8개 성(省)에서 실시한 샘플 조사에서도 토지경영권의 임차비율은 3%~4%에 지나지 않았다.

임차시장이 활성화한 것은 2000년대 후반에 들면서부터이다. 2008년에 농업부에서 실시했던 조사에서는 전국 청부경작면적의 8.9%가 임차되었다. 다만 임차시장의 지역 차이는 컸다. 일반적으로 말하자면, 농촌 내의 비농업활동이 활발한 해안 도시 근교나 내륙에서도 타지에 돈을 벌러 나간 사람이 많은 지역에서는 대차(貸借)가 활발하게 이루어진 반면, 상대적으로 빈곤하며 농업 외에는 이렇다 할 산업이 없는 지역에서는 대차가 활발하다고 할 수 없었다.

2008년 중국공산당 제17기 3중전회(中全會)(중앙위원회 전체회의)에서 채택된 〈농촌개혁 발전 추진에서의 약간의 중요문제에 관한 결정〉에서는 토지청부권의 기한이 '장기불변'에서 '장구불변(長久不變)'으로 변경되어 사실상 청부권을 농민에게 영구히 부여되는 것이 명시되었다. 이 결정이 나온 후에 쓰촨성과 저장성에서는 농지의 집약화를 촉진하고 대규모 농업경영을 가능하게 하기 위한 조직으로 '농촌토지 유전(流轉) 서비스센터'가 설립되었다. 이리하여 경작권의 유동화를 향한 제도나 조직 설립이 각지에서 진행되게 되었다.

지역마다 다른 토지이용 방식

제4장에서도 분석하겠지만, 지방정부가 토지공급을 통제하고 그 개발권을 독점하여 막대한 토지양도 수입을 얻는 지역개발 모델은 지방정부에 거액의 잉여이익을 가져오게 하였다. 이 잉여이익이 부패의 온상이 되었다는 비판에 더해, 본래 잉여이익의 배분을 받아야 할 당사자, 즉 토지를 잃은 농민이나 토지의 사실상의 소유자여야 하는 집단경제가 분배에서 제외되었다는 불만이 터져 나오게 되었다.

청부권의 유동화가 진행되는 가운데(혹은 청부권의 유동화를 더욱 가속하여 농업의 생산성을 끌어올리기 위해서는) 어떻게 하면 토지의 효율적인 이용을 꾀하고 공평한 이익 배분을 할 수 있는가가 중요한 정책과제가 되었다. 이하에서 검토하겠지만 토지이용의 방식에는 다양한 변조가 있다. 농업의 생산조건이나 비농업의 발전상황 등 지역마다 사정이 다른 이상, 일률적인 방식이 아니라 그 지역에 적합한 방식을 도입하는 것이 바람직하다. 다른 케이스에서도 마찬가지이지만 '애매한 제도'의 한 가지 특징인 제도의 병존은, 새로운 시도를 복수의 지역에서 시험하여 좋은 방법이 발견되면 전국으로 보급시키는 '시점(試点)' 방식을 정부가 즐겨 채용한 결과이기도 하다. 상당히 긴 기간 동안 다른 지역에서 다른 방법이 병존하는 것도 자주 발견되는 현상이다. 이는 농촌의 토지이용에서도 동일하다고 할 수 있다.

카지타니 카이(梶谷懐)가 정리한 것을 참고하여 지역마다 다른 토지이용 방식의 특징을 다음 세 가지 유형으로 정리해 둔다(梶谷 2012, 梶谷 2014). 단, 카지타니는 농촌의 도시화라는 관점에서 시장이 주체가 되는 토지이용과 정부가 주체가 되는 토지이용 등 두 가지로 크게 나누고 그것에 기초한 유형화를 진행하였다(梶谷 2014). 필자는 토지의 집단소유에 주목하는 관점에서 집단경제(자치조직으로서의 행정부)가 중요한 역할을 하지 않은 경우와 한 경우 둘로 나누어 전자를 다시 두 가지 유형으로 나누었다.

집단경제의 역할이 한정되어 있는 것이 제1유형과 제2유형이다. 이 가운데 제1유형은 지방정부가 집단경제를 뛰어넘어 농민과 직접 대치하는 방식이다. 이 방식을 대표하는 모델은 '토지와 사회보장을 교환하는' 충칭(重慶) 방식이다. 충칭시의 경우 토지의 경작권을 도시에 반환한 농민은 도시 호적과 노후에 매월 500위안의 양로보험금을 받는 권리를 얻을 수 있다. 게다가 충칭시에서는 별도로 또 다른 한 가지가 농민에게 이익을 환원해주는 방법으로 도입되어 있다. 그것은 '지표(地票)'를 발행하여 경작권을 농민이 현금화하는 방법이다. '지표'란 청부권에 응해 발행되는 '농지개발권'을 의미한다. 흥미로운 점은 농민이 넘기는 토지의 수익에 따라 '지표'의 가격이 결정되는 것이 아니라, 그 지역 전체 토지의 희소성에 따라 결정된다는 것이다. 예를 들면 이농한 농민이 자신이 사용했던 주택용지를 농지로 되돌리면 '지표'를 입수할 수 있으며 그것을 정부나 개발업자에게 매각하면 그 토지의 희소성에 맞은 현금을 얻을 수 있다. 충칭 방식은 토지를 떠난 농민에게 사회보장이나 '농지개발권'을 제공함으로써 지방정부에서 발생하는 잉여이익을 할당하여 배분하는 것이다.

제2유형은 지방정부와 농민이 직접 대치하는 또 하나의 방식으로, 지방정부가 강력한 리더십을 발휘하여 농지의 유효이용과 농민에 대한 이익환원을 꾀하는 것이다. 장쑤성 쑤저우시(蘇州市)에서는 시 정부가 토지이용계획이나 도시계획의 실시, 지가의 관리 등을 통일적으로 진행하여 주택용지의 집약화와 경작지의 대규모화를 실현하고 농업의 생산성 향상과 토지의 유효이용을 꾀하는 방식이 실시되었다. 시의 건설용지는 주식제(株式制)의 조직에 의해 운영되며 그 수익은 농촌경제의 발전이나 인프라 건설에 쓰였다. 주택용지를 제공한 농민에게는 집합주택으로의 입주권이 부여되고, 청부지를 제공한 농민에게는 도시주민과 동일한 사회보장 권리가 부여되었다. 이 방식 역시 농민에게 잉여이익 수입의 일부를 할당하여 배분하는 것이다.

제3유형은 제1유형 · 제2유형과는 달리 집단경제가 이익배분에 관여하여 독자적으로 농민에게 이익을 배분하는 방법이다. 산둥성 포산시(佛山市) 난하이구(南海區)에서는 토지의 집단소유를 전제로 시장 메커니즘을 이용한 토지의 사용과 이익의 배분을 실시하고 있다. 구체적으로 말하자면, 촌의 토지를 합작사나 주식회사의 형식을 통해 관리하고 비농업으로의 전용도 포함하여 자주적인 운용을 하며 그 이익을 '분홍(分紅)'(배당)이라는 형식으로 농민에게 배분하는 방법이다.[6] 촌 전체로 특산품 생산 · 판매 전업합작사를 설립하는 케이스나 상급정부의 허가를 얻지 않고 집합주택을 건설하여 판매하는 케이스 등도 이러한 유형에 포함된다.

여기에서 다룬 유형 이외에도 다양한 변조가 존재한다. 다음 절에서 논할 쓰촨성 충저우시(崇州市)의 '토지주식합작사(土地株式合作社)'는 집단경제가 중심적인 역할을 하고 있다는 의미에서 제3유형으로 분류할 수 있지만, 포산시가 주로 비농업 목적으로의 농지이용을 꾀하고 있는 것에 반해 충저우시에서는 농업 목적으로의 토지이용 효율화가 목표라는 점에서 차이가 있다.

3. 토지주식합작사(土地株式合作社)의 출현

쓰촨성은 앞에서 서술했듯이 '농촌토지 유전(流轉) 서비스센터'를 전국에서 선구적으로 설립하는 등 토지관련 법률 · 조례나 정책의 시행에서 실험적인 시도를 한다는 의미에서 개혁의 선진지역이라 할 수 있다. 쓰촨성이 시험지역으로 뽑힌 배경에는 내륙에 있으면서도 청두(成都)나 충칭(重慶) 등 해안에 필적할 만한 대도시가 발전했을 뿐 아니라, 타지에 돈을 벌러 나가는 사람들의 배출지로서 농민의 겸업화가 진행된 지역인 것이 영향을 주었다고 여겨진다.

쓰촨성의 토지제도 개혁의 실태를 살펴보기 위해 필자를 포함한 연구그룹은 2014년 9월 쓰촨성 충저우시의 경지 유동화와 관련된 선행사례인 '토지주식합작사'를 방문하여 청취조사를 실시할 기회를 얻었다.[7]

6 이 방식의 원형이 되는 방식은 1990년대부터 이미 관찰된다. 외자기업을 대량으로 받아들인 광둥성 선전시(深圳市) 바오안현(寶安縣) 헝강진(橫崗鎭)에서는 외자기업으로부터 종업원 1인당 일정액의 관리비를 징수하고 그 수익을 주주인 촌인(村人)에게 배당하는 '주식합작제(株式合作制)'가 도입되어 있었다(加藤 1995 : 제8장).

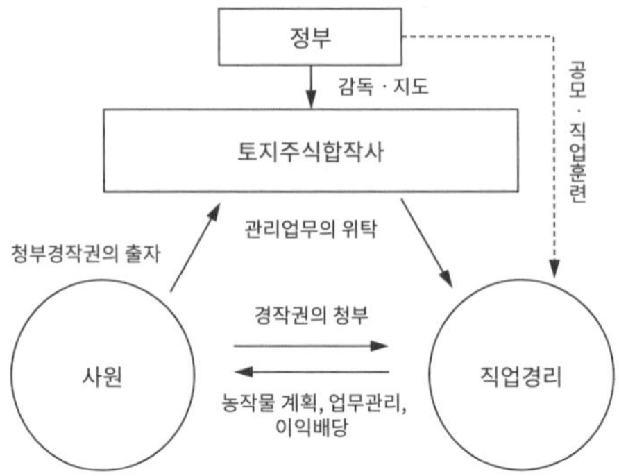

〈그림 3-1〉 토지주식합작사의 구조
출처) 설명 패널을 근거로 작성함

충저우시는 쓰촨성의 성도(省都)인 청두시(成都市)에서 고속도로로 1시간 30분 정도 떨어진 곳에 있는 현 레벨의 시로, 넓은 의미에서 보자면 청두시의 교외에 위치하고 있다. 충저우시에서 설립 · 운영하고 있는 토지주식합작사는, 농민이 보유하는 농지의 청부경작권을 출자하여 합작사를 만들고 공동경영을 하는 방식을 가리킨다. 〈그림 3-1〉은 토지주식합작사의 설명 패널을 근거로 필자가 작성한 것이다. 토지주식합작사를 지탱하는 두 가지 요소로 사원과 '직업경리(職業經理)'(후술함)가 명확히 구별되어 묘사되어 있다는 점에 필자는 주목하였다. 협동조합이라면 '직업경리'는 사원 가운데 경영에 밝은 사람이 선발되겠지만, 여기에서는 집단경제의 외부에 있는 인물(정부가 공모하

---

7 시찰에 참여한 인원은 카토오 히로유키(加藤弘之) 외에 카지타니 카이(梶谷懷)[코오베대학神戸大學], 런저(任哲)[아시아경제연구소], 이토오 아세이(伊藤亞聖)[토오쿄오대학], 후지이 다이스케(藤井大輔)[오오사카 경제대학], 오바라 에리카(小原江里香)[쿠루메대학久留米大學]이다. 이하의 서술에서는 이 인원들이 작성한 청취 메모를 일부 이용하였다. 현지시찰은 쓰촨성 사회과학원 농촌경제연구소의 협력을 얻어 2014년 9월 11일에 실시되었다.

여 선발된다)을 상정하고 있는 것이다.

충저우시에는 361개소의 토지주식합작사 있으며 1400명의 직업경리가 있다고 한다. 지역의 조건에 따라 차이가 있지만 가장 선진적인 충저우시 룽싱진(隆興鎭) 위셴촌(余先村)의 사례에서는 95%의 토지가 주식화되어 촌에는 6개소의 합작사가 존재하며 각각의 합작사에 직업경리가 배치되어 있다고 한다. 이 비율을 보는 한, 거의 모든 촌민이 6개소 어딘가의 합작사에 소속되어 있다고 간주할 수 있다. 다만 이 촌에서는 관광용 포도농장 등을 경영하는 등 수익성이 높은 사업이 성공하고 있기 때문에 이처럼 높은 참여율을 보이고 있는 것이지만, 그러한 조건을 갖추지 못한 촌에서는 합작사로의 조직화는 그다지 진행되지 않았다. 같은 지역에서도 촌마다 큰 차이가 존재하는 것이다.

그런데 합작사라고 하면 사회주의 시대의 유물과 같은 인상을 받게 되지만, 여기에서 말하는 합작사는 오히려 주식회사에 가까운 이미지로 파악하는 편이 낫다. 토지주식합작사는 사회주의 시대의 합작사와 비교할 경우 다음 두 가지 점에서 크게 다른 특징을 지닌다.

첫째, 농민의 합작사 참여 및 탈퇴는 완전 자유라는 점이다. 예전의 합작사도 명분상으로는 농민의 자유의지를 존중하는 것으로 되어 있었지만 실제로 합작사 참여는 반강제적이었다. 완전히 시장 베이스에서 운영되고 있는지 여부라는 점에서 과거와 현재의 큰 차이가 있다.

둘째, 직업경리의 역할이다. 합작사 경영과 관련하여 정부가 공개 공모한 다음 직업훈련을 실시하고 시험에 합격한 전문경영자를 직업경리라 부른다. 직업경리는 합작사의 경영에서 중심적인 역할을 한다. 다시 말해, 어떠한 농작물을 심고 누가 실제 농사일을 하는가에 대해 직업경리가 중심이 되어 계획하고 감독한다. 그리고 총수익에서 비용을 뺀 순수익의 배분까지 책임을 진다.

우리들이 면담한 직업경리 중 1명인 W는 선전으로 오랫동안 돈을 벌러 나간 경험이 있는 30대 중반의 젊은이로, 시장 지향성이 강하였으며 창의적 방법으로도 수익을 올릴 수 있다면서 농업경영에 절대적인 자신감을 드러내고 있었다. 합작사의 총수익이 증가하면 1무(667㎡)당 '분홍'(배당)도 증가하는데, 경영자 자신의 수입도 증가하는 구조이다. W에게 작년 연간 수입을 물어보니 10만 위안(대략 180만 엔)에서 조금 모자란 정도라고 하였다. 충저우시 농민의 평균 연 수입의 약 10배에 해당하는 소득이다. 내륙의 농촌에서 선전으로 돈을 벌러 나가는 것을 뛰어넘는 수입을 얻을 수 있기 때문에 고생스럽게 돈을 벌러 나갈 필요가 없게 되는 것이다.

2013년의 배당액은 합작사에 따라 1무당 300위안에서 900위안으로 차이가 크다. 경영자의 재능 여하에 따라 늘거나 줄어드는 것은 시장 지향적인 이상 피할 수 없는 것이지만, 흥미로운 점은 벼와 밀 내지 유채 씨앗의 이모작이라는 표준적인 작물을 심는 경우에도 토지 출자자에게 나름대로의 액수 배당과 경영자에게 충분한 소득을 제공할 수 있을 정도로 수익이 올라가 있다는 사실이다(이 합작사에서는 수익의 배분 비율이 공공적립금 1, 출자자에 대한 배당 3, 경영자의 소득 6으로 결정되어 있다).[8] 주요 농산물(밀 · 옥수수 · 유채씨앗)의 생산의 경우에는 쓰촨성과 청두시(成都市)로부터 각각 최고액 기준 1무당 500위안의 보조금을 받을 수 있다. 이러한 보조금이 없다면 수익확보가 어렵다는 것은 쉽게 상상할 수 있다.

그리고 합작사에 참여하는 농민 대부분은 타지에 돈을 벌러 나간 사람들을

---

8 《런민일보》(2014년 11월 28일자)에서는 마찬가지로 충저우시의 토지주식합작사의 사례로 공공적립금 1, 출자자에 대한 배당 7, 경영자의 소득 2로 이 합작사에서의 설명과는 크게 다른 배분비율이 소개되어 있다. 출자자가 많다는 것을 생각하면 출자자보다 경영자에 대한 배분비율이 적은 이 쪽의 숫자가 타당한 듯이 여겨지지만, 여기에서는 W 본인의 설명을 그대로 소개해 둔다.

포함하여 농업 이외의 직업을 가진 일꾼들이 가계의 중심에 있는, 이른바 겸업농가이다. 실제로 농업에 종사하고 있는 사람은 타지에 돈을 벌러 나간 경험이 없거나 귀향해서 돌아온 50대나 60대의 중년 · 노년이 중심이다. 다시 말해 합작사로부터의 배당이 많아도 출자자의 주된 수입을 초과하는 경우는 없지만, 출자자의 주된 수입원은 농업이 아니기 때문에 극단적으로 말하자면 배당이 없더라도 상관이 없다. 이러한 조건이 있기 때문에 토지주식합작사를 운영할 수 있는 것이 아닐까 하고 여겨진다.

조금 벗어나는 이야기를 덧붙여둔다. 몇 년 전 빙쿠현(兵庫縣) 이바오군(揖保郡)의 공동영농 현장에 농업경제를 연구하는 중국인 학자를 데리고 간 적이 있다. 거기에서는 선조 전래의 논을 지키기 위해 논의 공동관리가 이루어지고 있었다. 연초에 농작물 계획을 결정하고 농사에 종사하는 사람은 기본적으로 퇴직한 연금생활자로 한정되며 농사 시간은 자신이 신고하여 연말에 그것을 집계해서 수익에서 지불을 한다. 중국인 학자는 감탄하며 "이거야말로 인민공사가 목표했던 이상적인 방식이구나!" 하였다. 현명한 독자라면 바로 눈치챘겠지만 인민공사가 실패하고 이바오군의 공동영농이 성공하고 있는 이유는, 전자에서는 농업이 주된 수입이었던 것에 반해, 후자에서는 그렇지 않다는 점에 있다.

4. 계속 진화하는 토지 집단소유

지금까지 살핀 토지소유 관련 구조변화를 여기에서 다시 정리해 두고자 한다(張 2014 : 204~5페이지). 인민공사 시대에 토지의 소유권 · 사용권 · 수익권은 일치하였고 모두 생산대(生産隊)에 귀속되며 농민은 노동의 제공자에 불과하였다. 개혁개방 시대에 들어서자 농가경영청부제가 도입되고 농지는 소유권과 청부경영권으로 나누어진다. 집단이 소유권을 가지고 농민이 청부경영권을 행사하는 구조이다. 그 후 토지 관련 제도가 정비됨에 따라 농민이 가진 청부경영권이 다시금 분할되었다. 즉, 소유권은 집단인 그대로이지만 청부경영권이 분리되어 청부권은 청부농가가 가지고 경영권은 경영주체가 가지는 구조이다. 경영주체로 출현한 것은 그 지역 혹은 외부에서 온 대규모농가, 앞 절에서 검토한 토지주식합작사, 그리고 농업기업 등 세 가지 종류이다.[9]

그렇다면 토지 관련 법률 · 조례의 정비와 그것에 대응한 정책이나 실태의 움직임을 어떻게 평가하면 좋을까? 이러한 것은 토지의 집단소유가 형해화되어 '사실상의 사유화'가 시작된 것을 의미하는 것이 아닐까?

청부권의 유동화가 진행되고 있는 상황을 토지의 사유화로 가는 전단계라고 파악했던 시기도 있었지만, 필자 자신의 생각을 말해보자면 현재로서는 토지의 집단소유는 우리들이 상상하는 이상으로 완고한 구조를 지니고 있어 앞으로 장기간에 걸쳐 유지될 가능성이 크다고 생각하고 있다. 필자가 그렇게 생각을 바꾼 이유는 다음 두 가지 때문이다.

첫째는 농민에 의한 경작권의 장기보유(실제로는 영구적인 보유)를 보증하고 그 자유로운 유동을 승인하는 것이라면 집단소유 그대로도 '토지의 사실상의 사유화'는 실현 가능하다고 여겨지는 것이다.[10] 다만 그 경우에도 토지의 소유

---

9 집단을 대표하는 촌민위원회(村民委員會)는 토지의 소유자인 동시에 토지의 집약화를 진행하는 중개자 역할을 한다. 때문에 토지의 유동화에 따라 잉여이익 수입의 80%는 청부농가의 것이지만 나머지 20%는 집단에 귀속시키는 것이 일반적이라고 한다(張 2014).

10 토지의 사용권(지상권)을 소유권과 분리하여 법적인 권리로 인정하는가 여부는 물권법의 중요한 내용이다. 일본에서는 소유권이 강조되기 때문에 사용권보다 임대차 쪽이 일반적이지만, 인민공화국 이전의 중국에서는 사용권이 법적인 권리로 인정되고 있었다. 2007년에 발표된 물권법도 이러한 사고방식을 계승하고 있다.

권 · 경영권 · 관리권이 일치하지 않는 것에 따른 문제가 발생할 가능성은 부정할 수 없다. 예를 들어 집단의 구성원이 자유롭게 탈퇴할 수 있는지의 여부, 그 경우 보상을 어떻게 하는가 등, 토지의 집단소유라는 '애매한 제도'를 유효하게 기능시키기 위해서는 법적 정리를 더 해내갈 필요가 있을 것이다.

둘째는 농민에 의한 토지의 사유화가 일으키는 문제에 대해 공산당 정권이 모종의 공포를 안고 있다는 사실이다. 토지의 사유화는 다른 사정이 동일할 경우 토지를 팔아서 온 집안이 이농하는 농민의 증가를 가져온다. 토지의 유동화는 농지의 집약적인 이용을 통해 농업생산의 효율화와 농가소득의 증대를 이끌겠지만, 다른 한편으로 도시에 유입된 농민들은 과연 충분한 사회보장 서비스를 받을 수 있을까?

이미 지적했듯이 장기간에 걸쳐 중국에서는 도시와 농촌을 엄격히 구분하는 호적제도에 따른 이중구조가 온존 · 강화되어 왔다. 때문에 사회보장 체계는 도시와 농촌에서 다른 제도가 적용되며, 사회보장 체계의 일원화는 당장 실현될 수 없을 듯하다. 또 주택의 상품화는 진행되었다고 하지만 도시주민을 겨냥한 비교적 고급의 주택 건설에 비해 빈곤세대를 겨냥한 저가의 임대주택 건설은 진행되지 않았다. 때문에 도시에 유입된 농민들은 '성중촌(城中村)'(도시 속의 농촌)이라 불리는, 도시 슬럼의 열악한 주택환경에 만족하는 수밖에 없는 상황이다.

2014년 3월에 발표된 〈국가신형도시화계획(2014~2020)〉은 향후 중국 도시화 방향을 좌우할 중요한 정책문서인데, 거기에서는 농촌 근처에 '신형도시'를 건설할 것, 돈을 벌러 나간 농민의 도시로의 정주(定住)를 촉진할 것, 겸업농가에 대한 공공서비스 제공을 충실히 할 것이 중요한 정책문제로 제기되어 있다. 이러한 정책의 방향성은 바른 것이라 하더라도 기존 도시가 아니라 농촌 근처에 '신형도시'를 건설한다는 구상은 공공서비스의 제공이라는 의미에서는 기존 도시로의 노동력 흡수가 여전히 용이하지 않다는 사실을 말해주고 있다(제2장 주9번도 참조 바란다).

사회보장제도 정비가 뒤쳐진 것을 고려한다면 현 정권이 품고 있는 공포에는 나름대로의 근거가 있다고 생각해야 할 것이다. 이러한 점에서 보자면 집단소유를 불변으로 둔 채 경작권의 유동화를 촉진하기 위한 법률이나 조례를 정비하는 쪽이 공산당 정권은 물론 농촌의 집단조직이나 농민에게 있어서도 이익이 더 크다고 여겨진다.

토지의 집단소유는 이른바 사회주의 시대의 유산이며 개혁개방 이후에 소멸하더라도 이상하지 않았을 제도이다. 그런데 지금까지 보았듯이 집단소유가 소멸한 지역이 있는 한편으로, 토지주식합작사처럼 집단소유라는 형식을 남기면서 다양한 형태로 제도의 정치화가 진행되고 있는 지역도 다수 존재한다. 후자의 경우에는 토지 사유화가 불러일으킬 우려가 있는 문제를 회피하면서 토지의 유효이용을 실현하고 있다는 의미에서 '애매한 제도'의 우위성이 발휘된 사례이다. 장래에 토지의 사유제가 부활할 가능성을 부정하는 것은 아니지만 적어도 당분간 토지의 집단소유라는 '애매한 제도'가 유지될 가능성이 크다고 할 수 있다.

제4장

시장 없는 시장경쟁 메커니즘

—— 성장지상주의로부터의 탈피 ——

이 장에서는 행정권한의 청부구조를 전제로 한 지방정부 간, 관료 간의 경쟁 메커니즘을 '애매한 제도'의 사례로 다룬다. 지방정부 간 경쟁은 우선 향촌(鄕村) 레벨에서의 기업경영을 통해 실현되었다. 향진기업(鄕鎭企業)의 민영화가 진행된 이후에는 향촌 정부를 대신해서 현(縣) 정부(현 레벨의 시를 포함한다. 이하도 동일하다)가 주체가 되어 관할구역의 경제를 관리·운영하는 도시경영으로 전환하였다. 지방정부는 토지를 독점적으로 공급하는 권한을 이용하여 기업유치를 경합하는 것으로 그 지역의 경제성장을 꾀하였다. 행정권한의 중앙으로부터 지방으로의 위양(委讓)이라는 청부구조를 전제로 하여 승진을 다투는 관료에게 크나큰 자유 재량권을 부여하고 그 업적평가를 상급정부가 수행함으로써 지방의 독단전횡을 제어하는 수법은, 향촌 정부에 의한 기업경영에서 현(縣) 정부에 의한 도시경영으로 형태를 바꾸어가면서 유지된 '애매한 제도'이다.

지방정부 주도형의 발전은 고도성장의 원동력 가운데 하나가 되었지만 지방 채무의 누적 등 성장지상주의의 폐해가 점차 드러나게 되었다. 이러한 가운데 지방정부는 공공서비스의 제공에 전념해야 한다는 비판도 나타났다. 성장 일변도였던 관료 평가의 지표가 환경보호 등 공공서비스의 충실성과 관련된 지표로 변화를 보이면서 지방정부 간, 관료 간의 경쟁 메커니즘, 그리고 그것을 가능하게 하는 행정의 청부 구조는 유지되고 있다.

1. 향촌(鄉村) 정부에 의한 기업경영

개혁개방이 시작되었을 때 농촌은 큰 변모를 하려 하고 있었다. 앞 장에서 언급했던 농가경영청부제의 도입으로 토지의 속박에서 자유로워진 농민이 얼마 안 되는 밑천으로 비농업 영역으로 격렬한 기세로 진출했기 때문이다. 바로 향진기업의 출현이다.

향진기업이란 농촌에 입지한 중소기업의 총칭이다(영어로는 township and village enterprises라고 한다).[1] 향(鄉)과 진(鎮)은 농촌의 말단행정조직을 가리킨다.[2] 향진 아래에는 자치조직인 촌(村)이 있다. 촌이 경영하는 촌영기업(村營企業)도 향진기업의 일부이다. 이것만 놓고 보면 향진기업은 지방 자치제가 경영하는 공영기업이라 하겠지만, 농민의 공동경영이나 개인경영 기업 역시 농촌에 입지만 하고 있다면 향진기업이라 불린다. 다만 향진기업의 주력은 어디까지나 향촌(鄉村) 정부가 경영하는 기업이었다.

---

1 향진기업의 기원을 거슬러 올라가면 인민공사 시대의 사대기업(社隊企業)에 다다른다. 사대기업의 사(社)는 인민공사를 가리키고 대(隊)는 인민공사의 하부조직인 생산대대(生産大隊)를 가리킨다. 이 당시 사대기업의 생산목적은 농업에 봉사하는 것으로 되어 있었으며, 농업기계의 제조 · 수리, 시멘트 · 화학비료 등의 공장이나 소형발전소 · 소형제철소가 각지에 건설되었다.

2 제3장에서는 자치조직인 촌을 집단경제로서 지방정부와 구분하였지만, 이 장에서는 지방정부 간의 경쟁 메커니즘에 초점을 맞추는 목적에 따라 행정촌(行政村)을 포함한 광의의 개념으로 지방정부를 파악하고 있다.

향진기업의 급성장은 그때까지 억압되어 있던 농민 잠재력의 분출이라는 측면이 크지만, 그 경영이 농민 개인이 아니라 주로 향촌 정부의 역할에 의한 것이라는 점에 큰 특징이 있다.

향진기업이 이른바 제3섹터가 경영하는 공기업이라고 한다면, 그 경영이 민영기업보다 효율적일 리가 없다는 것은 경제학의 상식이다. 명확환 소유구조의 존재가 기업경영의 효율성을 보증한다는 통설('코즈 정리'[Coase theorem]라 불린다)에 의하면, 애매한 소유구조를 지닌 향진기업은 국유기업이 그렇듯이 비효율적이다. 하지만 향진기업은 국유기업과 비교할 경우 극히 양호한 경영실적을 보였다.

왜 향진기업의 경영은 성공을 거둘 수 있었던 것일까? 이하에 서술된 몇몇 요인 때문이라 여겨진다.[3]

첫째, 개혁개방의 초기 단계에는 국유기업이 충분히 만족시킬 수 없는 방대한 민수(民需)가 존재했다는 사실이다. 계획경제 특유의 수요가 공급을 상회하는 '부족의 경제'(Kornai 1992) 하에서는 민생품(民生品)에 대한 방대한 수요가 존재하기 때문에 품질이 다소 떨어지더라도 만들기만 하면 팔리는 것이 용이하다. 그러한 민생품은 대단한 기술이나 자본이 없더라도 생산 가능하다. 중국의 경험에서는 상하이(上海) 등 대도시 근교에서 향진기업 발전이 특히 빨랐다. 그 이유는 대도시 국유기업의 하청 생산에 특화된 전략을 취했던 것에다, 국유기업의 기술자나 전직 기술자가 그 기술을 농촌에 전했던 것, 문화혁명 시기 '하방(下放)'된 도시의 젊은이가 그 가교가 되었던 것도 큰 역할을 하였다(堀口 2015).

둘째, 개혁개방의 초기 시점에는 시장경제의 담당자가 되어야 할 자본가가

3 이하의 서술은 Putterman(1997)을 참고하였다.

존재하지 않았으며 장래의 민영 기업가는 농촌 내부에 파묻혀 있는 상태였다. 이러한 때에 상대적으로 고학력이며 엘리트층인 향촌정부의 공무원이 기업경영을 하는 것은 오히려 자연스러운 일이었다.

1990년대 후반 향진기업의 민영화가 급진전될 때 정부 공무원에서 '하해(下海)'(관에서 민으로 몸을 옮김)를 하여 민영기업가가 된 사람도 적지 않다. 창장(長江) 삼각주 지역의 민영기업가 17명과 인터뷰를 했던 우바이쥔(吳柏鈞) · 양젠샤(楊劍俠)는 창업의 동기나 발전과정의 특징을 비교 · 연구하였다(吳 · 楊 2012). 창업의 동기는 빈곤에서 탈피, 생계를 꾸리기 위해, 부유한 생활에 대한 동경 등 다양했지만, 모든 민영기업가에게는 충분한 창업자금 없이 "맨손으로 재산을 일구었다"는 공통점이 있었다. 다만 창업자금을 어떻게 조달했는가는 차이가 발견된다. 순수한 민영기업의 경우에는 친구나 친척에게 돈을 빌리는 경우가 일반적이었지만, 국유기업이나 집단기업이 민영화한 케이스에서는 기업의 유동자금이나 영업이익으로 주식 양도금을 지불하거나 기업 명의로 은행에서 대출하여 주식을 구입하는 수법이 쓰였다고 한다. 정부 공무원에서 '하해'한 기업가에게는 유리한 초기조건이 있었다고 할 수 있을 것이다.

셋째, 사회주의 이데올로기의 잔재가 존재하고 있었다는 사실이다. 1980년대부터 90년대 중반까지의 시기에 개인이 기업을 경영한다는 것은, '자본주의의 꼬랑지'라고 비난 받았으며 경우에 따라서는 모든 재산을 잃는 리스크도 충분히 생각할 수 있는 일이었다. 때문에 실제로는 개인이 경영하는 기업이라 하더라도 명목적으로는 향진기업의 간판을 내거는, 이른바 '빨간 모자를 쓴' 기업이 다수 존재하였다. 1990년대의 후반에 민영화가 일거에 진행된 배경에는 그러한 기업이 빨간 모자를 벗고 민영기업의 간판으로 바꾸어 단 측면이 있는 것이다.

넷째, 향진기업의 '애매한 소유'가 반드시 기업의 효율적인 경영을 방해하는 것은 아니라는 논의가 있다. 마틴 와이츠먼과 쉬청강(許成鋼)의 저명한 논문(Weitzman and Xu 1994)의 경우, 소유의 존재방식은 문화적 전통과 관계가 있다고 주장한다. 와이츠먼과 쉬청강에 의하면 "열쇠가 되는 숨은 고리는 명확한 룰 · 법률 · 권한 · 절차 등이 아니라 내부의 잠재적 모순을 해결하는 그룹의 능력에 있다." 기존의 소유권리론(所有權理論)에서는 소유가 문화와 관계없이 보편적으로 적용된다고 여겨졌지만, 실제로는 그렇지 않다. 신뢰관계가 있는 그룹 내부에서는 공식적인 소유권 명확화는 불필요하다. 만약 그룹 내부의 사람들이 협력적이며 서로 신뢰하고 있다면 기업의 종업원은 마치 그들 전원이 '잔여청구권'(기업활동으로 얻어지는 수익에서 필요 경비를 뺀 잔여를 모두 자신의 것으로 삼는 권리. 통상적으로는 자본가의 것이다)을 지니고 있는 듯 행동한다. 또 작성된 공식 계약서가 없더라도 우발적인 사건에 대해 효율적으로 대응한다. 반대로 명확한 계약이 있다면 종업원은 고용계약에 쓰인 것만 실행한다. 이처럼 제1장에서도 검토한 '암묵의 계약'이 명확한 계약보다 높은 인센티브를 발생시키는 케이스로 향진기업을 파악할 수 있다.

다섯째, 인근 향진기업 사이에서 격하게 전개되었던 시장경쟁이 기업 효율성의 저하를 막았다는 점이다. 비교제도분석의 관점에서 아오키 마사히코(青木昌彦)는 "향진 간 소득수준 상승과 광역 시장 획득을 둘러싸고 서로 치열하게 경쟁하는 메커니즘을 통해 향진 정부 자체가 유효한 시장 모니터링을 하고 있었다"(青木 1995 : 170페이지)라고 지적하여 향진기업에 대한 정부의 개입은 상대적으로 건전한 것이 되었다고 파악하고 있다.

이상과 같은 여러 조건 하에서 피폐한 농촌을 바로 세우고 농민의 소득을 상승시키는 것을 목표로 했던 향촌 정부는 상급 행정에 의존하지 않고 자력으로 기업의 경영에 나섰던 것이다. 이러한 향촌 정부의 행위는 일정한 합리성을 지닌 것이었다고 평가할 수 있다. 또 그 결과로 형성된 집단재산이 인민공사 시대와는 다른 집단경제 발전의 초석이 되었다는 측면도 새삼 강조해 두고 싶다.

2. 기업경영에서 도시경영으로

향진기업의 경영에 나타난 문제점

향진기업은 큰 성공을 거두었다. 향진기업의 발전이 한 차례 정점을 찍었던 1996년에는 기업 수 2336만 개사, 종업원 수 1억 3058만 명, 부가가치액 1조 7659억 위안을 달성하였으며, 부가가치액이 GDP에서 차지하는 비율은 24.8%에 달하였다(農業部鄕鎭企業局 외 2007). 하지만 향진기업의 급성장이 언제까지나 지속될 수는 없었다. 급성장을 이룬 결과 1990년대 중반이 되면 향진기업은 모종의 문제에 직면하게 된다. 그 구체적인 현상은 생산액은 계속해서 증가하고 있는데도 불구하고 기업 수나 고용 흡수력의 신장은 뚜렷한 그늘이 드리워진 것이었다.

〈그림 4-1〉은 향진기업 종업원 수의 추이를 나타낸 것이다. 종업원 수는 증가하고 있는데도 고용 흡수력의 저하 경향을 확실히 알 수 있다. 특히 공업기업의 경우 1996년 정점을 찍고 종업원 수에서 감소를 보였다가 원래 수준을 회복한 것은 2005년의 일이다. 한편, 향진기업을 둘러싼 환경도 변화하였다. 국유기업의 경영 메커니즘이 보다 시장 지향적인 것으로 변화하였으며 외자기업이나 민영기업 등 신흥 기업군도 출현하였다(菊地 1993). 이러한 가운데 향진기업을 한층 발전시키기 위해 애매한 소유권 제도를 명확하게 해야 한다는 논의가 출현하여 1990년 중반 이후 격한 기세로 소유제 개혁이 진전하게 되었다.

향진기업의 발전이 가장 왕성했던 장쑤성 쑤난(蘇南) 지역을 예로 들어보면, 1998년과 2000년에 소유제 개혁이 실시되어 향진기업은 민영기업, 즉 규범화된 주식회사로 다시 태어났다(新 2005). 다만 개혁의 초기단계에는 '주식합작제기업(株式合作制企業)'이라 불리는 특수한 협동조합이 다수 설립되었다. 주식합작제기업이란 기업의 자산평가를 하여 사회복리에 쓰기 위한 기금으로

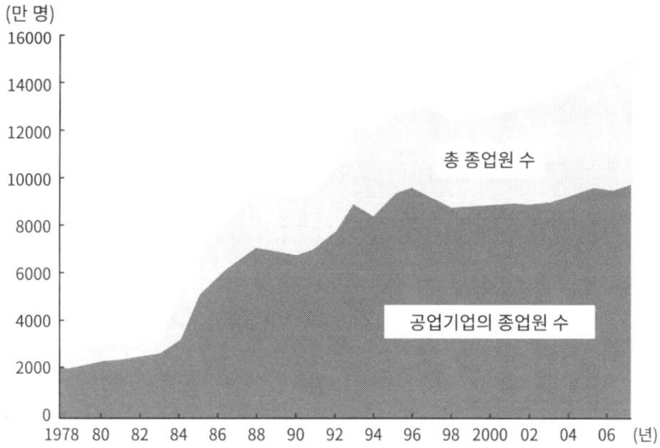

〈그림 4-1〉 향진기업의 종업원 수 추이(1978년~2007년)
출처) 농업부 향진기업국 외 편(2007)을 근거로 작성함

집단이 보유한 '집단주(集團株)'를 남겨두고, 나머지를 경영자나 종업원이 보유하는 주(株)로 배분하는 형식이다.

주식합작제기업은 향촌 정부가 기업경영에 개입하는 권한을 집단주의 형태로 남기면서 기업 형태의 규범화(주식회사로의 개조)를 목표로 한 것이었지만 극히 단기간에 소멸하고 말았으며, 그 후 전국에서 일제히 민영화가 급진전하게 되었다. 주목해야 할 점은 급속한 향진기업의 민영화가 시종일관 정부 주도로 이루어졌다는 사실이다.

정부 주도의 민영화

기업의 소유자였던 향촌 정부가 적극적으로 민영화를 진행한 첫째 이유는 기업 수가 늘어나고 기업 규모가 커져 그 활동이 향촌 정부가 관할할 영역을 넘어서게 되자 기업에 대한 거버넌스가 복잡해져 기업을 잘 제어할 수 없게 되었기 때문이다. 다수 기업의 경영을 소수의 정부 공무원이 모두 관리하는 것은 불가능에 가까우며 기업 경영의 실패라는 리스크를 향촌 정부가 감당할 수 없었다는 측면도 지적할 수 있다.

둘째 이유는 기업을 규범화할 필요성이 높아진 것이다. 기업개혁을 미시적 수준에서 관찰한 그레이 제퍼슨과 토마스 로스키는 기업의 의사결정권이 향촌 정부에서 기업경영자에게 차츰 옮아간 것이 소유제 개혁의 배경에 있다고 주장한다(Jefferson and Rawski 1994). '잔여통제권'(기업자산을 자유롭게 처분할 권리)이 기업, 특히 경영자 층으로 옮겨간 것에 반해, 앞에서 나왔던 '잔여청구권'의 소속이 아직 애매한 채로 있는, 잔여통제권과 잔여청구권의 비대칭성의 존재는 기업발전에 악영향을 주고 있었다. 이와 같은 제도의 왜곡을 해결하고자 하면 소유와 경영의 일치를 목표로 소유제 개혁을 진행해야만 한다.[4]

하지만 소유권만 명확히 하면 기업과 정부의 관계는 잘 처리할 수 있다고 단순하게 생각할 수는 없다. 향촌 정부의 역할을 높이 평가하는 사회학자 앤드류 왈더와 진 오이는 소유권 개혁 후에도 향촌 정부의 개입이 없어졌다고는 할 수 없다고 한다. 소유권이 명확하게 되어 경영자의 소유권이 확립되면 지방정부의 임의 경제개입은 어려워질 것이다. 하지만 그렇다고 하더라도 지방정부가 완전히 그 관할권을 방기하게 되는 것은 아니다. "공적 소유와 사적 소유의 단순한 이분법에서는 소유 구조의 문제를 충분히 이해할 수 없다. 어떠한 소유 구조가 이루어지더라도 그 실현은 정부와 개인(사인私人) 경영이 합체된 역할을 하기" 때문이다(Walder and Oi 1999). 다만 이 시기 이후 향촌 정부의 개입은 기업의 발전을 밀어주기보다 기업 발전의 제약이 된 측면이 크다.

---

4 저우치런(周其仁)은 인적 자본(특히 기업경영자의 인적 자본)의 소유권이 공유제 기업 소유권 개혁의 열쇠를 쥐는 요소라고 하여, 주식 제도의 도입은 경영자의 인적 자본이라는 특별한 자원에 대한 '소유권 자본화'의 완성을 의미한다고 파악한다(周 2002). 바꾸어 말하자면 경영자의 지주(持株) 비율이, 경영자의 인적 자본이 기업자산에서 차지하는 비율을 나타낸다는 것이다.

현(縣) 정부에 의한 도시경영

향진기업의 민영화 진전은 향촌 정부에서 보자면 권한의 축소 혹은 상실이겠지만, 그 상급 레벨인 현 정부에서 보자면 다른 풍경이 펼쳐진다. 서로 경쟁하는 형태의 민영화는 기업경영이라는 향진 레벨에서의 경쟁에서 물러나, 기업 유치경쟁을 통한 현 정부 레벨에서의 새로운 정부 간 경쟁으로 나타났다고 파악할 수 있다(張 2009).[5]

앞에 나왔던 쑤난(蘇南) 지역을 예로 들면, 1992년까지 정부는 직접 기업을 경영하는 권리를 장악하는 한편, 민간의 개인 기업을 엄격히 제한하고 있었다. 1992년부터 2000년까지 정부는 서서히 기업경영에서 물러나고 있었다. 그리고 2000년 이후는 적극적으로 개인경영 기업을 끌어들이는 것에 힘을 쏟아 생산요소, 특히 토지개발권의 통제에 역점을 두게 되었다. 지방정부의 관심이 기업경영에서 토지개발 권한의 장악을 통한 '관할구역 경영'으로 전환된 것이다(曹 · 史 2009).

지방정부의 경영개입은 주로 토지개발권을 통해 실현되었다. 토지개발권이 결정적으로 중요하게 된 것은, 이하와 같은 제도 개혁이 실시되었기 때문이다. 1980년대에 토지개발권은 향진 정부에게도 승인되어 향진 정부가 설립 · 운영하는 소규모 '경제개발구'가 난립하는 등의 폐해가 많았다. 제3장에서도 언급했듯이 1994년 7월 '중화인민공화국 도시부동산 관리법'이 발표되었다. 이에 따라 민간 개인이나 민영기업이 부동산개발을 할 수 있게 되었는데, 현 정부가 부동산 용지의 개발계획, 국유지의 사용권 양도에 대해 책임을 지고

---

5 향진 정부의 권한이 낮아지고 현 정부의 권한이 높아지는 것은 일반적인 경향이라고 할 수 있지만 예외도 있다. 원저우시(溫州市)의 케이스에서는 향진 정부는 시 정부로부터 권한의 위양을 받아 관할 구역 내에서의 개발계획에 대해 강력한 권한을 지니고 있다. 원저우시의 경우 향진 레벨의 경제규모는 다른 지역의 현 레벨 정부에 상당한다(2011년 8월 8일~10일에 실시된 현지조사에서 청취한 것에 의함).

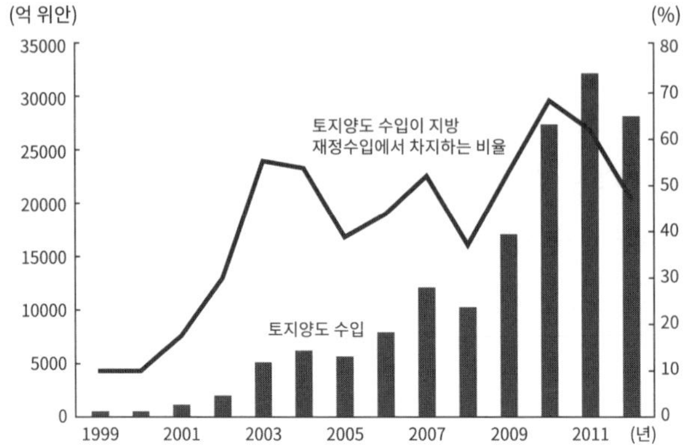

〈그림 4-2〉 증대하는 토지양도 수입

출처) 중국통계연감 및 국토자원통계연감 각 연도 판을 근거로 작성함

비준절차를 진행하게 되었다. 그리고 1998년 12월 '토지관리법'이 개정되어 농촌 집단소유의 토지징용은 현 정부가 실시하고 개발자(회사)는 현 정부의 토지관리 부문과 유상사용 계약을 맺게 되었다.[6] 이와 같은 일련의 제도개혁을 거쳐 현 정부는 토지개발권을 장악하고 향진 정부와는 다른 수법으로 지역 진흥에 나섰다.

〈그림 4-2〉는 1999년부터 2012년까지의 토지양도 수입과 그것이 지방 재정수입에서 차지하는 비율을 나타낸 것이다. 이 그림에 드러나 있듯이 양도 수입이 끊임없이 올라가며 증가했을 뿐 아니라 지방 재정수입에서 차지하는 비율이 1999년의 9.2%에서(2003년 이후는 오르락내리락 하지만) 2010년의 67.6%로 크게 증가했다는 것을 알 수 있다.[7] 지방 재정이 토지양도 수입에 의존하는

6 '토지관리법' 제21조에서는 국유지의 사용은 중앙정부 혹은 성 레벨 정부가 비준하는 것으로 되어 있다. 하지만 실제 운영에서는 예외적인 케이스를 빼면 현 레벨 정부에 허인가권(許認可權)이 있다고 여겨진다.

비율이 급속히 높아지고 있었음을 알 수 있다. 다만 2011년부터는 지방 재정수입에서 차지하는 토지양도 수입의 비율은 내려가 토지양도 수입에 지나치게 의존하는 현상이 저지되었다.

그런데 지방정부에 의한 '관할구역의 경영'은 토지개발을 청부 받은 개발자의 역할과 비슷하다. 구체적으로는 다음과 같다. ①토지의 개발목표와 개발계획을 작성한다. ②개발계획을 실시하기 위해 지역의 생산요소와 독점적인 경영항목을 통제한다. ③개발된 토지의 투자권 · 경영권을 경매 등의 방법으로 투자자에게 양도한다.

토지양도 수입이 지방정부의 주요한 '예산외 수입'[8]이 된 현상에 주목한다면, 지방정부는 잉여이익을 획득하는 지주가 그렇듯이 경제발전에 저해요인이 된 듯 보이기도 한다. 하지만 토지의 유효 활용이 있다면 지주이건 정부이건 잉여이익을 취하는 것은 당연한 권리이다. 주의할 점은 현 내의 토지는 정부가 독점하고 있지만, 경합하는 현이 주변에 다수 존재할 경우 주변 지역보다 고가에 토지를 판매한다면 투자자를 불러들일 수 없는 법이다. 다른 사정이 동일하다면 기업유치에 성공하기 위해서는 잉여이익이 낮은 쪽이 좋은 것이다.[9]

---

7 여기에서 말하는 지방 재정수입이란 '지방본급수입(地方本級收入)'을 가리키며 중앙정부로부터의 이전수입이나 토지 양도수입 자체는 포함되지 않은 것이다.

8 예산외 수입이란 국가예산을 경유하지 않고 예산외로 운용되고 있는 자금을 가리키며, 각종 부가수입(공상세 부가금, 농목세 부가금 등), 사업수입, 사업행정 부문의 각종 기금, 경영성 서비스 수입 등이 있다. 참고로, 2011년 1월 1일 이후에는 규정이 변경되어 그때까지의 예산외 수입을 모두 국가예산 내 관리에 포함시켜 '정부성 기금수입'으로 취급하게 되었다(《재정부의 예산외 자금관리 수입의 예산관리 납입에 관한 통지》 2010년 6월 1일).

9 기업유치 과정에는 불가피하게 부패가 발생한다. "나는 현 간부가 더러운 짓을 하고 있지 않다고 말하지는 않지만, 자신에게 유리한 특별한 관계를 이용하지 않는

수많은 사례에 의하면 토지의 판매가격은 그 취득에 필요한 경비(농민에 대한 보상이나 인프라 정비 비용)를 살짝 상회하는 정도가 보통이다. 오히려 토지 판매가격이 마이너스가 되더라도 기업유치에 성공하면 그것을 상회하는 이익을 얻을 수 있다. 현 정부가 관심을 가지는 것은 '증치세(增値稅)'(부가가치세)이며 증치세 세율 17%의 1/4에 해당하는 4.25%가 현 정부의 몫이 된다(張 2009 : 150페이지). 현 정부가 취하는 이익에는 지가(地價)라는 고정적인 잉여이익에다 매상에 따라 증가하는 잉여이익(이 경우에는 증치세를 가리킨다)이 덧붙는데, 후자의 중요성이 압도적으로 큰 것이다.

이상의 사실에서 시장경제화의 진전과 함께 지방정부는 정보수집이 많이 필요하거나 관리 비용이 높은 기업의 직접경영에서는 손을 떼어 기업경영은 민간에 맡겨놓고, 보다 효율적으로 그 지역 경제를 통제하는 수단으로서 토지 개발권을 독점하여 '관할구역 경영'을 하는 새로운 구도가 부상하게 된다. 재정력이 부족한 지방정부가 토지 공유제라는 제도를 이용하여 공공투자의 원자(原資)를 확보할 수 있었던 것, 그리고 공공투자를 통한 투자환경을 정비하여 이를 경합함으로써 외부로부터의 투자를 끌어들이는, 크라우딩 아웃이 아니라 '크라우딩 인' 효과(crowding in effect)가 작동한 것이 성공의 요인이 된 것이다. 두말할 것도 없이 기업유치에 유리한 대도시 근교와 그렇지 않은 지역에서는 정부의 역할에도 결정적이 차이가 나타난다. 경제발전이 진행된 지역일수록 정부의 힘이 강하고 뒤쳐진 지역일수록 정부의 힘이 약한 역설이 발생되는 원인 가운데 하나가 바로 여기에 있다.

투자자와는 만난 경우가 없다."(張 2009 : 157페이지) 하지만 격한 기업유치 경쟁은 더러운 짓을 줄이는 효과도 있다. 더러운 짓으로 유명한 현에는 누구도 투자하려 않기 때문이다.

3. 지방정부 간 경쟁의 공과(功過)

성장경쟁이 가져온 고도성장

지방정부 간 경쟁의 메커니즘을 이론화한 주요 연구로 진 오이의 '지방정부의 조합주의'(local state corporatism), 첸잉이(錢穎一)와 배리 와인개스트의 '시장보전형 연방제, 중국형'(market preserving federalism, chinese style), 저우리안(周黎安)의 '종(縱) 방향의 청부'와 '횡(橫) 방향의 경쟁'의 결합(周 2008) 등이 있다. 이전 저서에서 필자는 이들 논의에 대해 상세히 소개했기 때문에 이하에서는 '애매한 제도'와 관계가 깊고 논의가 더 심화되어 있는 저우리안의 논의만을 다루기로 한다.

저우리안은 중앙정부와 지방정부의 상호관계를 '행정청부제'(administrative subcontract)라는 개념으로 표현한다(周 2014). 행정청부제는 일괄적으로 집권이라고도 분권이라고도 할 수 없는, 중국의 독자적인 중앙-지방 관계를 나타내는 것이며 본서가 '애매한 제도' 가운데 한 가지 특징으로 들었던 '포(包)'의 내용에 더없이 가깝다.[10] 행정청부제는 ①행정권한의 하급정부로의 위양(委讓), ②경제적 자극, ③업적평가에 의한 지방정부의 통제 등 세 가지로 구성된다. 여기에서 말하는 행정권한의 하급정부로의 위양이란 중앙정부에서 지방정부로 행정권한이 차례로 위양되어 하급정부가 큰 사무관할권을 가지는 청부구조를 가리킨다. 경제적 자극이란 중앙정부에 상납하는 세금을 정액제로 하는 것을 의미하는 재정청부제 등의 형식으로 지방정부가 자기자금을 늘리는 것을 장려하는 구조를 의미한다. 업적평가에 의한 지방정권의 통제란 지방정부 관료의 업적을 결과로 평가하여 승진이나 승급 등과 결부시킴으로써 지

10 일본어 문헌으로서는 정치학의 관점에서 중앙-지방 관계를 논한 三宅(2006) · 磯部(2008)이 참고할 만하다.

방정부의 독단전횡을 통제하는 것을 의미한다. 이 삼자는 상호 연관되고 서로 지탱하며 하나의 시스템을 형성하고 있다.

이 가운데 '업적평가에 의한 지방정부의 통제'를 지탱하는 것이 정부 관료의 승진경쟁이라는 것이다(周 2007). 저우리안의 승진경쟁 모델은 매우 단순한 내용으로, 한마디로 말하자면 명확한 지표를 사전에 부여하여 관료들을 경쟁시켜 경쟁에서의 승리자를 승진시키는 구조를 의미한다. 이러한 모델을 실시할 경우에는 ①인사권을 상급정부에 집중시킬 것, ②몹시 유사한 경제조건의 다른 쪽이 많을 것, ③참여자 간에 공모하는 것이 현실의 위협이 되지 않을 것 등의 조건이 만족되어야만 한다. 중국에서는 승진경쟁 모델이 적용되기 쉬운 전제조건이 있었다고 저우리안은 파악하고 있다.

승진경쟁 모델은 정보의 비대칭성이라는 상황 하에서 지방정부 관료에게 얼마나 효과적인 인센티브를 부여하는가 하는 어려운 문제에 대해 한 가지 해답을 줄 수 있다. 앞에서 말한 것처럼 중국의 경우에는 중앙정부 아래에 성(省) 레벨의 정부가 있고, 성 레벨 정부 아래에는 지구(地區) 레벨의 시(市) 정부가 있다. 또 지구 레벨의 시 정부 아래에는 현(縣) 정부(현 레벨의 시 정부를 포함한다)가 존재한다. 이러한 다층구조를 상정하면 하급정부로 갈수록 중앙정부의 감독비용은 올라가고 인센티브 효과는 감소하게 된다. 정부의 관료에게 적절한 인센티브를 부여하는 것이 불가능하다면 관료가 개인적인 이득획득을 목표로 한 부패에 빠져들 확률이 높아지고 그것은 경제발전에 큰 장애가 된다. 관료가 부패에 빠져드는 것을 저지하고 적절한 인센티브를 부여하는 방법으로 승진경쟁 모델은 극히 유효하게 기능하였다.[11] 또 이 모델은 '내생적

11 물론 승진이 관료에게 큰 인센티브지만 그 이상으로 부패를 방지하는 효과적인 방법은 정당한 보수를 늘리는 것이다. 어떤 현의 사례에서는 기업유치에 대한 포상금으로 외자기업 유치에 성공할 경우에는 투자액의 1.5%~2%, 국내기업의 경우에는

으로 모델을 유지하는 적극적인 요소를 만들어내는' 효과도 아울러 가지고 있다. 다시 말해 경제발전이 빠르고 시장화가 진행된 지역으로부터 점점 더 많은 인재가 상급 지방정부, 더 나가서는 중앙정부로 들어가 그들이 경제정책을 실시하기 때문에 시장화의 촉진이 한층 더 지지를 받는 구조가 생겨나는 것이다.

성장경쟁이 불러일으킨 문제점

관료의 승진경쟁 메커니즘을 이용한 지방정부 간 경쟁은 이 시기의 중국경제 급성장의 원동력이 되었다.[12] 하지만 이전 저서(加藤 2013)에서 상세하게 소개했듯이 지방정부 간의 성장경쟁이라는 구조는 이하와 같은 문제점을 포함하고 있다(王 외 2008).

첫째, 과다경쟁이 발생할 우려가 있다는 것이다. 외자기업을 유치하기 위한 과도한 유치 전쟁 등이 그 전형이다.

둘째, 몹시 유사한 지방이 많더라도 완전히 평등한 경쟁조건이 있다고는 말할 수 없으며 공평성을 담보하기 어려운 면이 있다.

셋째, 지역 간의 자연 · 사회지리적 조건의 차이, 혹은 정책적인 우대의 차이는 지역격차를 확대하는 방향으로 작동할 가능성이 크다. 다른 사정이 동일할 경우 가난한 지역은 점점 더 가난하게 되고 부유한 지역은 점점 더 부유하게 된다.

넷째, 지역 간 경쟁의 승자는 소수이고 패자는 다수라는 사실과 관계가 있

1%가 담당 관료에게 지불된다고 한다(張 2009 : 158페이지). 뇌물을 받지 않더라도 충분히 큰 포상금을 얻을 수 있다면 부패는 매력적이지 않다.

12 加藤 · 藤井(2012)은 창장 삼각주의 현 레벨 데이터를 이용하여 동일 지구 레벨의 시에 위치하는 현을 사례로 들어 인근 현들 간의 경쟁이라는 공간적 거리를 고려한 모델에 근거해 지방정부 간에 재정지출 경쟁이 존재했다는 것을 실증하였다.

다. 경제발전 조건이 좋지 않은 지역의 관료는 아무리 노력해도 성과를 얻을 가능성이 낮기 때문에, 관료 개인의 '이성적인 행동'의 결과, 개인의 이득을 추구하는 방향(뇌물 수수)으로 나아가기 쉽다.

또 개인의 평가와 조직의 평가를 어떻게 구분할지, 그리고 경제성장 등의 양적인 지표와는 다른 계측이 어려운 질적 지표, 예를 들어 환경 · 교육 · 의료 등의 성과를 어떻게 평가할지도 문제이다.

고도성장이 지속되고 있을 때에는 그다지 두드러지지 않았던 지방정부 간 경쟁의 폐해는 성장률이 둔화됨에 따라 점차 드러나고 심각해졌다. 전국 각지에서 발견되는 '귀성(鬼城)'(유령도시)은 무계획한 부동산개발의 결과, 자금부족 때문에 건설 도중 방기된 건설군(建設群)을 가리키는 말인데, 지방행정 간 경쟁이 불러일으킨 실패를 상징하는 것이라 할 수 있다.

누적되는 지방채무

그리고 최근 지방정부에 의한 토지양도 수입을 밑천으로 개발을 진행하는 발전모델이 가져온 문제점으로 주목을 끄는 것이 '지방 융자 플랫폼'이다.[13] 융자 플랫폼이란 지방정부가 출자자가 되어 'ㅇㅇ도시 건설그룹' 등의 기업을 설립하고 그 기업이 발행한 사채(社債)를 그 지역의 은행 지점에서 인수하게 하여 도시개발 자금을 마련하는 방법, 혹은 그러한 기업을 가리킨다. 또 이들 기업의 주식을 대상으로 한 투자신탁을 증권회사에 발매시켜서 일반 투자자로부터 자금을 모으는 방법도 있다. 〈그림 4-3〉은 지방 융자 플랫폼에 의한 자금조달 구조를 도식화한 것이다.

지방정부가 토지를 판매한 '예산외 수입'에 의존하여 지역개발을 하는 것은

13 이하의 서술은 丸川 · 梶谷(2015 : 제1장)을 참고하였다.

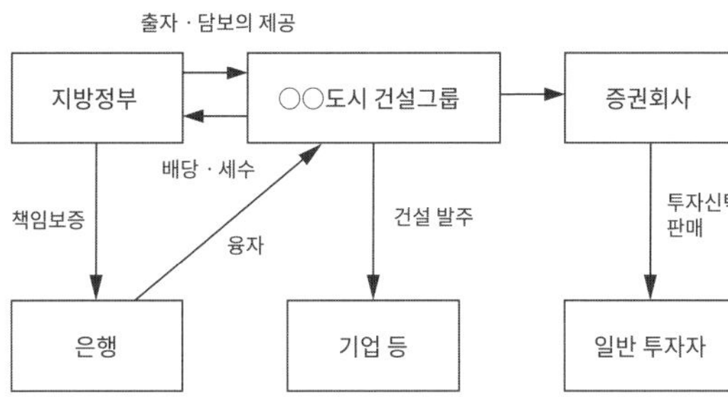

〈그림 4-3〉 지방 융자 플랫폼에 의한 자금조달의 구조
출처) 丸川 · 梶谷(2015) 〈그림 1-8〉에서 인용함

좋지만, 융자 플랫폼이 개입함으로써 레버리지가 걸리고 적은 액수의 밑천으로 몇 배나 되는 투자자금을 조달하는 것이 가능해진다. 이러한 사정은 지방정부의 활동자금을 윤택하게 하지만, 한편으로는 지방정부가 큰 리스크를 부담하는 것을 의미한다. 지역개발이 성공을 거두고 이에 따라 얻어진 수익이 은행이나 일반 투자자에게 지불하는 것을 상회한다면 어떠한 문제도 없지만, 무분별한 융자가 행해질 경우에는 지방정부가 실질적인 변제 의무를 져야 하는 채무가 누적되고 증대해 나가게 된다.[14]

2011년 6월, 일본의 회계검사원(會計檢査院)에 해당하는 중국심계서(中國審計署)는 지방채무 규모를 확정하기 위한 대규모 조사를 실시하였다. 조사결과에 의하면, 지방정부의 실질적 채무 잔고는 약 10조 7000억 위안(약 200조 엔, 1위안=18.7엔으로 계산함. 이하 동일)이라는 것이 판명되었다. 이것은 GDP

14 '지방 융자 플랫폼'이 지방 채무의 증대 원인을 만들었다는 의미에서 비판의 대상이 된 경우가 많지만 긍정적인 평가도 있다. 장쥔(張軍)은 다음과 같이 지적하였다. "전체적으로 말하자면 이십 수 년 동안 지방 융자 플랫폼의 운용은 성공적이었으며, 지방정부가 인프라 건설이나 대량의 공공목적 프로젝트를 수행하는 주요한 융자 채널이 되었다."(張 2012)

의 27%에 해당하는 규모이다. 이 가운데 융자 플랫폼 기업을 통한 채무는 4조 9700억 위안(약 93조 엔)이었다. 지방채무의 거의 절반을 차지하고 있다는 계산이다.

지방정부의 채무 증대에 위기감을 느낀 중앙정부는 2012년경부터 융자 플랫폼으로의 은행융자를 엄격히 규제하는 조치를 취하게 되었다. 하지만 융자는 감소하지 않고 계속해서 늘어났다. 그 이유는 '그림자 금융'(Shadow Banking)에 의한 자금조달이 증가했기 때문이다.

그림자 금융이란 정규 금융 루트를 통하지 않은 자금의 흐름을 의미하는 것으로, 금융제도가 다르기 때문에 나라마다 다른 특징이 있다. 리먼 쇼크의 원인이 된 미국의 서브프라임 모기지론처럼 고도의 금융공학을 이용한 것이 포함되는가 하면, 비공식적인 금융업자에 의한 고리대, 지하 금융 등도 그림자 금융에 포함된다. 중국의 경우에는 '은행 이재(理財) 상품', '신탁 상품', '증권회사 자금관리 상품', '기금 자회사', '리스', '위탁대출', '민간금융' 등 다양한 형태의 그림자 금융이 있다. 이 가운데 자금규모에서 큰 것은 은행 이재 상품과 신탁 상품 두 가지이다. 전자는 은행이 예금이자보다 높은 금리를 붙여 판매하는 금융상품을 가리키며 최저 구입 금액이 5만 위안으로 저렴하기 때문에 도시의 중류층이 구매한다고 한다. 후자는 신탁회사에서 판매되며 최저 구입 금액이 100만 위안 이상의 고액 상품으로, 부유층 등이 구입하고 있다고 한다. 2013년 말 그림자 금융의 규모는 은행 이재 상품과 신탁 상품이 각각 약 10조 위안이며, 기타를 포함하면 30조 위안의 규모에 달한다고 한다(丸川 · 梶谷 2015 : 제1장).

그림자 금융에 의한 자금조달의 증가는 지방채무의 팽창을 발생시켰다고 여겨진다. 중국심계서가 행한 2013년 6월의 조사에 의하면, 지방정부의 채무 잔고는 17조 8000억 위안(약 333조 엔)으로 2011년보다 약 7조 위안 증가하였으며, 융자 플랫폼을 통한 채무 역시 총액이 약 7조 위안으로 불어나 2년 동안

약 2조 위안 증가하였다. 융자 플랫폼으로의 자금 흐름을 정부가 규제하려고 하자 오히려 그림자 금융을 통한 자금규모가 팽창한 결과가 되었다.

그런데 지방정부에 의한 무분별한 융자가 원인이 되어 금융제도를 뒤흔든 사건이 과거에도 발생한 적이 있다. 1998년에 발생한 '광둥(廣東) 국제신탁투자공사'(GITIC)의 파산이 바로 그것이다. 이때에도 현재와 마찬가지로 지방정부가 실질적인 소유자인 논뱅크(nonbank)가 행한 무분별한 투자의 실패에 대한 손실을 누가 지불할까가 문제가 되었다. 대부분의 예상을 깨고 주룽지(朱鎔基) 총리(당시)는 지방정부가 채무를 떠맡는 것을 금지하고 GITIC을 파산시키는 결정을 내렸다. 지방정부가 보증한 논뱅크는 절대 파산하지 않는다고 생각하여 거액의 자금을 빌려주었던 외자 계열 은행은 이에 따라 더 큰 손실을 입게 되었다.

지방 융자 플랫폼이라는 구조는 GITIC에 의한 융자와 기본구조가 거의 동일하다. 만약 융자 플랫폼이 파산하여 지방정부가 그 채무를 부담할 수 없다면 은행이나 일반 투자자가 손실을 입게 된다. 현 시점에서는 만약 융자 플랫폼에 의한 채무가 모두 디폴트가 된다고 해도 중국 은행의 자기자본비율이 높기 때문에 곧장 중국경제가 무너질 우려는 적다는 판단도 있다(關山 2013). 하지만 지방채무의 규모가 과연 어느 정도나 큰가 하는 문제는 융자 플랫폼이 했던 융자 가운데 어느 부분이 변제 가능이고 어느 부분이 변제 불능인가 하는 판단에 달려 있지만 이 판단이 그렇게 쉽지 않다. 경기 변동 등의 요인으로 평가가 크게 바뀌는 일도 있을 수 있기 때문이다. 중국심계서의 심사결과가 얼마나 실태를 반영하고 있을까? 실은 잘 알 수 없는 것이 사실이 아닐까?

카지타니 카이(梶谷懷)가 지적하고 있듯이 지방채무의 최대 문제점은 채무의 확대가 정규 지방재정 바깥 쪽, 즉 '제도 밖'에서 생기고 있는 데에 있다(丸川 · 梶谷 2015 : 제1장). '제도 밖'에 있다는 것은 어느 정도 심각해지더라도 정규의 지방재정은 파산하지 않는 것을 의미한다. 파산 걱정 없이 '제도 밖'의 신용을 지방정부의 공무원이 운용하는, 리스크와 책임이 괴리된 구조가 지방정부 공무원의 모럴 해저드를 야기해서 지방채무의 확대에 제동이 걸리지 않는 것이 문제인 것이다.[15]

4. 새로운 정부 간 경쟁의 모습을 찾아서

고도성장에서 안정성장으로 궤도수정을 시작한 중국에게 예전과 같은 성장지상주의에 따른 정부 간 경쟁은 이미 현실적이지 않으며 이익보다 폐해 쪽이 커지고 있다. 이러한 가운데 정부 간 경쟁은 이미 낡은 성장모델이며 정부가 공공서비스 제공자로서의 역할에 전념할 수 있도록 정부의 직능전환을 도모해야 한다는 논의도 나타났다(高 2015). 정부의 직능전환 필요성은 인정하지만 공공서비스를 제공하는 방법으로는 다양한 것을 생각할 수 있다. 특히 재정수입이 윤택하지 않은 지방정부의 경우에는 그것을 메우는 방법이 필요할 것이다.

그렇다면 어떤 시스템이 있으면 지방정부의 적절한 거버넌스를 실현할 수 있을까? 〈그림 4-4〉는 앞에 나왔던 저우리안(周黎安)의 틀에 기초하여 '종(縱) 방향의 청부'와 '횡(横) 방향의 경쟁'의 적절한 조합이 필요하다는 사실을 제시한 것이다. 이 그림의 왼쪽의 위쪽(高-高)과 오른쪽의 아래쪽(低-低) 구획

---

15 지방 채무를 규범화하려는 중앙정부의 시도가 차환 지방채의 발행이다. 2014년 8월에 전인대(全人代) 상무위원회가 심의 · 승인한 '예산법' 수정안의 규정에서는 지방정부 채무는 지방채 발행을 통해 차환할 수 있게 되었으며, 재정부는 2015년 3월에 차환 지방채의 발행 한도로 1조 위안을 설정했지만, 같은 해 6월에 다시 1조 위안의 발행 한도를 추가하였다(田中 2015a).

종(縱) 방향의 행정청부 \ 횡(橫) 방향의 승진경쟁	고(高)	저(低)
고(高)	기업유치, 사회안전, 출산정책, 체육(경기종목), 재해복구, 대규모 유행병 대책	의료, 교육, 환경보호, 사회보장, 식품안전, 지역협력, 안전관리
저(低)		국방, 외교, 국유은행, 수리(水利) 공사, 관세, 철도, 우주개발

〈그림 4-4〉 '종(縱) 방향의 청부'와 '횡(橫) 방향의 경쟁'의 조합

출처) 周黎安(2014)에서 인용함

은 거버넌스가 적절히 이루어지고 있는 영역이다. 특히 왼쪽의 위쪽 구획은 중앙정부에서 지방정부로 권한의 위양이 충분히 이루어져 지방 정부 간의 경쟁 메커니즘이 유효하게 작동하고 있는 영역을 가리킨다. 출산정책이나 사회안정 확보가 이 구획에 포함되어 있는 것처럼, 중앙정부가 강한 관심을 가지며 지방정부 관료에 대한 평가에도 영향이 큰 업무는 성장지상주의 하에서도 유효한 거버넌스가 실현되었다. 한편, 오른쪽 아래쪽의 구획은 중앙정부가 직접 관여하고 지방정부는 보조적인 역할을 하는 업무(고속철도나 우주개발 사업 등)이며 이 영역도 거버넌스에 문제는 없다.

문제가 많은 것은 지방정부에 권한 위양이 진행되고 있음에도 불구하고 지방정부 간의 경쟁 메커니즘이 충분히 작동하고 있지 않은 영역으로, 의료 · 교육 · 환경보호 · 식품안전 등과 관련된 업무가 포함된다. 저우리안에 의하면 이들 지표는 긴 기간 동안 관료평가의 지표로 중시되지 않았기 때문에 자주 성장지향 정책에 희생이 되었던 것, 또 엄격한 규칙과 질서가 있는 운영과 긴 기간 동안에 걸친 감찰관리가 필요하기 때문에 단기간에 성과를 얻을 수 있는 지표가 아니었던 것이 거버넌스의 왜곡(부패와 형식주의)을 만들어내었다고 한다.

이후로 지방정부에 요청되는 것은 종래에 잘 기능하지 않았던 영역(그림의

오른쪽의 위쪽)의 업무에 대해 효과적인 거버넌스 수법을 구축하는 것이다. 이미 필자는 이전 저서에서 관료에 대한 평가 시스템이 GDP 성장률 등 경제지표 일변도인 것에서 생태환경보호, 사회안정 확보나 주민 서비스의 만족도 등 비경제지표를 중시하도록 하고 있음을 논하였다(加藤 2013). 그리고 하천의 환경보존에 관료 한 사람 한 사람이 책임을 지는 '하장제(河長制)'의 시도 등이 이루어지고 있다는 사실을 소개하였다.

'하장제'란 장쑤성 우시시(無錫市)에서 처음으로 시행(試行)된 환경보호 시도이다. 타이후(太湖)의 심각한 오염에 골머리를 앓던 우시시는 2007년 8월 〈우시시 하(河) 단면 수질 제어 목표 및 평가방법(시행試行)〉을 제정하고 2008년부터 공식적으로 실시하였다. 그 수법은 우시시의 주요 행정간부를 64개 하천의 하장(河長)으로 임명하고 그 수질개선에 책임을 지우는 방식이다. 구체적으로는 수질오염 억제, 수질환경 개선상황을 정부 · 당 지도간부의 '정적(政績)'에 링크시켜 수질 환경보호의 목표에 도달하지 않으면 '일표부결제(一票否決制)'(다른 지표가 목표를 달성해도 불가로 평가하는 것)를 실행하는 엄격한 것이다(王 2009).

'하장제' 시도를 소개한 이유는 지방정부의 역할이 공공서비스 제공이라는 방향으로 전환하더라도 그것을 실현하는 방법으로 예전의 성장경쟁에서 쓰였던 수법이 이용 가능하다고 생각했기 때문이다. 다시 말해 정부 간 경쟁이라는 구조 자체는 앞으로도 유지되지만, 그 내용은 성장 일변도의 것에서 환경보호나 이노베이션의 촉진 등 보다 다양한 것으로 변화해 나가는 과정에 있다고 필자는 생각하고 있다. 다른 말로 하자면, 〈그림 4-4〉의 오른쪽의 위쪽 영역에 포함되는 업무에 지방정부 간 경쟁 메커니즘을 어떻게 도입할지에 대한 질문이 있는 것이다.

필자가 그렇게 생각하는 이유는 중국의 '국가 사정'이 앞으로도 변하지 않기 때문이다. 광대하며 다양성이 풍부한 국토를 보유한 중국에서는 긴 역사 속에서 분권(分權)이라고도 집권(集權)이라고도 할 수 없는 독자적인 애매한 중앙-지방 관계를 계승하여 발전시켜 왔다. 개혁개방 후에는 지방재정 청부제도가 도입되어, 즉 지방정부에 경제적인 자주권을 이른바 '턴키로 위임'하는 재정제도가 도입되어 지방정부가 그 지역 경제의 진흥을 꾀할 강한 인센티브를 제공 받았다. 그 결과 각 레벨의 지방정부는 행정조직인 동시에 이윤 극대화를 목표로 한 기업처럼 상호 경쟁하고 경제성장을 추구하였다. 지방정부의 관료나 공산당 간부에게 큰 폭으로 자유재량권을 부여하여 관할지역의 경제성장을 추구하게 하는 방식은 상하의 명령계통이라기보다는 모종의 위탁관계(우리들의 용어로 말하자면 '포包')를 의미하며 그처럼 자유의 정도가 높은 제도설계가 있고서야 비로소 지방정부 간, 관료 간의 경쟁이 실행 가능한 것이 되었던 것이다.

이미 지적했듯이 지방정부 간의 성장경쟁은 고도성장의 원천인 동시에 수많은 폐해를 지닌 것이기도 하였다. 고도성장에서 안정성장으로 향하고 있는 중국에서 이후로는 성장지상주의와는 다른 목표를 내건 새로운 지방정부 간, 관료 간 경쟁이 요청되고 있다. 위에서 소개한 '하장제' 시도는 그 가운데 하나라고 여겨지는데, 어쨌든 간에 행정권한의 청부 구조에 기초를 둔 지방행정 간, 관료 간 경쟁 메커니즘은 이후로도 형태를 바꾸어가면서 유지될 가능성이 크다고 할 수 있다.

제5장

혼합소유 기업의 거버넌스

—— 내셔널 챔피언을 만들어내다 ——

이 장에서는 국유와 민영의 요소를 아울러 가진 혼합소유 기업이라는 '애매한 제도'가 어떻게 기능하고 있는지 검토한다.[1] 국유기업 개혁은 개혁개방 이후 착실히 진행되었지만, 21세기에 들어서는 국유경제의 비율이 확대되고 민영경제가 축소하는 '국진민퇴(國進民退)' 현상이 크게 거론되었다. 여기에서는 우선 '국진민퇴'가 진행되었는지의 여부를 다시 검증하고 다음으로 대부분의 경쟁적 시장에서 혼합소유 기업이 효율적으로 경영될 수 있는 이유를 기업 거버넌스 관점에서 분석한다.

철저한 시장화 개혁을 목표로 내거는, 상당히 진전된 국유기업 개혁의 목표 모델이 거론되는가 하면, 국유기업의 지배적 지위를 온존 · 강화하는 정부의 기본 방침 역시 흔들림 없다. 개혁의 목표 모델을 애매하게 둔 채로 경쟁적

1 국유와 민영의 요소를 아울러 가진 혼합소유 기업은 사회주의 제도와 자본주의 제도의 중복이라는 의미에서의 '애매한 제도'를 의미하지만, 다른 한편으로는 제2장에서 인용한 와츠지 테츠로오(和辻哲郎)의 관찰에 보이는 것처럼 관(官)과 민(民)의 독특한 상호의존 관계를 나타내는 '애매한 제도'이기도 하다.

시장에서는 '소유와 경영의 분리, 중국형'을 실현한 혼합소유 기업이 민영기업에 필적하는 효율적인 경영을 실현하고 있다. 글로벌화가 진행되는 가운데 혼합소유 기업은 중국을 대표하는 내셔널 챔피언으로 성장할 가능성까지 있다.

1. '국진민퇴(國進民退)'는 진행되었는가

유지되는 국유경제의 지배적 지위

필자는 이전 저서에서 중국에서는 국유경제가 지배적 지위를 차지하고 있다는 것, 그리고 그 비율이 축소 경향에 있다는 것을 밝혔다(加藤 2013). 그 분석결과만을 제시하면 ①2009년의 국유경제가 GDP에서 차지하는 비율은 38%로 여전히 큰 비중을 차지하고 있다. ②통신서비스, 자동차, 항공수송, 전력 등 주요산업에서는 국유 상위기업이 3개에서 6개로 60%를 넘는 비율을 가지고 있다(2010년의 수치). ③공업 부문의 국유경제 비율은 기업 수, 부가가치액, 총 자산액 등 모든 지표를 보더라도 축소하는 경향이 있다(다만 축소폭은 작아지고 있다). ④2004년과 2008년에 실시된 경제 센서스 데이터를 비교하면, '국유기업 및 국유지배기업'의 비율이 기업 수에서는 8.1%에서 4.1%로, 종업원 수에서는 26.5%에서 20%로 감소하였다(국유지배기업이란 국유의 요소가 지배적인 주식제 기업을 가리킨다).

국유경제의 지배적 지위는 변하지 않고 유지되고 있지만 공업부문의 국유비율이나 경제 센서스 데이터가 보여주듯이 적어도 국민경제 전체로 보는 한 '국진민퇴'는 발생하지 않았다. 최신 데이터에서 확인하더라도 그 결론을 뒤집을 만한 움직임은 찾을 수 없다.

'국진민퇴(國進民退)'가 주목받은 이유

그렇다면 21세기에 들어서부터 '국진민퇴'를 크게 거론하게 된 것은 어째서일까? 첫째로 생각해 볼 수 있는 것은 거시적 수준에서는 '국진민퇴'가 발생하지 않았다고 해도 산업마다 세세히 들여다보면 민영기업을 밀어내고 국유기업이 발전하는 현상이 발생하고 있었을 가능성이다. 2008년의 경제 센서스 개개의 표(表) 데이터를 이용하여 산업마다의 상세한 분석을 행한 쉬타오(徐濤)는 '국진민퇴'가 아니라 국유기업도 발전했지만 민영기업 역시 그 이상으로 발전을 이루었다는 '국진민진(國進民進)'이 발생했다고 한다(徐 2014). 국유와 민영 두 가지 요소 외에는 존재하지 않는다고 한다면 '국진민진'은 다소 형용모순인 듯이 보이는 것이 사실이지만 산업 전체가 성장하는 가운데 국유와 민영 모두 발전했다는 쉬타오의 의도는 명확하기 때문에 그대로 가져다 쓰기로 한다.

쉬타오는 '국진민진' 속에서 무엇이 생겨났는가에 대해 다음을 지적하고 있다. 첫째, '전략적 분야'[2]뿐 아니라 경쟁적 분야에서도 국유기업의 주식자본은 확대하였다. 다시 말해 경쟁적 분야에서 국유기업이 물러날 것이라는 기대가 어긋났다. 둘째, 국가자본이 전략적 분야에 집중적으로 투하된 결과, 국유기업의 주식자본 확대는 민영기업의 그것을 상회하였다. 셋째, 참여 · 퇴출에 주목하자면 일부 전략적 분야에서는 국유기업의 존속률이 민영기업보다 높았다. 또 국유기업의 수익성과 생산성이 급속히 개선된 결과, 민영기업과의 생산성 갭이 축소되었다. 쉬타오가 발견한 특징은 '민퇴'가 발생했는지의 여부는

---

2 여기에서 말하는 전략적 분야란 국유자산감독관리위원회가 2006년 12월에 공포한 〈국유자본의 조정과 국유기업의 재조합 추진에 관한 지도의견〉 속에서 증강시켜야 할 국유기업의 산업분야로 명시되었던 산업을 가리킨다. 구체적인 상업 리스트는 〈표 5-1〉을 참조 바란다.

차치하고 일부의 산업에서 '국진'이 발생했던 사실을 보여주는 것이라고 이해할 수 있다.

'국진민퇴'가 주목을 받았던 둘째 이유는, 국유가 민영을 삼키는 복수의 대형 인수 건이 발생한 것이라든지 지방정부가 민영기업의 경영에 강하게 간섭하는 사건이 발생한 것이 '국진민퇴'를 강하게 인상 지우게 되었던 것이다.

그 대표적 사례를 몇몇 들어본다. 적자 국유기업 '산둥강철그룹(山東鋼鐵集團)'이 흑자 민영기업 '르자오강철그룹(日照鋼鐵集團)'을 인수한 사례, '멜라민' 분유 파동으로 거액의 손실을 낸 민영 '멍뉴유업(蒙牛乳業)'의 주식 20%를 국유 '중량그룹(中糧集團)'이 취득하여 사실상 산하에 인수한 사례, 산시성(山西省) 정부가 일정 규모에 달하지 않는 민영 탄광에 대해 폐쇄나 강제적 매각을 지시한 사례 등이 있다.[3] 다만 어떠한 사례건 간에 인수한 국유기업이나 그것을 후원한 지방정부 쪽에서는 나름대로 할 말은 있다. 예를 들면 철강산업은 생산설비의 과잉에 빠져 있기 때문에 문제가 심각해지기 전에 생산조정을 해야 한다는 산둥성 정부의 주장이나, 소형탄광은 채탄효율이 나쁘고 자주 큰 사고가 발생하고 있으며 환경오염도 문제가 되기 때문에 대형탄광과 합병시켜 합리화할 필요가 있다고 하는 산시성 정부의 주장에 완전히 근거가 없다고는 말할 수 없을 것이다.

'국진민퇴'가 주목을 받았던 셋째 이유는, 21세기에 들어 정부가 국유기업 중시를 표방하는 일련의 정책을 취했기 때문이다. 2002년부터 2006년에 걸쳐 중국은 '국유경제의 견지(堅持)'라는 방침에 더해 기술진흥정책, 산업육성정책, 지역개발정책 등에서 국유기업을 직접·간접으로 지원하는 중요한 시책을 차례로 실시하였으며 허인가권(許認可權) 등 다양한 수단을 활용하여 그것

3 이들 사건은 加藤(2013)에서 자세하게 소개하였다.

	산업 부문	2005년 지침	2010년 지침
국유기업이 절대적인 통제를 유지하는 산업	군사	○	
	전망(電網)·전력	○	
	석유석유화공(石油石化)	○	
	전신	○	
	석탄		
	항공수송	○	
	선박수송		
국유기업이 비교적 강한 통제를 유지하는 산업	설비제조		
	자동차		
	전자정보		
	건축		◎
	철강		
	비철금속		
	화학공업		
	자원탐사·설계	◎	
	과학기술	◎	
상기 이외의 사회공공 서비스 등	수도	◎	
	가스	◎	
	공공교통	◎	
	오수처리	◎	
	교육·위생·문화·체육	◎	
	은행·증권·보험	◎	
	도로·항만·민용비행장		◎
	신에너지		◎
	수력·화력발전소		◎
	원자력발전소		○
	철도	○	◎
	도시간 철도		○
	도매·물류		◎

〈표 5-1〉 국유기업이 지배적 지위를 지녀야 한다고 여겨진 산업과 민간자본의 참여를 장려해야 한다고 여겨진 산업

주) ○는 민간의 자본참여가 가능한 분야, ◎는 단독출자가 가능한 분야를 가리킨다. 2005년 지침의 ○는 자연독점 분야에 한정되며, 그 이외는 모두 ◎를 의미한다.

출처) 國發辦(2006) 97호, 國發(2005) 3호, 國發(2012) 13호를 근거로 작성함

을 지탱하였다. 캘리포니아 대학의 배리 노튼은 2003년 전후 시기에 국유기업 중시 정책이 선명해졌다고 하여 그것을 '정부적극주의'(state activism)라고 이름 붙였다(Naughton 2011). 노튼이 말하는 '적극주의'에는 정부의 과잉적인 개입이 건전한 시장경제의 발전을 방해한다는 뉘앙스가 강하게 함축되어 있다.

2. 혼합소유 기업은 왜 효율적인 경영이 가능한가

혼합시장의 무엇이 문제인가

국유와 민영이 병존하는 혼합체제에는 동일 시장에서 국유와 민영이 병존하여 경쟁하는 '혼합시장'이라는 의미, 그리고 동일 기업 속에 국유의 요소와 민영의 요소가 병존하는 '혼합소유'라는 의미, 이렇게 두 가지가 포함되어 있다. 이전 저서에서 필자는 양자를 구분해서 논의하여 경쟁적 시장에서 혼합시장을 유지하는 것은 메리트보다 디메리트 쪽이 크다고 하면서도, 혼합소유 기업에서는 한없이 민영기업에 가까운 경영이 이루어지고 있다고 주장하였다(加藤 2013). 필자의 이러한 결론은 독자에게 혼란을 가져다주는 것일지도 모르겠다. 나카가네 카츠지(中兼和津次)는 혼합시장을 부정하고 혼합소유를 긍정하고 있는 듯이 보이는 필자의 표현을 붙들고 필자가 소유보다 경쟁을 중시하며 경쟁적인 시장만 있으면 국유기업도 효율적으로 경영할 수 있다고 주장하고 있는 듯한 인상을 준다고 비판하였다(中兼 2014b).

혼합체제를 혼합시장과 혼합소유로 구분해서 고려한다는 것은 필자가 최초로 주장한 것이 아니라 원래는 와타나베 마리코(渡邊眞理子)의 아이디어이다(加藤 외 2013). 와타나베에 의하면 혼합시장이라는 사고방식은 산업조직론의 일부에서 시작되었다고 한다. 그 문제의식은 선진국에서 전력 등 독점분야의 자유화가 진행된 이후 국유기업과 민영기업의 병존이 시장에 어떠한 변화를 가져왔으며 소비자의 후생에 어떻게 영향을 주는가 하는 것이었다. 와타나베는 이러한 문제의식을 기초로 혼합시장의 현황을 분석하고 "중국에서의 혼합시장의 폐해는 무시할 수 없을 정도로 커지고 있다"고 결론짓고 있다(渡邊 2014). 그 근거로 와타나베가 강조한 것은 독점 · 과점 시장에 민영기업을 참여시키지 않음으로써 발생하는 시장의 왜곡이다. 여기에 더해 와타나베는 민영기업의 '유리 천장'(국유기업과의 불평등 경쟁이 가져오는 눈에 보이지 않는 제약)이나 민영기업의 이노베이션 활동에 가해지는 마이너스 영향 등에 대해서도 언급하고 있다.

와타나베가 지적한 문제는 모두 일반론으로서는 옳을지 몰라도 그것이 중국의 실태에 꼭 맞는지의 여부는 검토의 여지가 있다. 때문에 앞에 나왔던 나카가네의 비판과 와타나베가 지적한 혼합시장의 문제점을 고려하여 다시금 혼합시장의 메리트와 디메리트를 검토해 보기로 한다.

필자가 이전 저서에서 혼합시장을 유지하는 메리트로 지적한 것은 ①민영기업이 어느 정도 성장할 때까지는 국유기업의 발전에 의존할 수밖에 없다는 것, ②성급한 민영화가 신흥재벌을 만들어내는 결과로 끝난 러시아의 경험을 교훈으로 할 것, 이상의 두 가지였다. 모두 소극적인 이유이지만 시장이 발달하지 않은 단계에서 발달한 단계로의 이행, 사회주의에서 자본주의로의 이행이라는 '이중의 이행'을 진행하고 있는 중국에서는 불가피하게 발생하는 이행기 특유의 '시장 실패'에 대한 대처로 국유기업을 유지하는 것에 일정한 합리성이 있었다는 사실을 설명하고 있다.

한편 디메리트로 필자는 ①국유기업과 민영기업 사이에 공평한 조건에서의 시장경쟁이 담보되지 않는 것, ②기업의 퇴출이 진행되지 않기 때문에 시장구조의 왜곡이 발생하는 것, ③국유기업의 활동으로 획득된 이익이 그 본래의 소유자인 '전인민'의 것이 되지 않는 것 등 세 가지를 지적하였다.

디메리트의 첫째는 와타나베가 '유리 천장'으로 제기했던 논점과 동일하며 일반론으로서는 옳다. 하지만 이것이 실제로 중국의 산업발전 과정에서 발생한 사실을 잘 설명하고 있는 것일까? 만약 국유기업과의 불평등 경쟁이 민영기업의 발전을 손상시킬 정도로 강력하다면, '국진민퇴'가 발생하고 있어야 한다. 하지만 이미 살폈듯이 국민경제 전체로 보는 한 '국진민퇴'는 발생하지 않았으며 개별산업을 보더라도 '국진민퇴'라는 표현은 너무 과장된 것이다. 게다가 중국의 경우에는 와타나베 자신이 지적하고 있듯이 국유기업과 국내 민영기업뿐 아니라 외자기업이라는 제3의 강력한 세력이 있다. 외자기업은 기술력 · 자본력이라는 관점에서 말하더라도 충분히 국유기업에 대항할 수 있는 힘이 있기 때문에, 거대한 국유기업이 중소의 영세한 민영기업을 압박한다는 이미지와 중국에서의 경쟁적 시장의 현황은 꽤 거리가 있다는 사실을 알 수 있다.

다만, 와타나베가 염려하는 '유리 천장'이 존재한 적이 없으며 앞으로도 출현하지 않을 것이라고 말할 수 없다는 것은 자명하다. 철저한 민영화를 진행한다는 선택 이외에 이 문제에 대처할 유일한 방법은 와타나베도 지적하듯이 법치 논리를 관철시켜 국유기업과 민영기업 간의 불평등한 경쟁조건을 없애는 것이다. 이 점이 담보된다고 한다면, '유리 천장' 문제는 상당 정도 완화될 수 있다고 여겨진다.

디메리트의 둘째로, 확실히 제철이나 자동차 등의 분야에서 생산능력의 과잉이 생기고 있는 것은 사실이며, 그것을 시장의 왜곡으로 간주할 수 없는 것도 아니다. 시장의 왜곡이 발생하는 것은 경영이 악화되어 퇴출해야 할 국유기업이 정부보조로 존속하여 생산과잉이 발생하기 쉽기 때문이라고 하는 저우치런(周其仁)의 설명에는 일정 정도 설득력이 있다(周 2006). 하지만 급성장을 이루어낸 신흥산업에서 성장의 초기단계에 생산능력의 과잉이 발생하는 것은 피하기 힘든 일이기도 하다. 외자기업이나 국내 민영기업을 중심으로 발달한 휴대전화 산업에서도 태양전지 산업에서도 생산능력의 과잉은 실제로 발생하였다. 문제는 그것을 조정하는 능력이 혼합소유 기업에 갖추어져 있는가의 여부이다. 후술하겠지만 필자는 혼합소유 기업의 거버넌스는 한없이 민영기업에 가깝다고 생각하고 있으며, 충분히 조정능력이 있다고 판단하고 있다.

디메리트의 셋째는 혼합시장의 문제라기보다는 민영기업의 참여를 규제하고 있는 독점시장의 국유기업 문제이다. '중앙 국유자본경영 예산편성'의 대상이 되는 국유기업(중앙정부 직할의 국유기업)은 2013년에 올렸던 총액 1조 1690조 위안(약 21조 8600억 엔)에 달하는 순이익 가운데 그 10%에도 못 미치는 1039억 위안만을 국고에 납부하였다. 상납비율은 2009년에 6%였던 것에서 상승했지만 낮은 수준에 있다는 사실은 변함이 없다(재정부 〈2014년 국유자본경영 예산에 관한 설명〉, 베이징톈쩌경제연구소 과제조 2011). 이것은 움직일 수 없는 사실이지만 중앙정부 직속 국유기업 이익의 대부분은 국유독점기업(석유, 담배 등)이 낸 것이며 그 분배비율을 끌어올리는 것은 경제라기보다는 정치 문제이다.

이상의 검토에서 혼합시장에 대한 필자의 판단은 기본적으로 변함이 없지만 그 표현을 다음과 같이 수정하고 싶다. 이행기 특유의 '시장 실패'가 무시할 수 있을 정도로 작아진 오늘날, 혼합시장을 유지하는 메리트보다 디메리트 쪽이 더 크지만, 경쟁적 시장에서 국유기업과 민영기업 사이에 평등한 경쟁조건이 설정되고 국유기업이 민영기업과 동등한 경영효율을 실현해 나간다면, 혼합시장에서의 디메리트(사회가 수용 가능한 정도까지)는 끌어내릴 수 있다. 다시 말해 혼합시장의 효율성은 시장의 질서와 혼합소유 기업의 경제 퍼포먼스 등 두 가지에 의해 결정된다는 것이다.

자기증식을 목표로 하는 자본으로서의 혼합소유 기업

시장질서의 경우에는 독점 · 과점시장에서 민영기업의 참여가 규제되고 있는 것이 최대의 문제이며, 경쟁적 시장에서의 국유와 민영의 병존이나 경쟁을 제약하고 있는 요인의 경우 일반적으로 거론되는 정도로 심각하다고 필자는 생각하지 않는다. 확실히 정부에 의한 보조금이나 국유은행에 의한 우선적인 융자는 국유기업에 유리한 경쟁조건을 만들어내고 있을지도 모른다. 하지만 정부의 보조금이 후한 것은 주로 독점 · 과점시장의 국유기업에 대해서이며 경쟁적인 시장에서는 정부의 보조금이 그다지 중요하다고 할 수 없다.[4] 또 국유은행에서 국유기업에 우선적으로 융자를 하는 듯 보이는 것은 은행이 돈을 떼일 리스크가 적은 대기업에 우선적으로 융자하기 때문이라고도 여겨진다. 정부가 해야 할 일은 중소 민영기업에 대한 특별 지원책이며, 국유은행에 대한 정부적인 개입이 아니다.[5] 이처럼 시장질서 문제가 그다지 심각하지 않다면 혼합소유 기업의 경제 퍼포먼스가 어떠하냐가 그 산업에서 충분히 효율적인 시장이 형성되어 있는가의 여부를 결정하게 된다.

여기에서 말하는 효율적인 시장이란 국유 · 민영 · 외자 모두 구별 없이 시장 참여자가 균등하게 평등한 경쟁을 벌이고 동등한 경영효율을 실현하고 있는 시장을 의미한다. 혼합소유 기업이 민영기업과 동등한 경영효율을 실현하고 있다고 한다면 곧장 수많은 경제학자로부터 비판을 받을 것이다. 기존 경제학의 패러다임을 받아들이는 한, 국유기업이 민영기업보다 효율적일 리가

---

4 독점이윤이 기대 가능한 독점시장의 국유기업과는 달리 경쟁적 시장의 국유기업의 경우에는 경영이 좋고 나쁨에 따라 손실이 발생할 리스크가 있다. 고용에 대한 악영향 등을 염려하여 보조금을 중단하는 것이 불가능한 케이스(too big to fail)는 있다고 하지만 정부 입장에서 계속적으로 기업을 지원하는 데 따른 메리트는 적다.

5 국무원은 600억 위안(약 1조 1000억 엔) 규모의 '국가중소기업발전기금'을 창설하고 중소기업에 대한 금융지원을 결정하였다(《日本經濟新聞》 2015년 9월 2일자).

없기 때문이다. 중국에 한정하더라도 국유기업이 민영기업보다 비효율적이라는 것을 통계적으로 실증한 연구는 수없이 많다(예를 들면 Dollar and Wei 2007). 하지만 그것과 다른 시각도 존재한다. 기존 경제학의 패러다임에 대담한 도전을 하고 있는 사무엘 보울즈는 다음과 같이 지적한다.

> 케네스 애로(Kenneth Arrow)가 제기한 도전과제(이기적인 개인에게 재산권 및 기타 규제를 어떻게 하면 사회적으로 바람직한 전체결과를 낳을 수 있을까)는 단순히 사적 재산권의 정의를 다시 정밀하게 하는 것으로 대응할 것이 아닐 것이다. (중략) 시장, 국가, 공동체의 통치의 보완적인 배치관계를 살리는 것이 최선의 희망일 것이다. (*Bowles 2013a : 478페이지)

보울즈의 문제제기는 민영기업이 유일하게 바람직한 기업형태라고 하는 기존의 이론적 틀에 의심을 드러낸 것이지만, 이러한 사항을 전면적으로 논의하는 것은 필자로서는 할 수 없는 일이기 때문에 여기에서는 이 이상은 논의하지 않기로 한다. 대신에 논의 수준을 낮추어서 혼합소유 기업의 경영효율은 민영기업보다 못할지 모르지만 한없이 그것에 가까운 수준을 달성하고 있거나 그 달성을 목표로 하는 존재라고 주장하고 싶다.

필자가 혼합소유 기업의 효율성에 집착하는 이유는 공산당의 일당독재를 유지하기 위해 효율성을 다소 희생하더라도 국유기업을 유지하고 있다는 설명에 반드시 전면적으로는 찬성할 수 없기 때문이다. 나카야 노부히코(中屋信彦)는 국유기업의 자본 이익률이 가령 5%이고 만약 완전한 민영화를 하면 자본 이익률이 7%~8% 정도가 된다 하더라도 "(2%~3% 정도의 차이라면) 중국공산당은 틀림없이 국유기업을 통한 '제압'을 지속할 것이다."라고 추론한다(中屋 2013). 또 와타나베 마리코(渡邊眞理子)는 국유기업 혹은 혼합소유 기업의 국유 요소는 "사회의 후생 수준을 최대화하는 공기업이라기보다 경제적인 이익과 정치적인 목적을 합한 효용의 최대화를 행하는 주체"라고 생각하는 쪽이 현실에 부합한다고 평가하고 있다(渡邊 2014).

정치적인 목적에 주목하는 나카야나 와타나베의 추론은 일정 정도 설득력이 있지만, 적자를 내지 않는 한 국유기업을 유지한다는 듯한 '느슨한' 레벨의 효율성 확보가 목표가 아니라 경우에 따라서는 민영기업을 압박하기까지 하는 만만찮은 경쟁상대가 되고 있는 점에 주목한다면, 혼합소유 기업은 보다 높은 목표를 추구하고 있는 듯이 보인다. 이러한 점을 어떻게 해석할 것인가에 대해 필자는 모종의 규제가 가해지지 않는 한 자본은 그것 자체가 증식을 추구하는 존재라는 점을 강조하고 싶다. 다시 말해, 혼합소유 기업이라는 국가자본 역시 예외가 아니며 정부의 생각이 어떻다고 하더라도 주어진 환경하에서 자기증식을 추구하는 자본의 한 가지 형태로서 한없이 민영기업에 가까운 효율성을 추구하고 있다고 생각하는 것이다.

그런데 혼합소유 기업에서 차지하는 국유 요소의 크기는 기업경영의 효율성과 관계되어 있는 것일까? 100% 민영기업이 효율적으로 운영 가능하다는 기존의 이론적 틀을 전제로 하더라도, 민영 요소의 크기(반대로 보자면 국유 요소가 작은 정도)에 중요한 의미가 있다고 여겨지지는 않는다. 예를 들어 50% 민영과 20% 민영에서는 전자 쪽이 효율적으로 운영 가능하다고 말할 수 있을까? 혹은 제로섬 게임처럼 100% 민영은 효율적이지만 1%라도 국유가 들어가면 모두 비효율이 되는 것일까? 필자는 기업의 거버넌스가 적절하기만 하다면 혼합소유 기업이라 하더라도 100% 민영기업에 한없이 가까운 레벨의 효율성을 달성하는 것이 가능하다고 생각한다. 이러한 시각에서 산업별 · 소유제별 기업 생산성 변화를 살펴보도록 한다.

앞에 나왔던 쉬타오(徐濤)는 1998년~2007년의 각 산업에서의 국유기업과 민영기업의 생산성 변화를 비교 · 검토하여 아래와 같은 흥미로운 결론을 얻었다(徐 2014 : 178페이지).[6] ①국유기업과 민영기업의 생산성 갭을 비교해보면,

수도를 제외한 모든 산업에서 생산성 갭이 축소하였다. ②국유기업은 석유 · 천연가스와 수도, 민영기업은 이 두 가지 산업에다 석탄, 금속광(金屬鑛), 담배, 비철금속의 생산성이 저하했지만, 이 이외의 산업에서는 국유기업과 민영기업 모두 생산성이 상승하였다. ③민영기업에서는 생산성이 저하한 앞의 산업의 경우 참여효과와 퇴출효과가 마이너스가 되어 신진대사가 기능하지 않았다. ④국유기업에서는 석유 · 천연가스와 수도의 참여효과와 퇴출효과가 마이너스였지만, 나머지 24개 산업 가운데 순참여효과(참여효과 마이너스 퇴출효과)와 존속효과(존속기업이 생산성을 끌어올리는 효과)가 생산성 향상에 기여한 산업은 각각 16개 산업과 8개 산업이었다. 국유기업에서도 신진대사가 기능하고 있음을 알 수 있다. ⑤민영기업의 국유화(혹은 국유기업의 민영화)가 가져다준 효과는 생산에서 차지하는 비율이 적기 때문에 생산성 향상에 대한 효과는 작았다.

소유와 경영의 분리, 중국형

대부분의 경쟁적 시장에서 국유기업과 민영기업의 생산성 갭이 축소되었다는 쉬타오의 분석결과는, 일부 산업에서 민영기업에 필적하는 높은 효율성을 실현하고 있는 국유기업이 다수 존재한다는 사실을 시사해준다. 그렇다면 왜 혼합소유 기업은 높은 경영효율을 실현할 수 있는 것일까? 필자는 기업 거버넌스에 관련된 다음 3가지 사항이 중요하다고 생각한다.

첫째로 지적해야 할 사항은 복잡하게 뒤얽힌 소유구조가 결과적으로 소유

---

6 여기에서 말하는 국유기업에는 협의의 국유기업, 국유독자기업과 국유지배기업(혼합소유 기업)이 포함된다. 다만 산업을 세밀하게 살펴보면 대체로 협의의 국유기업과 국유독자기업이 독점 · 과점시장의 국유기업을 가리키고, 국유지배기업이 경쟁적 시장의 국유기업을 가리키는 것으로 구별할 수 있다.

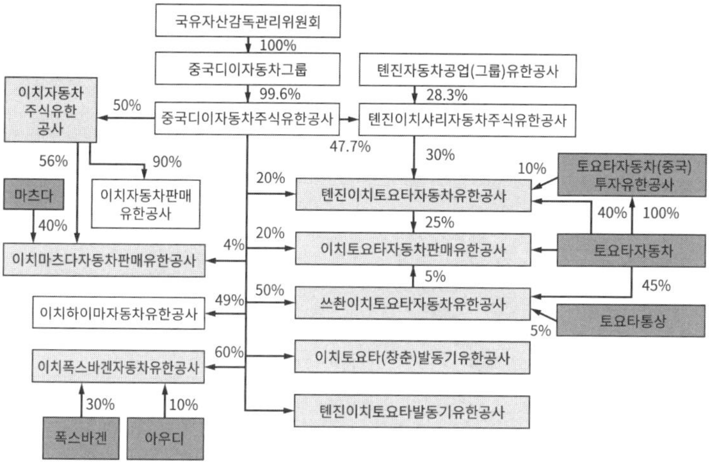

〈그림 5-1〉 디이자동차(第一汽車)의 자동차 관련 사업조직도(2012년 10월 현재)
출처) 三井物産戦略研究所(2014)의 〈그림 17〉을 일부 수정하였다

와 경영의 분리를 가져와서 실질적으로 민영기업과 다름없는 경영수준을 확보할 수 있었다는 것이다. 여기에서는 가장 역사가 오랜 국유 자동차 메이커 가운데 하나인 디이자동차(第一汽車)의 자동차 관련 사업을 예시하기로 한다.

〈그림 5-1〉은 디이자동차의 자동차 관련 사업 조직도를 제시한 것이다. 그림의 중앙 상부에 위치한 중국디이자동차그룹(中國第一汽車集團公司)이 이른바 디이자동차의 중추인 지주회사로, 이 주식은 정부(국유자산감독관리위원회)가 100% 보유하고 있다. 집단공사 아래에는 집단공사가 99.6%의 주(株)를 소유하고 있는 상장회사인 중국디이자동차주식유한공사(이하 주식유한공사는 생략한다)가 있다. 중국디이자동차는 마츠다와의 합자기업인 이치자동차(一汽轎車)의 주 50%를 소유하고 있으며, 텐진자동차(天津汽車)와 공동으로 설립한 텐진이치샤리자동차(天津一汽夏利汽車)의 주 47.7%를 소유하고 있는 한편, 텐진이치샤리자동차 산하에 있는 복수의 토요타 계열 합작회사의 주식을

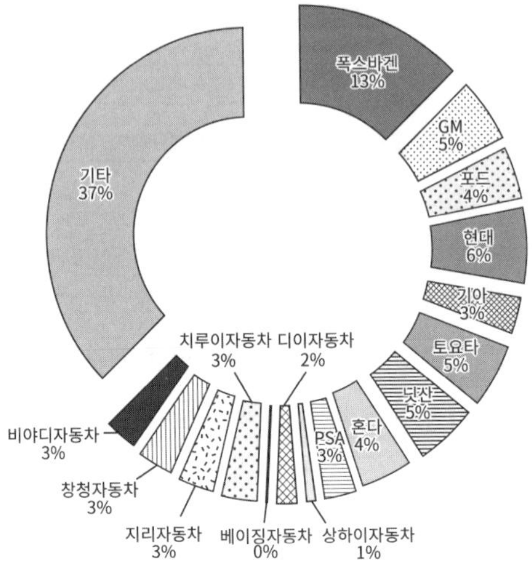

〈그림 5-2〉 자동차 판매 대수에서 차지하는 주요기업의 비율(2013년)

출처) 三井物産戦略研究所(2014)를 근거로 작성함

보유하고 있다. 다른 한편, 외자 방면에서는 토요타자동차와 토요타자동차(중국)투자, 토요타통상(豊田通商), 복수의 토요타 계열 합자기업에 투자하였으며, 마츠다는 이치마츠다자동차(一汽馬自達汽車) 판매에 40% 출자하고, 폭스바겐과 아우디가 이치폭스바겐자동차(一汽VW汽車)에 각각 30%, 10%를 투자하고 있다. 디이자동차의 자동차 관련 사업이 외자를 포함한, 복잡한 소유구조에 기초한 조직구조를 지니고 있음을 알 수 있다.

소유구조의 복잡성은 상장회사나 그 산하에 있는 합자기업의 경영에 대한 정부(국유자산감독관리위원회)의 개입이 제한적임을 시사하는 것이다. 합자회사를 소유하는 모회사는 국유기업이기 때문에 통계상에는 이들 기업의 생산도 국유경제의 일부로 계상되지만, 그 가운데에는 실질적으로 민영과 다름없는 기업이 다수 포함되어 있다는 사실을 알 수 있다.[7] 선진 자본주의 국가에서도 '소유와 경영의 분리'는 보편적인 현상이며, 국가가 소유자라 하더라도 전문지식을 지닌 유능한 경영자가 시장원리에 따라 기업을 경영한다면 혼합소유 기업의 경영효율이 민영기업보다 낮다고는 말할 수 없을 것이다.

둘째로 지적하고 싶은 사항은 경쟁적인 국내시장이 해낸 역할이다. 여기에서도 계속해서 자동차 산업을 예시하기로 한다. 〈그림 5-2〉는 주요기업의 2013년 자동차 판매 대수에서 차지하는 비율을 브랜드 별로 살핀 것이다. 총 1790만대의 판매 대수 가운데 외자 계열이 47.8%, 민족 계열이 52.2%로 거의 길항을 이루고 있으며, 가장 비율이 높은 폭스바겐조차 13%를 차지한 것에 불과하다. '기타'로 구분되는 중소 메이커가 37%의 비율을 차지하고 있다는 점에서도 중국의 자동차 시장이 얼마나 경쟁적인지를 알 수 있다.

앞에서 서술했듯이 디이자동차는 토요타 외에 마츠다 · 폭스바겐 · 아우디와도 합자기업을 설립하였다. 또 둥펑자동차(東風汽車)는 닛산 · 기아 · 혼다 · PSA와 합자기업을 전개하였으며, 상하이자동차(上海汽車)는 폭스바겐 · GM과 합자하는 등 복수의 외자기업을 복수의 국유기업과 합자시킴으로써 중국은 극히 경쟁적인 국내시장을 만들어내는 데에 성공하였다. 하나의 국유기업이 복수의 외자기업과 합자기업을 설립하고 각각의 외자 브랜드 자동차를 생산하고 있을 뿐 아니라 독자 브랜드도 생산하고 있다. 또 흥미로운 점은 외자와의 합자기업이 발전하는 것과 함께 '치루이자동차(奇瑞汽車)'나 '지리자동차(吉利汽車)' 등 민족 계열 메이커도 성장하고 있다는 사실이다. 만약 자동차 산업이 소수의 외자와 함께 편성된 소수의 국유기업에게 독점되었다면 이 정도로 자동차 산업이 발전했을 것이라고 여겨지지는 않는다. 중국에

7 모회사인 집단공사와 자회사인 주식회사의 관계는 이익분배에 있어서는 모회사의 힘이 압도적이다. 중국석유화공그룹(中國石化集團公司)의 경우에는 종업원 68만 명 가운데 34만 명이 소속된 수익성 높은 부분만을 주식회사로 독립시켰다. 2006년에 주식회사는 65억 달러의 순이익을 올렸지만 모회사는 27억 달러의 적자였다. 모회사의 적자를 자회사가 보전해주는 관계에 있는 것이다(今井 2009).

서의 자동차 산업의 융성은 경쟁적인 국내시장의 형성과 깊은 관계가 있다.

자동차 산업에서의 경쟁적인 국내시장은 허인가권(許認可權)을 지닌 정부가 의식해서 만들어낸 측면도 있으며, 정부의 의향과는 달리 자동차 업계가 자생적으로 발전하여 형성된 측면도 있다. 산업정책이라는 관점에서 보자면 중국정부가 최초로 의도한 자동차 산업의 발전계획에서는 규모별로 합자기업의 수를 제한하여 질서 지워진 발전을 목표로 할 방침(3대3소2미[三大三小二微])이었으나 이 방침은 차츰 소멸해 버렸다.[8] 또 완성차 메이커의 통폐합을 목표로 했던 1994년의 자동차 산업 정책 역시 국내시장의 저조가 원인이 되어 이렇다 할 효과를 올리지 못하였다(丸川 2000). 이와 같이 자동차 산업의 발전은 복수의 외자기업을 복수의 국유기업과 합자시키는 당초 정책의 유효성을 제외하면 정부의 산업정책 외부에서 정부의 의도나 생각을 초월하여 실현되었다고 평가해야 할 것이다.

셋째는 혼합소유 기업의 국유자본을 대표하는 경영자 역시 관료나 당 조직 내부에서의 격한 출세경쟁에 노출되어 있다는 사실이다. 유력한 혼합소유 기업에는 공산당의 고급간부가 파견되어 수년마다 교체되는 형태로 인사이동이 이루어지며, 기업의 임원이 다음의 인사에서 지방정부의 지도자나 중앙정부의 부장급 관료가 되는 케이스도 적지 않다.[9] 이들과 같은 이른바 '붉은 자본

---

8 '3대3소2미(三大三小二微)'란 1980년대의 외자도입 방침을 나타내는 것으로, 3개의 승용차 메이커(一汽VW · 上海VW · 神龍汽車), 3개의 소형차 메이커(北京지프 · 廣州푸조 · 天津汽車), 2개의 경자동차 메이커(長安스즈키 · 貴州航天) 등의 합자 사업으로만 외자도입을 한정하는 정책을 가리킨다.

9 뇌물 수수 혐의로 2013년 실각한 저우융캉(周永康)의 경력은 전형적인 사례이다. 저우융캉은 베이징석유학원(北京石油學院)을 졸업한 뒤, 다칭유전(大慶油田)에서 기술원으로 근무하였으며 1985년에는 석유공업부 부부장, 그리고 96년에는 중국석유천연가스(中國石油天然氣)의 총경리에 취임하였다. 이후 98년에는 국토자원부 부장, 99년에는 쓰촨성 당위원회 서기, 2002년에는 다시 중앙으로 돌아가 정치국 위원, 공안

가'에게 선진국의 기업 경영자와 같은 경영능력을 요구하는 것은 무리라고 하더라도, 공산당의 고급간부는 거대한 피라미드형의 당 조직 속에서 경쟁하면서 출세한 엘리트 관료이다. 제4장에서도 검토했듯이 지방정부의 관료에게 가장 필요하다고 여겨지며 그 평가를 결정짓는 자질은 지역의 성장을 얼마나 실현시켰는가 하는 것이었다. 이러한 경쟁에서 살아남은 인재가 아니라면 중앙정부의 요직에 취임하지 못하는 것은 공산당 인사관리의 기본이다. 경쟁을 이겨내고 출세한 고급간부가 기업경영에서 요구되는 가장 중요한 자질, 즉 경제 전체의 움직임을 살펴 적절한 시기에 적절한 판단을 내리는 능력에 있어서 민영기업의 경영자보다 크게 떨어진다고는 여겨지지 않는다. 게다가 기업 경영자에게 요구되는 가장 중요한 자질 가운데 하나는, 동서고금을 막론하고 적재적소에 인재를 배치하여 운용하는 인사관리 능력의 탁월함이기도 하다.

이상과 같이 소유구조의 애매함, 정부가 의도적으로(혹은 부분적으로는 의도하지 않고) 만들어낸 경쟁적인 국내시장, 국유를 대표하는 경영자의 자질 등의 세 가지 측면을 종합하여 '소유와 경영의 분리, 중국형'이 확립되어 있는 것이 혼합소유 기업이 높은 경제 퍼포먼스를 실현한 이유인 것이다.

3. 국유기업 개혁의 현 단계

국유기업 개혁의 흐름

국유와 민영이 병존하는 혼합체제는 어떻게 형성된 것일까? 국유기업 개혁의 흐름을 뒤돌아보고 현 단계에서 국유기업 개혁이 도달한 지점을 제시하기로 한다.

부장에 취임하였고, 07년에 중앙정치국 상무위원에까지 올랐다.

개혁개방의 개시부터 1980년대 말까지의 국유기업 개혁은 소유에는 손을 대지 않고 경영효율을 개선하기 위한 수단으로 기업의 경영 자주권을 확대하는, 이른바 '방권양리(放權讓利)' 방식의 개혁으로 특징 지워진다. 기업 자주권의 확대는 국유기업에 대한 인센티브가 되어 기업의 생산효율은 확실히 향상되었다고 여겨진다.

문제는 생산성이 향상되더라도 그것이 수익성의 향상으로 이어지지 않았다는 것이다. 정보의 비대칭성이 존재하기 때문에 기업의 실질적인 소유자인 국가(정부)는 손실이 나면 그것을 보전해야만 하지만, 이익이 나더라도 기업의 내부자인 경영자와 종업원이 그 대부분을 손에 넣는 사태가 발생했기 때문이다.

국유기업 개혁이 본격화한 것은 1990년대에 들어서의 일이다. 1993년 11월 공산당 제14기 3중전회(中全會)에서 〈사회주의 시장경제시스템의 확립에 관한 약간의 문제에 대한 결정〉이 채택되었다. 이 결정 가운데 국유기업의 개혁 방향이 "시장경제와 사회화된 대생산(大生産)의 요구에 적합하고 소유권이 명확하며, 정치와 경제의 분리를 실현한 현대기업 제도를 확립하는 것"에 있다고 하였다. 국유기업의 목표 모델로 '현대기업 제도'가 거론되어 주식제도로의 이행이 명확히 의도된 것이다.

1995년 9월에 개최된 제14기 5중전회에서는 국유기업의 '전략적 개조'가 제기되어 "큰 것을 붙들고 작은 것을 놓는", 즉 대형의 중점이 되는 기업에 대해서는 정부가 지원을 하지만 중소형 기업에 대해서는 합병, 리스 경영, 청부 등 다양한 방법을 동원하여 민영화를 더욱 추진한다는 방침이 제기되었다. 이 시기 이후 주룽지(朱鎔基) 총리(당시)의 지도 하에 5000만 명을 넘는 일시 귀휴자(사실상의 실업자)가 출현하는 등 국유기업 개혁이 본격화하였다. 대량의 실업자 출현과 중소형 국유기업의 민영화 진전의 그늘에 숨겨져 주목되는 경우가 적었지만, 대형 국유기업의 경우 역사적으로 축적되어 온 부채를 기업으로부터 떼어내었을 뿐 아니라 정부의 자금주입이 이루어져 적자체질의 개선, 생산력 증강이 꾀해졌다.

21세기에 들어서자 중소형 기업의 민영화와 대형기업에 대한 지원이라는 복선형(複線型)으로 진행되던 1990년대의 국유기업 개혁은 후자로 중점이 옮아갔다. 즉, 경쟁적 시장에서의 국유기업의 퇴출(민영화)이라는 내외의 기대가 어긋나고, 국유기업을 유지한 상태에서 국유자산을 증강하는 것을 목적으로 한다는 방향성이 명확하게 드러났던 것이다. 그 전기가 된 것은 2002년 11월의 공산당 제16회 당대회였다. 이때 국유기업 개혁을 더욱 심화하기 위한 중요과제로서 국유자산을 관리하는 전문기구를 설치할 것이 제기되었고, 2003년 3월 중앙과 지방의 각각의 레벨에서 국유자산 소유자 기능을 하는 국유자산감독관리위원회가 설립되었다.

이 위원회는 2006년 12월에 〈국유자본의 조정과 국유기업의 재조합 추진에 관한 지도의견〉을 공포하였다. 이 정책문서는 증강해야 하는 국유기업의 산업구분을 보다 구체적으로 제시한 것이다. 이 문서 가운데 "(국유기업이 지배적 지위를 유지해야 하는 산업에 대해) 관계부문은 구체적인 업종과 영역을 확실히 연구하여 확정하고 그것에 상당하는 산업과 기업의 목록을 제출해야 한다"는 의견이 보인다. 이 의견을 받아 관계 각 부문에서 검토가 진행되었으며 그 결과 7개 업종이 '절대적인 통제'를 유지하는 산업, 9개 업종이 '비교적 강한 통제'를 유지하는 산업으로 인정되었다. 구체적인 산업 리스트는 〈표 5-1〉에 제시한 대로이다.

국유기업이 지배적 지위를 유지해야 한다고 여겨진 산업이 구체적으로 규정된 것은, 이미 서술했던 것처럼 '국진민퇴' 비판을 낳은 근거 가운데 하나였다. 다만 국유기업의 전략적 중시를 강조하는 한편으로 민영화를 촉진하는 분야에 관한 지침이 2005년과 2010년 2회에 걸쳐 나오게 된 것도 주의를 기울일 필요가 있다. 〈표 5-1〉의 리스트에 있는 "국유기업이 절대적인 통제를 유지하는" 분야는 대부분 민영기업이 자본참여 가능한 분야와 중복되어 있다.[10] 이들 분야에서도 자연독점을 제외한 업무의 경우는 민영기업이 단독출자로 참여 가능하도록 되어 있다. 또 민영기업이 단독출자로 참여 가능한 분야에는 인프라 건설이나 사회공공 서비스 분야가 많이 포함되어 있다. 다시 말해, 국유기업과 민영기업의 병존이라는 정부의 방침이 구체적인 정책에도 반영되어 있는 것이다.

시장화 개혁의 목표 모델

국유기업의 전략적 중시를 강조하면서도, 다른 한편으로 철저한 시장화 개혁을 진행하기 위한 장기목표를 세계은행과 공동으로 정부의 싱크탱크인 국무원발전연구센터가 작성하고 있다는 사실도 중국의 '애매한 제도'의 특징 가운데 한 가지 현상이다.

세계은행과 중국국무원발전연구센터는 2030년의 중국을 전망하는 보고서에서 새로운 전략의 열쇠가 되는 다섯 가지 요소를 지적하고 있다(World Bank and DRC 2012 : 17페이지).[11] ①소득의 상승을 동반하면서 성장의 질을 개선하는 것. ②시장의 힘과 모순이 생기지 않으면서 균형 잡힌 지속적 성장을 실현하는 것. ③이노베이션과 창조력을 강화한다. 제조업뿐 아니라 서비스도 발전

---

10 2005년의 지침 가운데 자본참여가 가능한 분야 리스트에서 벗어나 있는 석탄과 선박수송의 경우, 2010년의 선박수송은 상위 3개사가 시장 비율의 60%를 넘는 과점시장을 형성하고 있지만 석탄은 상위 3개사의 비율이 20%에 미치지 못한다(Szamosszegi and Kyle 2011). 다만 석탄의 경우도 부가가치액에서 차지하는 국유기업의 비율은 66.5%로, 지배적 지위를 점한다.

11 최종보고서는 국유자산감독관리위원회에서 나온 수정 의견에 따라 대폭적인 가필 · 수정을 하는 수 없이 했다고 하지만, 그렇다고 하더라도 꽤 깊이 파고든 시장화 개혁의 목표를 제시하고 있다.

시키는 것. ④인간의 잠재력을 충분히 발휘시킨다. 기회균등 · 경쟁을 높이고, 공공정책에 대한 인민참여를 진전시키는 것. ⑤시장의 역할, 법의 지배, 사회적 가치, 높은 도덕성 등의 가치를 높이는 것. 여기에 제시된 다섯 가지 요소는 모두 중국의 기존 경제시스템의 대폭적인 개변을 필요로 하는 것이며, 철저한 시장화 개혁을 목표로 하는 것이다.

2013년 11월 공산당 제18기 3중전회에서 채택된 〈개혁의 전면적 심화에서 약간의 중대 문제에 관한 중공중앙의 결정〉은 앞에서 서술한 세계은행과 중국 국무원발전연구센터의 보고서 내용에 따른 개혁 방침을 가리키고 있다(徐 2014). 그 가운데 주목해야 할 정책제안으로 이하의 것들을 지적할 수 있다. ①민간의 자본참여에 의한 혼합소유를 촉진한다. ②국가자본의 이윤 상납율을 30%로 끌어올린다. ③국유기업의 기능을 명확히 하고 공공 서비스의 기여를 확대한다. ④수도, 전기, 석유 · 천연가스, 수송, 통신 등의 분야에서 정부가 가치설정에 관여하는 영역을 자연독점 분야로 한정한다. ⑤참여 장벽을 철폐하고 민영기업의 특허경영 분야로의 참여에 관련된 구체안을 작성한다. ⑥민영의 중소은행 설립을 허가하고 'IPO'(주식 공개 때에 시장에 주식을 신규로 공급하는 것) 상장 등록제를 개혁하고 금리의 자유화를 진행한다.

이러한 개혁을 위한 구체 정책이 포함되는 한편으로, 이 '결정'에서는 국유기업의 민영화에 대해 명확한 방침이 제시되지 않고 "국유경제의 주도적인 역할을 발휘시키고 국유경제의 활력 · 통제능력 · 영향력을 끊임없이 증강시킨다"고 하여 계속해서 국유경제와 민영경제가 병존하는 혼합체제의 유지가 강조되어 있다. 따라서 개혁안의 ①에 제시된 민간자본의 도입에 의한 혼합소유의 촉진을 국유기업의 전면적인 민영화로의 제1단계로 보는 것은 상당히 나이브한 파악이다. 오히려 민간자본의 주입은 혼합소유 기업의 자본력의 증강을 꾀하는 것이라고 평가해야 할 것이다. 다만 오해를 무릅쓰고서라도 말하자면 '애매한 제도'를 전제로 하는 한 국유기업의 전면적인 민영화가 실시될 전망이 전혀 없다고 말하는 것은 아니다. 그 가능성이 간신히 남아있는 것도 '애매한 제도'의 특징이며 중국 국내 일부 학자는 '정층설계(頂層設計)'(상층부에 의한 그랜드 디자인)에 의한 개혁의 진전에 큰 기대를 품고 있다.[12]

4. 내셔널 챔피언은 탄생할까

개발 모델로서의 국가자본주의

혼합소유 기업은 최근 갑자기 주목을 받고 있는 '국가자본주의'(state capitalism)를 대표하는 기업형태의 하나로 파악할 수도 있다. 국가자본주의가 어떠한 경제시스템을 가리키는지는 논자에 따라 그 정의가 다르다(*Bremmer 2011). 국가자본주의의 융성은 일시적인 현상에 불과할까, 아니면 장기간에 걸쳐 존속할까? 국가자본주의는 기존의 질서를 파괴하는 파괴자이며 '자유시장 자본주의'(free market capitalism)를 위협하는 존재일까, 아니면 공존공영이 가능한 새로운 자본주의 모델일까?

필자는 주로 중국형 자본주의를 염두에 두고 국가자본주의를 '자본주의의 한 형태이며 국가(정부 · 관료 · 공산당)가 강력한 권한을 가지고 시장을 교묘하게 이용하면서 그 영향력을 확대하는 신흥경제국의 경제시스템'이라고 정의하였다(加藤 외 2013).

1991년 구소련이 붕괴함으로써 계획에 의한 자원배분을 특징으로 하는 사회주의 시스템은 와해되었다. 하지만 사회주의가 소멸했다고 해도 국가가 없

---

12 사회학자 쑨리핑(孫立平) 등은 '초월형 정부'인 시진핑(習近平) 정권이 저항세력을 배제하고 위로부터의 개혁을 진행하는 것에 큰 기대를 걸고 있다(清華大學課題組 2012).

어진 것은 아니며, 국가자본주의를 새로운 면모로 부활시키는 계기를 부여하게 되었다. 21세기 최초의 10년이 지나고 정부 계열 기업이나 정부의 전면적인 지지를 얻은 민영기업, 혹은 정부 계열 투자 펀드(SWF)가 국제시장에서 자원이나 첨단산업 등의 분야에서 두드러진 생산 · 투자활동을 전개하게 되었다. 이들 기업이나 투자 펀드의 대부분은 이 10년 사이에 급성장을 이루었다는 것, 그리고 중국 · 러시아 · 브라질 등 신흥경제국, 사우디아라비아나 쿠웨이트 등 산유국에 집중해서 존재하고 있다는 특징이 있다.

이 경제시스템은 다른 발전도상국으로부터 개발모델로서 뜨거운 시선을 받은 존재일 뿐 아니라 선진 자본주의 국가로부터도 참조할만한 모델로 주목받고 있다. 일본의 경제산업성이 정부에 제출한 〈산업구조심의회 · 경쟁력부회(部會) 보고서 : 산업구조 비젼 2010〉에서는 정부의 강력한 관여 아래 산업의 대집약화(빅딜)를 실시한 한국의 경험을 소개하며 "주요 산업에서의 1개사 당 국제시장 규모가 일본기업보다 크며 글로벌 시장을 겨냥한 대담하면서도 재빠른 투자를 실시하기 용이하다"고 높이 평가하고 있다. 국가자본주의라는 표현은 쓰지 않았지만 정부개입에 따른 산업집약화를 개발모델로 평가하는 시각이 제시되어 있다.

그 국가를 대표하는 기업인 '내셔널 챔피언'은 민영기업이 아니라도 상관이 없다. 반대로 민영기업이라 하더라도 한국의 삼성처럼 거대하게 되면 정부는 그 경영에 관심을 가지지 않을 수 없다. 정부로부터 강력한 지원을 받는 기업이 민영기업에 한없이 가까운 존재라고 한다면, 혼합소유 기업 속에서 미래의 내셔널 챔피언이 탄생하더라도 조금도 이상할 것이 없는 것이다.

내셔널 챔피언을 낳다

중국이 목표로 하는 국유기업 개혁의 전체 방침과 그 실시 상황을 살펴보는 한, 시장화 개혁을 철저히 하여 국유기업의 민영화를 진행하는 것이 아니라

	기업수
에너지	25
금융 · 생명보험	16
건설 · 부동산개발	11
전자 · 통신(우편을 포함한다)	9
철강	8
수송기계	7
기계(병기를 포함한다)	4
화학 · 건재	4
비철금속	4
기타 제조업	3
기타 비제조업	4
합계	95

〈표 5-2〉 2014년판 포춘 '글로벌 500'에 랭크된 중국기업의 산업별 내역

주) 기타 제조업에는 식품, 어패럴, 의약이 각 1개사, 기타 제조업에는 물류업 2개사, 수송(항공, 선박) 2개사가 포함된다.

출처) 2014년판 포춘 '글로벌 500'을 근거로 작성함

전략적 산업에서 국유기업을 보호하여 관련 기업이 국제적으로 활약할 수 있도록 지원하는 것이 정부의 당면 목표인 것처럼 보인다. 에너지, 금융 · 생보(生保) 등의 분야에서 자산이나 매출고 레벨에서 세계적인 수준에 도달한 기업이 출현한 것은 나름대로 평가할 만하지만, 국제시장으로 전개해 나가는 능력 면에서 판단하는 한 아직 열세로 파악된다.[13] 주목해야할 사항은 경쟁적 시장에서의 국유기업에서 내셔널 챔피언이 탄생하고 세계시장에서 인지되는 중국 브랜드가 확립되는가의 여부이다.

중국 기업의 글로벌화 현황을 2014년판 포춘 '글로벌 500' 기업 리스트로

13 에너지 분야를 보면 중국석유화공(中國石化)은 '글로벌 500'의 제3위, 중국석유천연가스(中國石油天然氣)는 4위에 들어가 있지만, 세계의 석유 메이저는 해외자산이 7~8할을 차지하는 것에 반해 중국석유화공은 5% 이하, 중국석유천연가스는 26%로 큰 차이가 있다(丸川 · 梶谷 2015 : 제2장).

확인해보자. 중국 기업은 일본 기업을 상회하여 95개사가 랭크되었다(홍콩 기업 4개사를 포함한다). 2005년에는 그 수가 16개사였기 때문에 10년이 되지 않는 기간 동안 약 6배로 늘어난 것이다.

〈표 5-2〉는 그 95개사의 중국 기업이 어떠한 산업에 분포되어 있는지를 보여주는 것이다. 석유 · 석탄 · 전력 등의 에너지 산업이 25개사로 가장 많으며, 다음으로 금융 · 생보 16개사, 건설 · 부동산개발 11개사가 그 뒤를 잇는다. 제조업 분야에서는 전자 · 통신이 9개사로 가장 많고, 다음으로 철강 8개사, 수송기계(자동차 제조) 7개사, 기계(병기를 포함한다) 4개사, 화학 · 건재(建材) 4개사 등이 눈에 띈다.

현황으로 말하자면 민영기업의 수가 적고 중앙정부 직할의 국유기업이 태반을 차지하고 있다는 것, 기업 활동의 중심이 국내시장이며 글로벌한 활동을 하고 있는 기업이 적다는 것에 그 특징이 있다. 95개사 가운데 〈표 5-1〉에서 제시한 국유자산감독관리위원회 발표의 '국유기업이 절대적인 통제를 유지하는 산업' 리스트에 있는 군사, 에너지, 통신(우편을 포함한다), 수송 등 4개 산업, 그리고 여기에다 국유기업이 장기간에 걸쳐 독점적인 지위를 유지할 것으로 여겨지는 금융 · 생보를 더한 5개 산업에 포함된 기업은 합계 47개사를 차지한다. 이것을 제외한 48개사 가운데 혼합소유 기업의 비약이 기대되는 유망산업이나 기업이 존재하는 것일까? 각 산업마다 상세한 장래예측을 하는 것은 본서의 목적이 아니기 때문에 여기에서는 극히 간단하게 언급하는 것에 그치겠지만, 필자는 다음 세 가지 산업이 장래 혼합소유 기업의 발전이 기대되는 산업이라고 생각한다.

첫째는 건설 · 부동산개발이다. 이 분야는 지금까지 국내시장 중심이었지만 최근 중국은 대외투자와 대외원조의 규모를 확대하고 인프라 건설 분야에서 대외진출에 박차를 가하고 있다. 2005년에는 중국철도건축총공사(中國鐵道建築總公司)가 터키 고속철도(12.7억 달러)를 수주하고, 2006년에는 중신그룹(中

信集團) · 중국철건총공사(中國鐵建總公司)가 알제리 고속도로(57.5억 달러)를 수주하고 중국철건총공사가 나이지리아 철도 근대화(17.5억 달러)를 수주하는 등 잇달아 대형건설 프로젝트 수주에 성공하고 있다(下村 외 2013 : 제3장). 이들 기업은 모두 중앙 직할의 국유기업인데 교통 인프라가 빈약한 아시아 지역에서 향후 거대한 수요가 예상되는 고속도로 · 고속철도의 부설은 중국의 건설업에 비교우위가 있다고 여겨진다.

둘째는 제철업이다. 최근 중국에서 철강 · 동 · 알루미늄 등 소재산업에 대한 수요확대는 무시무시한 기세이다. '글로벌 500' 가운데 철강기업이 8개사나 랭크된 것은 최근의 급성장을 보여주는 것이다. 이 가운데에는 민영기업인 장쑤사강그룹(江蘇沙鋼集團)도 포함되어 있지만, 여기서의 핵심은 국유기업이다. 2013년의 중국의 조강(粗鋼) 생산량은 7억 7900만 톤으로 세계 생산량의 약 48%를 차지할 정도로 성장하였다. 기업별로 보더라도 톱10 가운데 아르셀로미탈(룩셈부르크), 신일철(新日鐵), JFE(일본), 포스코(한국)를 제외한 6개사는 중국 기업이다. 생산설비 과잉이 염려스럽기는 하지만 주변의 아시아 지역에서의 경제발전이 순조롭게 진행된다면, 생산설비 조정 이후의 중국 제철업은 강한 경쟁력을 보여줄 가능성이 있다.

셋째는 자동차산업이다. 앞에서 서술했듯이 중국의 자동차산업은 복수의 외자와 합자한 복수의 국유기업이 외자 브랜드 차를 생산할 뿐 아니라 독자 브랜드도 생산하고 있다. 또 볼보를 인수한 지리자동차(吉利汽車)가 '글로벌 500'에 랭크되는 등 민영기업도 발전을 이루어내고 있다. 현 시점에서는 합자기업의 주력은 외자 브랜드 차의 생산이지만 거대한 중국 국내시장에서 격한 경쟁이 계속해서 이어진다면 장래에 그 중에서 내셔널 챔피언이 탄생할 가능성은 결코 작지 않다. 가솔린차에서부터 하이브리드차, 그리고 전기자동차로 자동차 산업의 기술이 큰 전환점을 맞이하고 있는 것도 중국기업에게는 유리한 환경을 만들어내고 있는 것이라 할 수 있다.

참고로, 전자 · 통신 산업에서는 통신 분야의 3개사가 국내시장 독점으로 큰 이익을 얻고 있지만 세계적인 브랜드로 성장할 전망이 지금으로서는 크지 않다. 전자산업에서는 중앙 직할의 국유기업인 중국전자정보산업그룹(中國電子信息産業集團)이 샤프와 액정 합자기업을 설립하는 움직임을 보였지만 역시 주목해야 할 것은 민영기업의 약진일 것이다. 통신기기 메이커인 화웨이(Huawei, 華爲技術)나 퍼스널컴퓨터 · 통신기기 메이커인 레노버(Lenobo, 聯想), 콴타(Quanta, 廣達電腦), 페가트론(Pegatron, 和碩) 등 대만계도 포함된 민영기업이 이미 글로벌한 활약을 보이고 있다. 이 분야에서는 이후로도 민영기업 중심의 시장이 유지될 것이다.

이상 건축 · 부동산개발과 몇몇 제조업 분야에서 혼합소유 기업의 발전 가능성을 극히 간단하게 서술하였다. 화웨이나 레노버 등의 민영기업에도 크게 기대하고 싶지만, 그것만으로는 세계 제2의 경제대국이 된 중국을 견인하는 기업군으로서는 역할을 다하지 못할 것이라고 하지 않을 수 없다. 에너지나 금융 등의 분야에서는 세계적으로 보더라도 거대한 국유기업이 독점적 지위를 차지하고 있기는 하지만, 글로벌한 시장으로의 전개라는 점에서는 열세로 파악된다. 한편, 건설 · 부동산개발, 제철 · 자동차 등의 제조업 분야에서는 혼합소유 기업 가운데 내셔널 챔피언이 탄생할 기회가 크게 확대되고 있다. 그 기회를 이루어낼 것인가의 여부가 바로 혼합소유 기업이라는 국유와 민영의 요소를 아울러 가지고 있는 '애매한 제도'가 살아남을 수 있는가의 여부를 점치는 것일 것이다.

제6장

중국식 이노베이션

—— '애매한 제도'가 촉진하는 기술혁신 ——

이 장에서는 최첨단 기술혁신이 아니라 그 기술을 기초로 하여 실용적인 개량을 가하는 기술혁신(중국식 이노베이션)이 중국에서 탄생한 요인을 검토하고 '수직분열 시스템'이라는 '애매한 제도'가 그것을 가능하게 한다는 사실을 휴대전화, 태양전지, 전동자전거 등 신흥 산업의 사례를 들어 밝히고자 한다.

미국 · 유럽 방식 특허 시스템의 반대쪽 끝에 있으며 기술이나 디자인의 모방을 전제로 한 중국의 기술혁신 수법이 결코 바람직한 것이라고 말할 수는 없지만, 지재권 보호가 없으면 이노베이션은 진행되지 않는다는 상식적 이해에 대한 유력한 반증이 되고 있다. 그것을 가능하게 한 것은 극한까지 세분화된 생산공정마다 다수의 기업이나 개인이 참여하여 격한 개발경쟁을 펼쳐 저가(低價)를 실현하는 '수직분열 시스템'이었다. 이 생산방식은 과연 지속 가능할까? 독자기술 개발을 추진하려고 하는 정부의 기술정책을 검토하고, 중국식 이노베이션이 앞으로도 성장에 공헌할 것인가, 아니면 중국은 독자기술 개발로 진행해야만 할 것인가를 전망한다.

1. 약진하는 신흥 산업

휴대전화 산업

중국의 휴대전화 시장은 노키아나 모토로라 등의 외자기업이 장기간에 걸쳐 시장을 거의 독점하였다. 2000년대 초엽 정부의 지원을 받은 민족 계열 기업이 외자로부터 시장을 빼앗은 듯이 보이는 시기도 있었지만 박형화(薄型化), 다기능화 등 휴대전화의 급격한 기술혁신을 따라잡지 못하여 한 동안 민족 계열 기업은 일제히 적자를 기록하였다.

그런데 적자 민족 계열 기업에는 아랑곳없이 '비정규' 휴대전화 산업('산채山寨 휴대전화', 이하 게릴라 휴대전화라고 표기함)이 급성장을 이루어내었다.[1] 게릴라 휴대전화에는 지적소유권의 침해에 해당하는 완전 카피 제품(외장만 브랜드 제품을 쓰고 내부는 싼 부품을 쓴 조악한 제품)부터 소비자가 브랜드 제품으로 오해할 것이 기대되는 모방품(모 브랜드를 흉내 낸 SCOY, ERIOSSCN 등), 독자 브랜드를 지닌 신흥 메이커 제품(선전진리深圳金立, 베이징톈위랑퉁北京天宇朗通 등)까지 폭넓은 휴대전화가 포함된다(木村 2010).

다양한 기업 규모와 기술 레벨을 지닌 게릴라 휴대전화 메이커가 다수 출현한 것은 정부의 휴대전화산업 규제정책과 깊은 관련이 있다. 2008년까지의 중국에서는 기업이 합법적으로 휴대전화를 생산하기 위해서는 라이센스를 취득할 필요가 있었지만, 연구개발센터, 영업 센터, 그리고 2억 위안의 등록자금이 없으면 라이센스를 받을 수 없었다. 대부분의 중소기업은 이러한 조건을 해결할 수 없었기 때문에 하는 수 없이 무허가인 채로 생산을 개시하였다.

---

1 산채(山寨)란 '모방, 가짜, 게릴라' 등을 의미하는, 부정적인 뉘앙스를 지닌 말이다. 하지만 최근에는 차츰 반주류 문화를 대표하는 긍정적인 의미로도 쓰이게 되었으며, 산채휴대전화와 관련된 기술혁신을 '산채혁명'이라고 부르는 논자까지 출현하였다(阿 2011).

초기 단계에서는 이들 기업 대부분이 국제 브랜드의 모방품을 생산하는 경우가 많았기 때문에 게릴라 휴대전화라고 불리게 된 것이다(丁 · 潘 2013).

게릴라 휴대전화는 일부 조악한 제품을 별도로 하자면 저가인데다 품질이 좋아서 중국 국내는 물론이고 동남아시아 · 중동 · 아프리카 등 세계 각지에서 판매되고 있다. 2007년에는 1억 5000만대의 게릴라 휴대전화가 생산되어 그 절반에 가까운 7000만대가 수출되었다고 한다. 최근에는 정부에 의한 단속 강화나 금융위기 등의 요인으로 인해 2011년에 게릴라 휴대전화의 메이커 수가 600개사까지 극감했지만 2012년에 스마트폰이 보급되자 부활하여 기업 수는 2000개사까지 증가했다는 보도도 있다(丁 · 潘 2013).

최근 스마트폰의 보급과 함께 급성장을 이루어 주목이 집중된 것이 '베이징샤오미과기유한공사(北京小米科技有限公司)'이다. 샤오미(小米)는 2010년에 창업한 후 2014년에는 스마트폰의 판매대수가 6500만대를 넘었고, 같은 해 3사분기의 국내시장 점유율은 삼성의 11%, 레노버의 12.8%를 뛰어넘는 14.8%를 실현하였다(宋 2015). 모방이나 가짜를 의미하는 게릴라 휴대전화의 범주로부터 샤오미의 기술 레벨은 한 발 벗어나 있지만, 부실기업을 포함한 게릴라 휴대전화 기업군의 발전이 있었기 때문에 비로소 샤오미의 급성장도 가능했던 것이다.

태양전지 산업[2]

태양전지의 생산은 1980년대 초까지는 미국이 중심이었으며 1981년에는 전 세계 태양전지 생산의 75%를 차지하고 있었다. 이후 일본의 메이커가 생산을 확대하여 1987년에는 전 세계 생산량의 45%를 차지하게 되었다. 그 배경으로

2 이하의 서술은 丸川(2013a)를 참고하였다.

통산성(通産省) 공업기술원(工業技術院)이 제창한 '선샤인 계획'이 있다. 이 계획에서는 석유의 대체 에너지의 하나로 태양광 발전이 주목 받았으며 샤프가 개발 · 판매한 주택용 태양광 발전시스템의 보급을 정부가 보조금으로 지원하였다. 이 정책이 효과가 있어서 국내수요가 확대되었고 다른 가전 메이커도 참여함으로써 2004년에는 일본이 세계 태양전지 생산량의 50%를 차지하게 되었다.

게다가 일본 이외에도 유럽에서의 태양광 발전의 수요가 확대했기 때문에 태양전지 산업은 일본기업에게 성장이 유력한 산업이 되었다. 실제로 2004년의 생산량 602메가와트에서 2011년의 2069메가와트로 생산량은 3배 이상이 되었다. 그런데 태양전지 산업에 중국 기업이 참여함으로써 일본 · 중국의 역전이 발생하였다. 중국의 태양전지 생산량은 2004년의 40메가와트에서 2011년 2만 592메가와트로 500배 이상의 신장을 보였으며 세계 전체 생산량의 60%를 차지할 때까지 급성장을 이루어내었다.

중국에서의 태양전지 산업을 견인한 기업은 2001년에 스정룽(施正榮)이 설립한 선테크(Suntech, 尙德電力)였다. 선테크는 장쑤성 우시시(無錫市)의 국유기업으로부터 출자를 얻어 2002년에 태양전지 양산 라인을 건설하였다. 그리고 2005년에는 뉴욕 증권거래소에 상장을 이루어내고 조달된 자금으로 국유기업의 출자를 사들여 민영기업으로 전환하였으며, 생산규모의 확대를 실현하여 일거에 세계 3위의 태양전지 메이커로 약진하였다. 선테크의 성공에 자극되어 트리나 솔라(Trina Solar, 常州天合光能), 르네 솔라(Rene Solar, 昱輝陽光), 솔라 펀(Solarfun, 林洋新能源) 등 복수의 국내기업이 잇달아 국외 증권거래소에 주식을 상장하여 자금을 조달하였다. 이리하여 앞에서 서술했듯이 중국이 태양전지 생산량의 60%를 차지하는 융성기를 맞이한 것이다.

마루카와 토모오(丸川知雄)에 의하면 중국의 태양전지 산업은 일본과 비교하자면 다음과 같은 특징이 있다(丸川 2013b). 첫째는 태양전지를 제조하는 기술이 태양전지 메이커에서 제조장치 메이커로 옮아간 것이다. 태양전지 산업의 발전 초기 단계에서는 반도체나 태양전지 메이커가 주도권을 쥐고 있었지만 기술이전이 진행됨에 따라 제조장치 메이커가 태양전지의 생산 라인을 설계하고 그 생산 라인을 도입하기만 하면 누구라도 태양전지를 생산할 수 있게 되었다. 둘째는 노동비용의 차이이다. 태양전지는 두 종류의 반도체를 만들어 붙이는 '셀'을 만드는 공정, 그리고 셀을 여러 개 늘어놓고 전선으로 결합하고 표면에 얇은 유리 등을 붙여 프레임에 넣은 '모듈'을 생산하는 공정에 인력이 필요하며, 임금이 싼 중국이 압도적으로 유리하였다. 셋째는 일본 기업이 대기업의 일개 사업 부문으로 태양전지를 다루고 있는 것에 반해, 중국에서는 태양전지를 전문으로 하는 독립된 회사가 담당하고 있다. 경영판단의 속도 차이가 발전 속도의 차이가 되어 나타난 것이다.

태양전지 산업은 앞에서 서술한 것처럼 2007년 이후 독일 · 스페인 · 이탈리아 등 유럽 시장의 급격한 확대로 급성장을 이루었지만 그 이후에는 각국 정부의 보조금 정책의 재검토로 수요가 일거에 냉각되어 2012년을 기점으로 어려운 지경에 들어서게 되었다. 이리하여 2013년 3월에는 선테크의 핵심 기업인 우시(無錫) 선테크가 파산하였다. 국내시장이 서서히 확대되고 있다고는 하지만 수요의 압도적 부분을 해외시장에 의존하고 있는 중국기업에게는 여전히 낙관할 수 없는 상황이 이어지고 있다.

전동자전거 산업[3]

일본에서 전동자전거라고 하면 비탈길 주행을 보조하는 페달 어시스트형 자전거를 떠올리겠지만 중국에서는 보다 강력한 모터를 탑재한 전동자전거가

3 이하의 서술은 駒形(2011)을 참고하였다.

주류이다. 중국에서의 전동자전거 생산은 1998년에 5만 8000대에 불과했지만 2010년에는 2954만대가 생산되어 일반 자전거의 내수용 출하 대수를 상회하였다. 중국 이외의 나라에서 생산된 전동자전거(하이브리드 자전거를 포함한다)의 생산 대수는 76만대이기 때문에 중국에 어느 정도의 전동자전거가 보급되고 있는지 알 수 있다. 참고로 전동자전거의 완성품 메이커 수는 전성기였던 2006년 전후에는 2000개사를 넘었다고 한다.

전동자전거는 페달식 자전거에 전지로 움직이는 모터를 장착하는 것에서 시작하여 후에는 페달 구동을 상정하지 않는 스쿠터형도 등장하였다. 2000년대 후반에는 시장의 80%가 페달이 없는 스쿠터형이었지만 최근에는 정부의 규제정책도 있어서 페달 장착형이 증가하고 있다.

전동자전거는 요청되는 기술 레벨이 낮아 참여가 용이함에도 불구하고 중국 이외에서는 그다지 보급되지 않은 것은 왜일까? 전동자전거 산업의 발전을 상세히 연구한 코마가타 테츠야(駒形哲哉)에 의하면 그 가운데 한 가지 요인이 중국에서의 '규제의 느슨함 내지는 애매함'에 있다고 한다(駒形 2011). 첫째, 자동차와 오토바이와는 달리 전동자전거는 면허가 필요하지 않다. 이것은 소비자로부터 환영받는 요인이다. 둘째, 오토바이나 원동기 달린 스쿠터가 증가하여 교통사고나 체증, 환경문제를 일으켰기 때문에, 번호판 발급을 제한하거나 금지하는 도시가 출현하였다. 전동자전거는 오토바이나 원동기 달린 스쿠터의 대체품으로 시장에 등장하였다. 셋째, '비기동차(非機動車)'로 간주되는 전동자전거의 규제기준이 느슨하다는 점이다. 1999년에 시행된 〈국가 GBI 1776-1999(전동자전거 통용 기술조건[電動自行車通用技術條件])〉에서는 최고속도가 시속 20㎞ 이하일 것, 제동거리(페달을 밟지 않은 상태에서의 이동거리)가 4㎞ 이하일 것 등 34개 항목에 걸친 기준이 정해져 있는데, 이 모든 조건을 만족시킬 필요는 없고 기준 위반 항목이 규정된 수 이하이면 생산이 인가되는 구조이다. 본서가 주목하는 '애매한 제도'의 특징이 전동자전거의 규제에서도 나타나 있다고 할 수 있는데, 이와 같은 참여 용이성이 다양한 형태의 전동자전거를 낳아 그것이 급속히 보급되는 요인이 되었다고 여겨진다.

향후 전동자전거의 발전방향은 경량화, 전지의 소형화, 제동거리의 연장 등 현행 제도를 전제로 한 성능향상을 목표로 하는 방향, 그리고 시장의 수요에 대응하여 전기자동차로 전개하는 방향, 이렇게 두 가지가 있다. 다만 후자의 경우로 상정되어 있는 것은 선진국에서의 가솔린엔진차 대체라는 의미에서의 전기자동차와는 달리 납산전지를 이용한 저속 전동사륜차이다. 이러한 사실은 전동자전거의 발전 전망이 중국의 제도나 수요에 따라 제약되고 있을 뿐 아니라 '기술 열위(劣位)'에 의해서도 제약되고 있다는 것을 나타내고 있다 (駒形 2011).[4]

세 가지 신흥 산업에 공통된 특징

앞에서 서술한 세 가지 신흥 산업에는 몇몇 공통점이 있다. 첫째는 다수의 중소 메이커가 참여하여 격한 가격경쟁이 발생함으로써 저가화가 진행되었다는 것이다. 저가화의 진전은 부품 각각에서의 격한 개발경쟁으로 촉진되었다. 후술하겠지만 최첨단 기술은 외부에 의존하고 실용적인 개량을 가한 기술혁신에 특화한 것이 이러한 성공을 가져온 것이다. 둘째, 완성품을 조립하는 메이커보다도 부품 메이커가 주도하는 형태로 기술개발이 진행되었다. 이러한 점은 중국 이노베이션의 특징 가운데 하나이다. 다음 절에서 휴대전화 산

---

4 마루카와 토모오(丸川知雄)는 "중국의 메이커들은 일본의 전동 어시스트 자전거에서 힌트를 얻었지만 단순히 그것을 간략화한 것이 아니라 독자적인 제품을 만들어 내었다. 전동자전거는 중국의 교통환경과 교통규제 아래 형성된 수요에 적응한 것으로, 일본의 전동 어시스트 자전거를 따라 한 것이 아니다. 그 법률에서의 위치는 애매하지만 경제적으로 크게 성공을 거둔 이노베이션이라고 평가할 수 있다." 하였다(丸川 · 梶谷 2015 : 140페이지).

업의 사례를 들어 자세히 설명하기로 한다. 셋째, 정부 규제의 '느슨함' 혹은 '애매함'이 있다. 휴대전화 산업에서는 정부의 규제망을 교묘히 비켜나가 게릴라 휴대전화가 급성장을 이루어내었다. 전동자전거 산업에서는 '비기동차'에 대한 정부 규제의 '느슨함' 혹은 '애매함'이 급성장의 계기를 만들어낸 측면도 지적할 수 있다.

2. 중국식 이노베이션의 독특한 '구조'

중국식 이노베이션을 촉진한 지재권 보호의 '느슨함'

베이징의 제트로(JETRO)(일본무역진흥회) 사무소를 방문하면 그 가운데 사무실 한곳에는 일용품 · 가전제품부터 스쿠터까지 일본기업의 제품을 모방한 '정교한' 중국제품이 빼곡하게 전시되어 있다. 특허청이 실시한 〈2013년도 모방 피해조사 보고서〉에 의하면 2012년 일본기업의 모방품 피해 총액은 피해액이 명확한 기업만을 계산하더라도 1001억 엔에 달하며, 그 가운데 중국에서의 피해액이 73.3%로 압도적 비율을 차지하고 있다. 또 OECD는 국내에 유통되는 피해와 인터넷 상의 피해를 제외한 모방품 · 해적제품의 무역피해액은 연 2500억 달러(약 25조 엔)에 달한다고 계상하였으며, 그 대부분이 중국으로부터의 수입품이라고 지적하고 있다.

이처럼 지재권 보호라는 점에서 중국의 무법천지 같은 모습은 국제적으로 보더라도 큰 문제이며 결코 간과할 수 없는 것이다. 이 점은 필자도 동의하는 부분이며 중국정부(적어도 중앙정부) 역시 상표법 · 저작권법 · 특허법 등 지재권 보호에 관한 법률의 준수를 주창하고 그 정비를 진행해 왔다. 하지만 현 상황에서는 봐줄 만한 성과가 없는 실정인 듯하다.

여기에서 강조하고 싶은 것은 모방하는 중국기업 측에서 보면 지재권 보호의 '느슨함'이 이노베이션에 유리하게 작용했다는 사실이다. 앞에서 보았던 게릴라 휴대전화 산업에서도 언급했던 것처럼 가짜, 모방을 전제로 한 기술혁신이 그곳에서는 활발히 전개되어 일정한 기술수준을 지니고서 저가이면서 개발도상국 판매용의 특별한 사양(메카의 방위를 알 수 있다거나 큰 음량이 나오는 것 등)을 탑재한 중국제 게릴라 휴대전화가 아프리카 · 중동 · 동남아시아 시장을 석권하고 있다. 모방이 바른가의 여부를 차치하고 우선 중국식 이노베이션이 미국 · 유럽 방식 특허 시스템의 반대쪽 끝에 있는 지재권 보호의 '느슨함'에 의존하고 있다는 사실을 확인해두고자 한다(미국 · 유럽 방식 특허 시스템의 우위성과의 비교에 대해서는 후술하기로 한다).

중국식 이노베이션의 출현

IT 기술에 밝은 댄 브리즈니츠와 중국 정치경제시스템을 연구하는 마이클 머프리는 중국에서의 IT산업 발전 사례연구를 통해 그곳에 출현한 이노베이션의 특징을 '제2세대 이노베이션'이라고 불렀다(Breznitz and Murphree 2011). '제2세대 이노베이션'이란 ①최첨단 기술혁신이 아니라 그 기술을 기초로 하여 개량을 가하는 실용적인 기술혁신, ②국내시장이나 발전도상국 시장을 목표로 한 기술혁신으로, 일본이나 미국 · 유럽 시장의 고품질이지만 높은 가격의 제품에 비해 품질은 떨어지지만 가격이 싼 제품을 개발하는 것을 가리킨다.

한편, 중국 기술혁신의 독자성에 주목한 마루카와 토모오(丸川知雄)는 그 특징을 '캐치다운형' 기술발전이라고 표현하였다. 마루카와에 의하면 선진국이 개발한 기술을 모방하거나 지적재산권을 침해하지 않도록 기술적으로 다소 다른 접근을 하고 있지만 기능적으로는 동일한 것을 만드는 것을 목표로 하는 '캐치업형' 기술발전[5]에 대비하여, "발전도상국의 기호, 수요, 생산요소 부존(賦存), 환경에 맞추기 위해 도상국의 기업이 주체가 되어 선진국의 기술

발전과는 다른 방향으로 기술 프런티어를 확대해나가는 개발행위"를 '캐치다운형' 기술발전이라고 부르고 있다(丸川 · 梶谷 2015 : 138페이지).

제2세대 이노베이션이나 캐치다운형 기술발전과 유사한 개념으로는 '주가드 이노베이션(Jugaad Innovation)', '리버스 이노베이션(Reverse Innovation)' 등이 있다.[6] 주가드란 힌디어로 '혁신적인 문제해결의 방법'이나 '독창성과 기지에서 나오는 즉석 해결법'을 의미한다. 주가드 이노베이션은 방대한 자원을 투자해서 전념하는 이노베이션이 아니라 일상생활에서 부족한 것을 보충하기 위해 기존 기술을 활용하면서 창의적으로 궁리해서 세련되고 보다 심플한 제품을 제공하는 것이다(*Radjou 외 2013). 한편 리버스 이노베이션이란 도상국에서 생산된 제품이 선진국으로 '역류'하는 것을 의미한다. 그 예로 인도의 타타그룹이 개발하였으며 자동차 구입이 불가능한 저소득층의 수요를 발굴한, 저가의 초소형차 '나노'를 선진국으로 수출하는 움직임 등을 들 수 있다(Govindarajan/Trimble 2012).

인도의 주가드 이노베이션이 그렇듯이 중국에서 생긴 새로운 이노베이션의 존재 방식이 결코 중국에서만 있는 특이한 현상이라고 말할 수는 없다. 하지만 중국에서 생산된 제품이 세계 각국의 시장을 석권하고 있다는 점에서 보자면, 인도 등 다른 도상국에서 생겨난 비슷한 현상과는 그 규모나 영향력에서 현격한 차이가 있다. 게다가 후술하겠지만 중국에 존재했던 독자적인 제도조건이 그것을 성공으로 이끌었다는 의미에서 여기에서는 그것을 '중국식 이노베이션'이라고 명명하고자 한다. 중국식 이노베이션이 의미하는 내용은 제2세

---

5 아시아 지역의 공업발전 패턴을 연구하여 캐치업형 공업화론을 제창한 스에히로 아키라(末廣昭)는 일부 산업이나 기술에서 선진국을 상회하는 속도로 진행된 캐치업 상황을 '캐치업의 조기진행'이라고 불렀다(末廣 2014).

6 이하의 서술은 三竝(2015)를 참고하였다.

대 이노베이션이나 캐치다운형 기술발전과 기본적으로 같지만, 중국 이외의 나라에서 발생한 비슷한 현상과는 앞에서 서술한 의미에서 차이가 있다는 것, 그리고 제2세대 이노베이션이나 캐치다운형 기술발전이라는 현상이 중국에서의 이노베이션을 표현하는 개념으로 반드시 적절하다고는 생각되지 않는 이유 때문에 굳이 중국식 이노베이션이라는 표현을 쓰기로 한 것이다.[7]

중국식 이노베이션을 가능하게 한 수직분열 시스템

새삼 지적할 것까지도 없겠지만 지재권 보호의 '느슨함'이 있으면 늘 이노베이션이 생겨나는 것은 아니다. 최첨단 기술을 기초로 하여 개량을 가한 실용적인 기술혁신에 자원을 집중시키는 중국식 이노베이션을 가능하게 한 것은 마루카와 토모오(丸川知雄)가 일찍부터 제기한 '수직분열'이라는 개념에 기초한 '수직분열 시스템'이다(丸川 2007).

마루카와에 의하면 수직분열이란 "종래 하나의 기업 속에 통합되어 있던 다양한 공정 내지 기능이 복수의 기업에 의해 분담되는 것을 이른다."(丸川 2007 : 14페이지) 그 전형이라고도 할 수 있는 산업이 컴퓨터 산업이다. 일찍이 컴퓨터 메이커는 기본적인 IC칩의 제조, 컴퓨터의 설계, OS(기본 소프트웨어)나 응용 소프트웨어의 개발, 제품의 판매를 모두 자사에서 실시하였다. 컴퓨터의 생산에 참여하고자 하는 기업은 이들 모두를 파악하고 있을 필요가 있기 때문에 기술력이나 자본력이 부족한 중소기업으로서는 참여장벽이 지극히 높

---

7 제2세대 이노베이션은 최첨단 기술혁신을 추구하는 제1세대 이노베이션의 대비 개념으로 유효하다 하더라도 제2세대의 뒤에 올 '제3세대 이노베이션'은 무엇인가를 연상해야만 한다. 하지만 그 실태가 아직 없는 현 단계에서는 제2세대라는 표현은 그다지 쓰고 싶지 않다. 캐치다운형 기술발전의 경우, 캐치업형 기술발전과는 다른 기술발전이 생겨난 것을 표현하고 싶다는 의도를 모르지는 않지만 용어로서는 그다지 안정감이 없다.

았다.

이러한 상황을 극적으로 변화시킨 것이 컴퓨터 산업에서의 '모듈형' 생산의 진전이었다. 모듈이란 시스템의 일부를 구성하는 한 가지 기능을 지닌 부품을 의미한다. 모듈형 생산이란 사양이 규격화 · 표준화되어 있는 모듈을 자유로이 조합하여 하나의 완성품을 만들어내는 생산방식을 가리킨다. 이러한 방식이라면 핵심부품을 외부에서 구입하면 그만이기 때문에 컴퓨터 생산 · 판매의 참여장벽이 매우 낮아진다.

수직분열은 두말할 것도 없이 '수직통합'의 반대 개념이다. 조직경제학이 가르치는 바에 의하면 '거래비용'(시장에서 거래에 필요한 비용)을 삭감하기 위해 조직은 수직통합으로 향하게 된다. '관계 특수적 투자'(당사자에게는 유익한 거래라 하더라도 다른 거래에서는 가치가 없게 되는 투자)를 행할 필요가 있을 경우, 거래가 사후적으로 파기되면 그제까지의 투자는 완전히 헛짓이 되고 말기 때문에(이른바 홀드업 문제가 발생한다) 기업은 투자를 망설이게 된다. 이처럼 사후적인 비효율성이 일으키는 리스크가 클 때 기업은 수직통합을 선택하는 것이다.

그런데 중국에서 생겨난 수직분열은 이것과는 완전히 반대 현상이다. 수직분열은 앞에서 살핀 신흥 산업에서 전형적으로 나타나고 있다고 할 수 있지만, 성숙 산업에서도 같은 현상이 발생하고 있다. TV 산업과 에어컨 산업에서의 사례 연구를 통해 와타나베 마리코(渡邊眞理子)는 수직분열 시스템의 특징을 이하의 4가지로 정리하였다(渡邊 2013). ①철저한 사회분업이 진행되는 경향이 강하다는 것. ②기간(基幹) 부품 등을 내부에서 떠안는 일이 없으며 오픈으로 판매하고자 하는 경향이 있다는 것. ③기술 · 유통 등 참여와 관련된 고정비용을 널리 분담하는 것이 가능하여 비용 절감을 통해 가격의 인하가 가능하다는 것. ④핵심기술 · 부품의 공급자가 나타나는 한 프로덕트 이노베이션이 가능하다는 것.

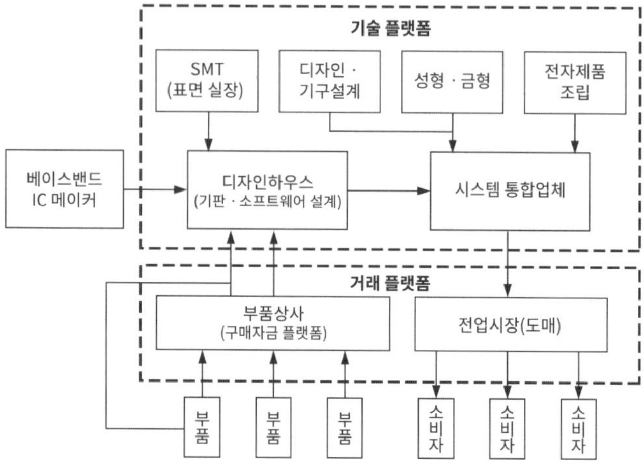

〈그림 6-1〉 휴대전화 산업에서의 가치사슬

출처) 丁 · 潘(2013), 丸川(2013b)를 참고하여 작성함

여기에서 주목해야 할 점은 핵심이 되는 기간 부품 등을 외부에 의존하고 기술 · 유통 등의 고정비용을 철저하게 절감하고자 하는 '구조'(플랫폼)로 수직 분열 시스템이 이용된다는 사실이다. 딩커(丁可)와 판지우탕(潘九堂)이 상세하게 분석한 휴대전화 산업에서 이 구조는 '거래 플랫폼'과 '기술 플랫폼'으로 나뉜다(丁 · 潘 2013). 이하에서는 그 내용을 약간 상세히 살펴보자.

휴대전화 산업에서는 베이스밴드 IC 메이커, 부품 상사(구매자금 플랫폼), 디자인하우스(기판 · 소프트웨어 설계), SMT(표면 실장) 공장, 시스템 통합업체 등의 경제주체가 관계된 복잡한 가치사슬이 형성되어 있다. 〈그림 6-1〉은 자세하게 분업된 각 경제주체의 상호 의존관계를 도식화한 것이다.

기술 플랫폼에서는 베이스밴드 IC와 각 경제주체를 결부 짓는 '공판공모(公板公模)'라는 방법이 있다. '공판공모'의 '공판'이란 복수의 회사에서 공통으로 사용되는 PCBA(전자회로 기판)를 가리킨다. 디자인하우스는 특정의 통합업체

전용으로 PCBA를 개발하는 것이 아니라 리스크를 회피하기 위해 복수의 통합 업체에 동일한 PCBA를 판매한다. 또 마찬가지로 통합업체는 자사에서 금형(金型)을 개발하는 것을 그만두고 동일한 금형을 공유하는 경우가 있다. 이것이 '공모'라는 것으로, 복수의 회사에서 공동으로 사용되는 금형을 가리킨다. '공판공모'가 가능하게 된 것은 베이스밴드 IC가 공통이기 때문이다. 베이스밴드 IC는 휴대전화의 기간 부품이며 중국의 케이스에서는 대만 메이커 MTK가 압도적인 시장점유율을 자랑한다. 즉 어떤 메이커도 공통된 MTK의 베이스밴드 IC를 이용하여 그것에 적합하도록 디자인이나 부품, 소프트웨어를 만들어내고 있는 것이다.

한편 거래 플랫폼의 경우 전업시장과 부품상사(구매자금 플랫폼)의 역할이 중요하다. 전업시장이란 부품이나 중간부품, 완성품을 판매하는 도매시장을 의미한다. 모든 제품이 판매된다는 의미이며, 중국(따라서 세계) 최대의 전업시장은 저장성 이우시(義烏市)에 있는 전업시장이지만, 휴대전화 산업의 경우는 선전시(深圳市)에 있는 '화창베이시장(華强北市場)'이 두드러지게 크다.[8] 이 시장은 주로 전자부품, 휴대전화, 그리고 기타 디지털 상품을 취급하고 있으며, 32개의 서브 시장과 3만 개의 점포를 지니고 있다(丁 · 潘 2013). 화창베이시장은 1988년에 설립된 이후 급속히 확대되어 2010년에는 연간 매상고가 1200억 위안(약 2조 2400억 엔)에 달하는 거대시장으로 성장하였다.

거래 플랫폼에서 현재 한 가지 주된 부품상사는 '구매자금 플랫폼'이라고 불리는데, 휴대전화 산업의 가치사슬에서 독특한 기능을 해내고 있다. 다시 말해, 복수의 디자인하우스 대신 자금을 선대(先貸)하고 수백 개의 부품 메이커로부터 부품 조달을 하는 것이다. 부품상사를 이용하면 자금력이 작은 디자

8 저장성 이우시 전업시장의 발전에 대해서는 伊藤(2012)가 상세히 연구하였다.

인하우스에서도 비용을 들이지 않고 필요한 양만큼 필요한 부품을 때에 맞게 입수할 수 있다. 한편 부품상사 쪽은 잔품의 리스크를 줄여 이익을 보호하는 것이 가능한 것이다.

중요한 사항은 수직분열 시스템 하에서는 기술 · 부품이 플랫폼화 되더라도 새로운 핵심기술이 외부로부터 계속해서 제공되는 한 새로운 상품을 시장에 제공하는 것이 가능하게 된다는 것이다. 여기에서 말하는 플랫폼화란 기업에게 고정 비용이 되는 기능(예를 들면 거래의 장, 금형이나 핵심부품 등)을 공통화하고 이용 가능한 고객이나 상품 등의 범위를 넓혀 제품 1대당 평균 비용을 내리는 구조를 의미한다. 통상적으로 신제품의 개발에는 R&D(연구개발) 자금과 인재 · 시간이 필요하지만, 수직분열 시스템 하에서는 신제품의 개발 비용을 낮게 억제한 채로(경우에 따라서는 개발비를 지불하지 않는다) 늘 새로운 제품을 시장에 내놓는 체제가 갖추어져 있어 자금력이 없는 중소 메이커에서도 프로덕트 이노베이션이 가능한 것이다.

왜 중국에서는 수직통합과는 정반대로 수직분열이 생겨난 것일까? 그 답은 다음과 같다. 플랫폼 기능이 충분히 기능하고 고정 비용이 절감되며 리스크나 인센티브 문제가 해결된다면 수직통합을 필요로 하는 힘은 약화된다. 게다가 낮은 가격에 의한 경쟁이 격하게 되면 고정 비용을 회피하기 위해 수직분열을 지향하는 움직임이 가속화된다. 이리하여 중국에서는 수직통합과는 정반대인 수직분열이 생겨난 것이다.

그런데 수직분열 시스템은 이노베이션이라는 시각에서 보더라도 몹시 흥미로운 특징을 가지고 있다. 앞에서 설명했듯이 기술 플랫폼에서는 부품 간의 교환 가능성이나 범용성이 극히 중요하다. 이러한 사실은 각도를 달리해서 말하자면 '지적 소유권'(intellectual property rights, 이하 IPR이라 표기함)의 보호를 거의 고려하지 않고 자유롭게 모방하는 것을 전제로 한 이노베이션이 행해지고 있다는 것을 의미한다. IPR의 보호가 이노베이션의 진전에 결정적으로 중요하다고 생각하는 상식적 이해에 반해, 중국의 이노베이션 구조는 완전 정반대인데, 수직분열 시스템이라는 독특한 구조가 있고서 비로소 중국식 이노베이션이 가능하게 된 것이다.

3. 중국식 이노베이션이 생겨난 이유

앞 절에서는 중국식 이노베이션을 가능하게 한 수직분열 시스템의 구조에 대해 논하였다. 이 절에서는 그것이 왜 다른 지역이 아니라 중국에서 출현했는지를 생각해 보고자 한다. 그 이유로 필자는 제조업을 둘러싼 외부환경의 변화와 '애매한 제도'라는 중국이 지닌 제도적 특성이 관계되어 있다고 생각한다.

외부환경의 변화

중국식 이노베이션이 생겨난 첫째 이유는 제조업을 둘러싼 외부환경의 변화이다. 수송과 정보통신 비용이 극적으로 절감되고 제조업에서는 부품을 조합시킨 모듈형 생산이 일반화되어 말 그대로 글로벌한 생산 네트워크를 형성하는 것이 가능하게 되었다. 이러한 가운데 생산의 '프래그먼테이션'(fragmentation)이 진전되고 자본의 희소성이 낮아지는 한편 노동의 희소성이 상대적으로 높아져 과거와는 다른 양상의 외부환경이 생겨났다.

프래그먼테이션이란 분열 · 파쇄를 가리키는 말이다. 여기에서 말하는 생산의 프래그먼테이션이란 생산공정이 세세하게 분업되어 글로벌한 규모에서 생산을 진행하게 된 것을 의미한다. 컴퓨터를 예로 들면 CPU는 미국, 카메라는 일본, 액정은 한국, 하드 디스크는 대만에서 생산되고 완성품의 조립은 중국에서 이루어지는 케이스가 여기에 해당한다.

과거를 돌이켜보면 동아시아에서의 분업체제의 경우 예전에는 일본이 먼저 앞서나가고 그 뒤를 대만이나 한국이 따라가고, 그 뒤를 동남아시아 여러 나라나 중국이 따라가는 '안행형(雁行型)' 발전 패턴에 따르고 있었다. 이것은 스에히로 아키라(末廣昭)가 캐치업형 공업화라고 파악한 현상에 다름 아니다(末廣 2014). 예를 들어 흑백TV에서 컬러TV, 컬러TV에서 액정TV로 수요가 변화함에 따라 제조기술이 이전하고 생산기지 역시 이전했던 것이다. 그런데 모듈형 생산이 가능하게 되자 반드시 '안행형' 발전 패턴에 따를 필요가 없게 되었다. 왜냐하면 부품부터 완성품까지의 일관생산(一貫生産)이 불필요하게 되었기 때문이다. 그 결과 부품 · 중간부품마다 가장 싸게 만들 수 있는 곳으로 생산기지가 확산되고 그렇게 생산된 부품 · 중간부품이 최종조립을 하는 공장으로 운반된다. 중국의 해안지대가 이들 부품생산이나 최종조립의 기지로 선택된 것은 정치적인 안정이 확보되었던 것, 교통접근이 편리했던 것, 그리고 값이 싸고 질이 높은 노동력을 거의 무진장으로 제공 가능한 조건이 있었던 덕이 크다. 대량의 외자기업의 진출은 그 지역 기업으로 기술이 유출되는 사태를 가져왔으며 그것이 중국식 이노베이션을 낳은 기초 조건이 되었다는 측면도 지적할 수 있다.

'애매한 제도'의 역할

중국의 해안지대가 가지는 제조업 생산기지로서의 우위성은 반드시 중국만의 것은 아니다. 임금이 싼 지역이나 교통이 편리한 지역은 세계 각지에 많이 있다. 생산의 프래그먼테이션을 유효하게 이용한다는 면에서는 중국과 다른 발전도상국 간의 결정적인 차이가 있다고는 여겨지지 않는다. 그렇다면 왜 중국에서 중국식 이노베이션이 생겨나 몹시 융성하게 된 것일까? 중국식 이노베이션을 가능하게 한 둘째 이유는 본서가 주목하는 '애매한 제도'와 깊이 관련되어 있다고 여겨진다.

여기에서는 우선 '구조화된 불확실성'(structured uncertainty)이 IT 산업에서의 중국식 이노베이션의 요인이 되었다고 하는, 브리즈니츠와 머프리의 논의를 소개하고자 한다(Breznitz and Murphree 2011). 브리즈니츠와 머프리가 말하는 '구조화된 불확실성'이란 "광범위하게 교차하는 충성심, 뒤얽힌 권위의 매트릭스, 제도화되지 않은 무수한 조직, 개인의 권위나 인적 네트워크에 대한 계속적이며 강력한 신뢰"(上同書 : 36페이지)로 정의된다. 구체적으로 말하자면 개혁 목표의 애매함, 복잡하게 뒤얽힌 거대한 관료조직, 조직을 초월한 인적 네트워크의 우위성, 끊임없이 변화에 노출되는 개혁의 최종목표 등이 이것에 포함된다.

브리즈니츠와 머프리에 의하면 '구조화된 불확실성'이 큰 제도환경 하에서 기업은 진정한 혁신적 기술발전이라 할 수 있는 높은 리스크에 높은 리턴의 투자를 회피하는 경향이 있다. 그리고 확실히 결과가 나타날 만하지만 별 볼일 없는 기술혁신이나 기술개조에 대부분의 기업 투자가 집중된다. 그 결과 혁신적이라고는 할 수 없는 분야에서의 기술진보가 가속화되어, 앞에서 언급한 것과 같은 특징적인 이노베이션이 출현했다고 파악하는 것이다. '구조화된 불확실성' 개념은 본서의 키워드인 '애매한 제도'와 중복되는 내용을 지닌다. 다만 필자가 말하는 '애매한 제도'는 보다 넓은 개념이며, 그들이 주목한 좁은 의미에서의 이노베이션 방향성에 영향을 끼쳤을 뿐 아니라 산업조직의 편성이나 정부와 기업의 관계 등 다방면에 영향을 끼치고 있다.

앞에서 살핀 휴대전화 산업에서의 복잡한 가치사슬은 통합업체를 중심으로 다양한 기능을 해내는 경제주체가 액자 형태로 결합되어 하나의 제품을 생산하는 시스템을 형성하고 있다. 이 시스템은 각도를 달리해서 보면 수직통합된 거대기업처럼 고정적인 조직을 만들지 않고(혹은 그것을 해체하여), 상호 관련된 조직이나 개인이 자유롭게 결합과 이탈을 반복하는 가운데 점차 형성된 '포(包)'(청부)의 연쇄 구조로 파악할 수 있다. 휴대전화 산업에서의 이처럼 세세한 기업 간 분업에는 역사적인 뿌리가 있으며, 이미 송대에 관찰되는 유통업에서의 '분절구조'(중개자가 여러 겹으로 들어가 형성된 분업체제)와 유사하다는 지적도 있다(村上 2015).

스마트폰의 생산으로 급성장을 실현한 샤오미의 경영관리 모델에서도 이와 유사한 특징이 발견된다(宋 2015). 샤오미는 전통적인 기업제도에 따른 관리를 폐지하고 "사람을 핵심으로 삼는 편평형(扁平型) 관리 모듈"을 형성하고 있다. 창업자인 레이쥔(雷軍)은 7인의 '합화인(合伙人)'(공동경영자)에게 권한을 맡겨 마치 지방자치처럼 관리한다. 공동경영자는 비교적 큰 자주권을 가지며 상호 간섭을 하지 않는다. 동시에 업무 내부에는 계급을 나누는 직위를 만들지 않아 모든 종업원이 평등하다. 레이쥔의 설명에 의하면 공동경영자 아래에 부문 책임자를 두고 그 아래가 종업원인 3층구조이다. 공동경영자는 각각이 잘 하는 분야와 각 사람의 능력에 근거하여 두 가지 내지 세 가지 업무를 담당한다. 어떤 공동경영자는 경영전략을 맡고, 다른 공동경영자는 '샤오미망(小米網)'(인터넷 시장)과 마케팅을 맡으며, 또 다른 공동경영자는 휴대전화의 하드와 부품공급 네트워크를 맡는 식의 수평적 분업이다.[9]

휴대전화 산업의 복잡한 가치사슬에 보이는 '포(包)'(청부)의 연쇄구조나 샤오미의 독특한 관리수법에 보이는 '지방 자치와 같은' 관리 시스템은 '애매한 제도'의 특징이 잘 나타나 있다고 할 수 있다.

---

9 쏭웨이(宋瑋)에 의하면 샤오미의 경영관리 수법에서는 애플과 구글의 영향을 엿볼 수 있다(宋 2015). 하지만 애플처럼 고도로 중앙집권적인 모델이 지닌 결함이나 구글처럼 기업 내부에서 만들어진 자주 프로젝트가 지나치게 많아서 관리가 혼란한 결함 등 두 방향을 모두 극복했다고 평가하고 있다.

4. 중국식 이노베이션의 행방

자주 이노베이션을 목표로 하는 정부

중국식 이노베이션의 성공은 비용과 시간이 걸리고 실패 리스크도 큰 최첨단 기술혁신은 선진국에 맡기고, 중국은 핵심기술의 제공을 받아 도상국의 수요에 적합하도록 하는 기술개량을 가해 철저한 비용절감에 따른 저가 상품의 생산에 특화하는 쪽이 좋다는 것을 의미하는 것일까? 이 질문에 대한 답을 곧장 찾아내기는 쉽지 않다. 이 절에서는 중국정부가 이노베이션에 관하여 어떠한 생각을 지니고 어떠한 정책을 내고 있으며 그러한 정책을 어떻게 평가해야 하는지에 대해 논하고자 한다.[10]

중국정부가 의도하는 중장기적인 기술 진흥정책으로 제기된 정책문서가 2006년 발표된 〈2006~2020년 중장기 과학기술 발전요강〉이다. 이 발전전략의 지도방침은 "자주창신, 중점비약, 발전지원, 미래를 이끌다"로 표현된다. 특히 주목해야 할 것은 '자주창신'(자주 이노베이션)의 강조이다. 그곳에서는 "격렬한 국제경쟁 속에서 주도권을 지니기 위해서는 자주 이노베이션 능력을 제고하는 것"이 결정적으로 중요하며 이를 위해서는 "국제 경쟁력을 지닌 기업을 육성하는 것"이 불가결하다고 인식하고 있다.

독자기술을 중시하는 자세는 2015년 5월에 국무원에서 나온 정책문서 〈중국제조 2025〉에도 잘 나타나 있다. 그곳에는 "우리나라의 제조업은 규모는 크지만 강대하지 않으며 자주 이노베이션 능력, 자원의 이용효율, 산업구조의

---

10 여기에서 논의하지 않았지만 기업 이노베이션 활동을 촉진하는 정부의 우대정책도 중요하다. 이토오 아세이(伊藤亞聖) 등은 쓰촨성 청두시(成都市)의 데이터를 이용하여 중국의 "다층적이면서 갖가지 경로를 지닌" 이노베이션 정책체계가 기업의 이노베이션에 효과를 지닌다는 사실을 실증하였다(伊藤 외 2014). 특히 지방정부 레벨의 활동이 중요하다고 하는 지적은 주목할 가치가 있다.

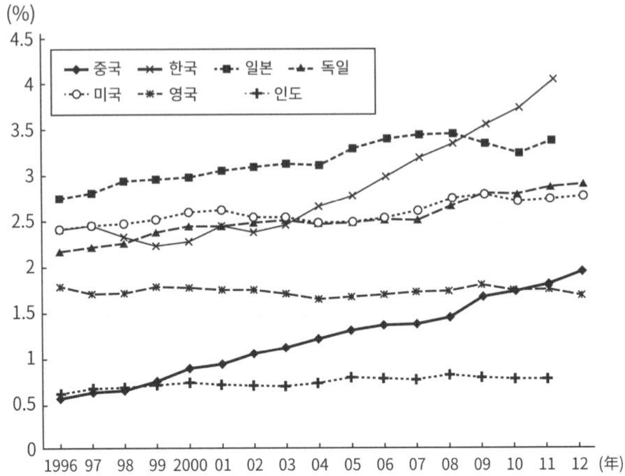

〈그림 6-2〉 R&D 지출이 GDP에서 차지하는 비율

출처) World Development Indicators를 근거로 작성함

수준, 정보화, 품질 · 효율성 등에서 세계 선진 수준과는 확실한 차이가 있다"고 하고 "국제경쟁력을 지닌 제조업을 세우는 일은 종합적인 국력의 향상, 국가의 안전보장, 세계 강국 건설로 가기 위해서는 피해갈 수 없는 길이다"라고 하였다.

기술혁신에서는 기업이 주도적인 역할을 발휘하고 정부가 그것을 이끄는 것이 기본이라고 여겨지는데, 중국에서의 이노베이션 활동은 급속히 그 규모를 확대하고 있다. 〈그림 6-2〉는 GDP에서 차지하는 R&D 지출 비율의 변화를 제시한 것이다. 2000년대에 들어 중국에서는 R&D 지출이 급속히 늘어나 미국이나 일본의 수준에는 아직 미치지 못하지만 2%에 접근하고 있다.

R&D 주체는 정부기관, 고등교육기관(대학 등), 기업으로 3분할 경우 기업에서의 R&D가 70%로 압도적인 비율을 차지하고 있다. 〈그림 6-3〉은 공업기업의 R&D만을 추출하여 그 주체를 소유제 별로 살핀 것이다. 외자기업에

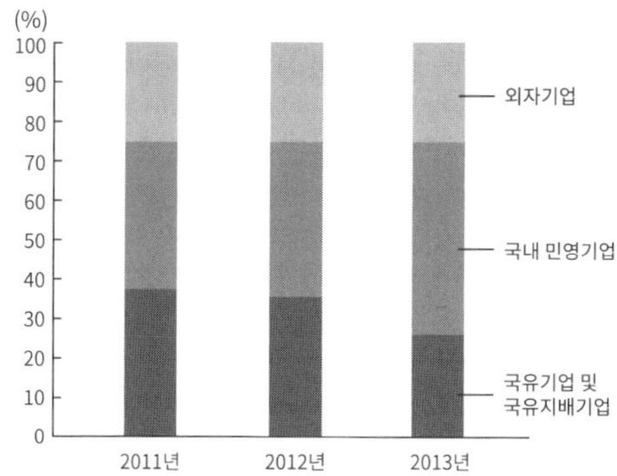

〈그림 6-3〉 공업기술 R&D의 담당자

주) 2013년의 경우에는 주식유한책임공사에서의 국유지배기업 비율이 2012년과 동일한 것으로 계산하였다

출처) 중국통계연감(2014), 공업기업과기활동통계연감(2012, 2013)을 근거로 작성함

의한 R&D는 약 24%로 안정되어 있다. 국내기업에서는 국유 및 국유지배 기업이 38%에서 25.8%로 비율이 낮아진 반면, 국내 민영기업이 37%에서 50%로 비율이 증가하고 있다. 겨우 3년의 데이터이기 때문에 국내 민영기업의 비율 증가 경향을 어떻게 평가할지는 일괄적으로 판단할 수 없다. 오히려 주목해야 할 것은 정부기관, 고등교육기관과 국유기업 및 국유지배기업의 비율을 합계하면 2013년에도 중국 R&D의 55.8%가 광의의 국가(정부) 투자에 의한 것이라는 점이다.

정부 주도의 R&D를 어떻게 평가해야 할까

앞에서 서술한 것처럼 중국정부가 자주 이노베이션 중시 방향으로 진행하고 있다는 것은 확실하지만 그것은 과연 바람직한 방향인 것일까? 세계은행의 부총재를 맡은 미국 경제학자 조지프 스티글리츠는 이 물음에 대해 중요한 문제제기를 하고 있다(Stiglitz 2013).

스티글리츠에 의하면 서구 여러 나라의 이노베이션 시스템은 고도로 생산적이지만 명백히 한계가 있으며 개발이 왜곡된 산업도 있다. 예를 들면 제약업에서는 병을 치료하는 약보다도 발모제의 개발에 자금이 많이 투입되는 것 등이 그 예이다. 선진국 이노베이션 시스템의 문제점으로는 ①지식이 글로벌한 공공재라고 한다면 그것을 보호하는 IPR(지적 소유권)은 사회적인 비용이 크다. ②IPR을 보호하는 특허 시스템은 승자가 독식하는 구조이기 때문에 사회적인 리턴과 사적 리턴 사이의 괴리가 크다. ③강력한 IPR 보호가 오히려 이노베이션을 저해하는 경우도 있을 수 있다. 예를 들어 독점력이 강하여 타인의 이노베이션을 억압할 가능성이나, '특허 덤불'(patent thicket)이라 불리는, 타인의 IPR을 침해하고 있는가 여부가 확실하지 않은 상황이 존재하기 때문에 투자가 감소하는 경우 등이 있다. ④IPR의 비용은 종종 과소평가되는 한편 그 이익은 과대평가된다.

스티글리츠는 앞서 서술한 문제점을 감안하여 이노베이션에는 특허, 표창, 정부의 지원이라는 세 가지 이노베이션 시스템의 조합이 중요하다고 하고 선진국의 그것은 특허가 과도하게 중시된 시스템이며 반드시 도상국에게 최고의 시스템인 것은 아니라고 지적하고 있다.

중국정부가 주도하는 이노베이션을 평가할 때 스티글리츠의 문제제기는 중요하다. 많은 논자들이 지적하듯이 선진국의 과거 경험을 보더라도 정부 주도의 이노베이션이 성공을 거두었던 사례는 매우 적으며 '관(官)' 주도의 이노베이션에는 한계가 있다. 이노베이션을 진행하는 주체는 역시 기업가정신을 지닌 민영기업이어야만 한다는 주장은 설득력이 있다(Naughton 2011). 하지만 스티글리츠가 지적하고 있듯이 "미국의 이노베이션 시스템은 미국에게 이상적인 것이 아니지만, 다른 나라에게는 그 이상으로 그러하다. 중국에게 필요하다고 여겨지는 것은 발전 지향의 이노베이션 시스템이며, 중국의 발전 단계에 적합하게 만든 그것이다"라는 주장 역시 설득력이 있다.

'관(官)인가 민(民)인가'라는 양자택일을 넘어서

중국에서의 이노베이션 현상을 살펴보면 선진국의 이노베이션 시스템을 모방하는 것이 아니라 독자적인 이노베이션 시스템을 채용해왔다고 할 수 있다. 이 장 제2절에서는 휴대전화 산업을 예로 들어 중국의 독자적인 이노베이션 시스템인 수직분열 시스템의 내용을 자세히 살폈다. 그곳에서 보편적으로 발견할 수 있는 기술이나 거래의 플랫폼화는 미국식의 특허 시스템의 반대쪽 끝에 있는 것으로, 이른바 기술이나 디자인의 모방을 전제로 한 제품개발의 구조이다. 본서의 키워드인 '애매한 제도'를 끌어와 말하자면, 지적 소유권을 굳이 애매한 상태에 내버려둔 채로 격렬한 기술개발이나 가격 인하 경쟁을 전개하여 그 이익을 경쟁 참여자에게 널리 퍼져나가게 하는 구조라고 바꾸어 말할 수 있다. 그러한 구조가 휴대전화, 태양전지, 전동자전거 등 신흥산업의 급성장을 가져온 것은 지금까지 살펴본 대로이다. 또 성숙산업이 된 TV나 에어컨 등에서도 거의 비슷한 이노베이션이 발생했다는 사실도 지적할 수 있다(渡邊 2013).

중국식 이노베이션의 행방을 생각할 때 다음 두 가지가 중요한 검토과제가 된다. 첫째는 수직분열 시스템의 우위성을 앞으로도 살리는 길을 선택할 것인가, 아니면 미국식의 특허 시스템을 도입하여 지재권 보호를 강화하는 길을 선택할 것인가 하는 것이다. 중국의 성공은 지재권 보호가 없으면 이노베이션은 진행되지 않는다는 상식적 이해에 반하여 귀중한 반증을 행한 것이라고 평가할 수 있다. 게다가 중국의 경우에는 거대한 국내시장을 지닌 우위성이 비용절감의 가능성을 넓혀주기 때문에, 도상국 판매용의 값이 싸고 신뢰할 수 있는 중국제품의 비교우위는 당분간 흔들림이 없을 것이라 여겨진다. 따라서 핵심기술을 외부에 의존한 채 기술이나 거래 플랫폼화를 진행한 수직분열 시스템은 정부가 규제를 강화하지 않는 한 꽤 긴 기간 동안 살아남을 가능성이 있다.

둘째는 핵심기술의 외부의존이라는 약점을 어떻게 극복할 것인가이다. 핵심부품의 외부의존이 앞으로도 가능한가라는 질문에 대한 답은 각각의 산업과 기술의 특성을 고려하여 산업마다 개별로 검토할 필요가 있다고 하는 것이 정답일 것이다. 하지만 산업기술 전체에 대해 말하자면 상식적으로 생각하더라도 향후 계속해서 핵심기술을 회피하여 기존 기술의 응용에 전념하는 것이 허락될 것이라고는 생각하기 어렵다. 중국식 이노베이션이 성공한 것은 스티글리츠의 표현을 빌자면 그것이 "중국의 발전단계에 적합하게 만든" 이노베이션이었기 때문이다. 중국이 향후 선진국과 동등한 발전단계에 도달했을 때 핵심기술의 외부의존은 이미 불가능하게 될 것이다. 그 가능성을 고려한다면 현 단계에서 독자 기술의 개발을 제창하고 있는 정부의 자세는 일면으로는 바르다고 할 수 있다. 다른 표현을 쓰자면, 최첨단 기술발전을 담당하는 조직이나 기업이 국내에 복수 생겨나고 발전한다면 핵심기술의 외부의존 역시 불필요하게 된다.

그렇다면 정부가 기술개발의 중심이 되는 것이 가능할까? 정부 주도의 독자기술 개발에는 몇몇 문제점이 있다. 첫째는 마루카와 토모오(丸川知雄)가 지적한 '독자기술의 덫'이다(丸川 · 梶谷 2015 : 제3장). 독자기술의 덫이란 '기술표준'을 획득하기 위해 글로벌한 경쟁에 참여하여 패배함으로써 발생하는 손실을 의미한다. 여기에서 말하는 기술표준이란 ①제품의 품질, 안전성, 환경부하(負荷) 등의 최저기준을 정하는 것, ②제품의 질을 표시하는 기준을 정함으로써 기업 간이나 기업과 소비자 사이의 커뮤니케이션을 원활히 하는 것, ③제품이 다른 보완적인 제품이나 서비스 사이에서 호환성을 지니도록 하는 것 등의 세 가지 역할 가운데 적어도 한 가지 이상을 지니는 것을 가리킨다.

기술표준을 획득하면 거대한 시장을 획득할 수 있는 반면, 그 경쟁에서 패배하면 그때까지의 개발비용은 모두 쓸모없어져 버린다. 앞에서 살핀 스티글리츠가 비판한 특허 시스템의 문제점과 동일하다. 20세기 말 이후 중국은 전기제품이나 통신기기 분야에서 기술표준 획득 경쟁에 끼어들려고 했지만 일부 예외를 제외하고 그 시도는 거의 다 실패로 끝났다고 마루카와는 냉정하게 평가하고 있다.

지금 정부주도 기술개발의 한 가지 문제점은 민(民) 주도 이노베이션을 관(官) 주도 이노베이션이 크라우딩 아웃 해버릴 가능성이다. 정부가 리스크를 무릅쓰고 R&D 지출을 하고 그 성과를 민간에서 무상에 가까운 가격으로 제공하는 것과 같은 구조가 있다면, 민영기업은 리스크가 큰 R&D 투자를 할 의욕을 잃고 말 것이다. 당연한 이야기지만 여기에는 역시 관과 민의 밸런스가 중요하다. 제5장에서 혼합소유 기업이 내셔널 챔피언이 될 가능성을 논의했지만 이노베이션에 대해서도 똑같게 말할 수 있다. 어느 국가에서도 필요한 기초연구는 정부의 연구기관이나 대학 등에서 이루어질 필요가 있다고 하지만 상품개발과 직접 · 간접으로 결부되는 듯한 이노베이션은 역시 기업 레벨에서 이루어지는 것이 효율적이다. 그 주체로서 민영기업보다 큰 리스크를 감수할 수 있는 혼합소유 기업은 큰 가능성을 간직하고 있는 것이다.

제7장

대외원조의 중국적 특성

—— 글로벌 스탠더드로의 도전 ——

이 장에서는 중국의 대외원조가 국제 원조사회와는 다른 독자적인 원조개념을 확립할 수 있을까를 검토한다. 21세기에 들자 글로벌 불균형에 대한 대응책으로 중국은 자국 기업의 대외투자를 장려하는 한편, 독자적 개념에 근거한 대외원조를 대대적으로 추진하기 시작하였다. 2개국 사이로부터 다국적인 원조로 확대를 보이는 중국의 대외원조에는 원조가 자원획득이나 시장확보와 혼연일체 되어 있다는 의미에서 본서의 테마인 '애매한 제도'와 통하는 면이 있으며, 기존의 원조수법과는 다른 특징이 발견된다.

중국의 대외원조는 인도적 지원을 중시하고 부패가 없는 '건전한 거버넌스'(good governance)를 중시하는 서구 쪽의 가치기준에서 보자면 문제가 많지만 공공 인프라가 압도적으로 부족한 발전도상국에서는 크게 환영받고 있다. 중국의 대외원조에는 중장기적인 산업육성을 목표로 하여 일정한 성공을 거두었던 일본의 원조수법과 통하는 면도 있어 일본의 경험을 잘 받아들이면 독자적인 원조수법으로 평가될 가능성도 있다. 또, 이 장의 보론에서는 국내 빈곤지역 지원을 지방정부가 청부하는 '대구지원(對口支援)'에 대해 소개하기로 한다.

1. 글로벌화 속의 중국경제

글로벌 불균형과 중국의 대응

'글로벌 불균형'이란 세계적인 무역확대 속에서 지역 간 국제수지에 큰 불균형이 발생하는 현상을 가리킨다.[1] 특히 21세기에 들어선 이후 미국의 무역적자가 확대되는 한편 신흥국이나 산유국이 미국에 대해 큰 경상수지 흑자를 달성하고 있는 현상을 말한다. 신흥국 가운데에서도 중국의 대미 흑자 확대는 급격하며, 중국의 외화준비는 이제 3조 7000억 달러를 넘어섰다(2015년 3월 현재). 중국의 외화준비 추이를 제시한 〈그림 7-1〉을 살펴보면, 얼마나 급속하게 외화준비가 증가했는지 알 수 있다.

신흥국이 풍부한 외자준비를 써서 미국채 등의 달러표시 자산을 계속해서 구입한다면, 글로벌 불균형은 모종의 고정환율제가 되어 '새로운 브레튼우즈 체제'라고 부를 만한 안정적인 상태를 만들어낸다며 시정이 불필요하다는 논의가 있다. 하지만 예전의 브레튼우즈 체제에서 미국자산을 구입하고 있던 일본이나 유럽의 선진국과는 달리 신흥국이 미국자산을 계속해서 구입한다는 보증은 어디에도 없으며 미국이 달러 가치를 계속해서 유지하는 것이 가능할까 여부도 불투명하다. 이러한 시각에서는 글로벌 불균형은 경제의 불안정 요인이며 시정해야 할 대상이 된다.

글로벌 불균형을 시정해야 한다는 입장에 선 논자 가운데에서도 문제는 주로 미국의 과잉소비와 저축부족에 있다는 입장과 신흥국 외환 제도의 경직성에 문제가 있다고 하는 입장으로 나뉜다. 중국과 관련해서 말하자면 중국정부가 달러에 대한 인민폐의 시세를 인위적으로 낮게 설정하고 있는 것이 문제이며 인민폐의 절상 혹은 인민폐의 환율 자유화가 필요하다고 하는 입장의 논자

---

1 이하의 서술은 丸川 · 梶谷(2015 : 제1장)을 참고하였다.

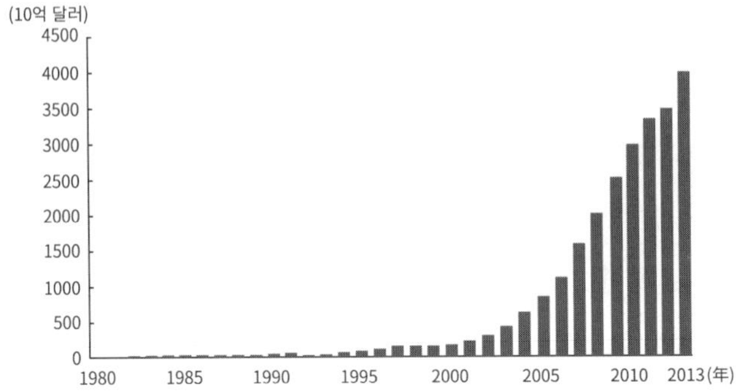

〈그림 7-1〉 중국의 외화준비 추이(1980년~2013년)
출처) World Development Indicators를 근거로 작성함

는 중국을 비판한다.

최근 달러에 대한 인민폐의 외환 시세 동향을 살펴보면 장기간 사실상 고정환율제(달러 페그제)를 채택해왔던 중국정부는 수출 호조를 배경으로 2005년에 관리플로트제로 이행하였으며, 서서히 달러에 대한 위안화의 환율을 절상하게 되었다. 그 결과 2015년까지 달러에 대해 위안화는 약 33% 절상되었다. 하지만 수출이 성장의 중요한 엔진 가운데 하나라는 것을 감안하면 환율의 자율화를 단행하는 것까지는 아직 당분간 시간이 걸릴 것으로 여겨진다.

다른 각도에서 보자면 거액의 외화준비를 보유하는 것이 중국에게는 달러 가치의 감가라는 거대한 리스크를 끌어안는 것을 의미한다. 후진타오(胡錦濤) 국가주석(당시)은 2011년 초엽 "현재의 국제통화 제도는 과거의 유물이다"라고 하여 달러가 기축통화로 되어 있는 현행 금융시스템을 비판하고 미국의 금융정책이 중국의 국내경제에도 큰 영향력을 끼칠 수밖에 없는 현 상황에 대해 강한 불만을 표명하였다(《日本經濟新聞》2011년 1월 17일자). 하지만 현행 금융시스템에 대해 중국이 아무리 불만이라 하더라도 인민폐로 달러를 대체하는 것이 당장 가능할 리는 없다.

중국기업에 의한 대외투자

글로벌 불균형에 대해 중국이 채용한 정책이 '주출거(走出去)'(대외진출을 나타내는 중국어 표현)라 불리는 적극적인 대외투자와 대외원조의 확대이다. 달러와 인민폐의 환율을 안정적으로 유지하려고 하려면 외화의 '환류', 다시 말해 정부개발원조(ODA)나 대외 직접투자 등으로 외화를 해외에서 쓸 것이 요청된다. 외화의 '환류'는 외국경제를 활성화시키고 저조한 국내소비가 흡수하지 못하는 과잉 생산능력의 배출구가 되기도 한다.

중국의 대외진출을 연구한 오오하시 히데오(大橋英夫)에 의하면 '주출거'라는 표현은 1997년 12월에 장쩌민(江澤民) 국가주석(당시)이 전국외자공작회의(全國外資工作會議) 대표와 회견했을 때 외자 도입의 '인진래(引進來)'와 불가분의 개념으로 사용한 것이 최초라고 한다(大橋 2008). 그 후 '주출거' 전략은 5개년 계획에 편입되어 범위를 확대하고 내용을 심화해 나갔다.

중국정부는 자국기업의 대외투자를 적극적으로 지원하게 되었다. 〈그림 7-2〉는 플로우 트리트먼트(flow treatment)로 중국의 대외 · 대내 직접투자 추이를 살펴본 것이다. 2004년경부터 대외 직접투자는 계속해서 증가해서 몇 년 내에 대내 직접투자를 능가할 추세이다. 이러한 움직임은 외국에 투자할 때의 절차가 간소화되고 대외투자에 대한 몇몇 장려책이 나온 것과 연동되어 있다. 구체적으로 말하자면 예전에 대외 직접투자를 하는 기업은 정부의 각 부문에 복수의 서류를 제출하여 인가를 득할 필요가 있었지만, 2004년에 나온 정책문서에 의하면 서류 제출은 의무로 지워져 있지만 정부의 인가는 불필요하게 되었다. 또 해외 현지법인으로부터의 배당 수입에 대한 법인세 과세가 5년 동안 면세되는 세제 면에서의 우대조치 역시 도입되었다. 다만 마루카와 토모오(丸川知雄)는 이들 우대조치는 특별한 것이 아니라 어느 나라에서도 채용되어 있는 일반적인 조치에 지나지 않는다고 하여, 대외투자를 바라는 자국기업의 강한 희망을 규제로 누르고 있던 것을 완화한 것이 대외투자 급증

〈그림 7-2〉 중국의 대내 · 대외투자 추이(1970년~2013년)

출처) UNCTAD를 근거로 작성

의 원인이었다고 평가하고 있다(丸川 · 梶谷 2015 : 제2장).

대외투자를 플로우 트리트먼트로 살펴보면 급증하고 있지만 스톡 리덕션(stock reduction)으로는 아직 선진국의 수준과 거리가 있다(중화인민공화국 상무국 외 2013). 2012년 말 스톡 리덕션으로 살펴본 중국의 대외 직접투자액은 5319억 달러로, 세계 13위였다. 이것은 미국의 10.2%, 일본의 50.4%에 해당하는 수준밖에 되지 않는다. 대외 투자처의 지역분포를 살펴보면 미국이 22%, EU가 41.7%로 이를 합산하면 60%를 넘는다. 이전 저서에서 자세히 검토했듯이 에너지나 광물자원 등 자원획득을 목표로 한 국유기업에 의한 투자가 활발했던 것에 반해 화웨이나 레노보 등 극히 소수의 예외를 제외하고 민영기업의 대외투자는 반드시 활발했다고 할 수는 없으며 큰 성공을 거두었다고도 할 수 없다. 민영기업의 대외투자 상당 부분이 조세회피처를 경유한 '우회투자'나 해외로의 자산도피에 이용된 측면도 지적할 수 있다(加藤 2013).

정부 계열 펀드에 의한 대외투자

자국기업의 대외투자를 장려하는 동시에 중국정부는 정부 계열 펀드에 의한 대외투자에도 착수하여 그 규모를 확대시키고 있다.

2007년 9월, 외화준비 2000억 달러를 등기자본으로 하는 100% 국유의 중국투자공사(CIC)가 설립되었다. SWF 연구소에 의하면 이에 더해 국가외화관리국, 국가사회보장기금, 중국 아프리카발전기금 등 총 네 가지 정부 계열 펀드(SWF : Sovereign wealth funds)가 존재한다.

CIC는 설립 이래 미국 금융기관의 주식투자를 중심으로 한 하이 리턴 추구형 투자전략을 전개했지만, 리먼 쇼크 이후의 국제 금융위기로 거액의 손실을 내었다. 2008년의 대외투자 48억 달러는 2.1%의 손실을 내었고 2009년까지 모건 스탠리에 했던 투자 56억 달러 가운데 40%를 잃었으며 블랙스톤그룹의 소유주 30억 달러 상당은 70%를 잃었다고 한다(*Shambaugh 2015 : 243페이지). 그 이후에는 주식비율을 줄이고 에너지 · 자원 · 부동산 · 인프라 등 장기자산 투자를 강화하는 방침으로 전환하였다.[2] 금융시장이 저조한 가운데 정부 계열 펀드에 대한 중국의 경계심이 후퇴하여 장기 · 안정자금으로서의 운용을 기대할 수 있게 되었다(加藤 외 2013).

중국의 정부 계열 펀드는 그 실체가 명확하지 않지만 일본의 주식시장 동향에도 일정한 영향을 끼치는 존재가 되었다. 중국 계열 펀드라 할 수 있는 'OD05 옴니버스'는 2012년 9월 말 시점에 일본기업 145개사에 약 2조 3000억 위안을 투자하였다. 구체적으로 말하자면 혼다 주식의 2.2%(주주 순위 7위),

2 다만 CIC의 북미 투자의 경우는 아직 직접투자와 포트폴리오투자가 중심이며, CIC 전체의 수익에도 큰 진폭을 주고 있다. 2009년과 2010년에는 각각 416억 달러와 515억 달러의 이익을 올렸지만, 2011년에 대외투자 포트폴리오는 4.3% 적자를 내었다고 한다(*Shambaugh 2015 : 244페이지).

타케다 약품공업(武田藥品工業)의 2.2%(주주 순위 5위), 소프트뱅크의 2%(주주 순위 7위), 토요타자동차의 1.8%(주주 순위 9위) 등이다(《日本經濟新聞》 2012년 11월 22일자). 다만 그 이후 OD05 옴니버스의 동향을 살펴보면 토요타나 파나소닉 등 127개사에서 상위 10위의 주주에서 이름이 사라졌다. 매각의 이유는 명확하지 않지만 다른 명의의 대주주가 한편에서 부상하고 있는 예가 많았으며 시장에서는 명의의 변경으로 보는 시각이 유력하다(《日本經濟新聞》 2013년 11월 20일자).

2. 대외원조의 실적과 그 평가

대외원조 이념의 변천

중국의 원조 이념은 국제환경이나 외교전략의 변화에 따라 크게 변화해왔다(下村 외 2013). 원조 이념의 차이에 따라 1950년대부터 70년대 중반까지의 시기와 1978년 개혁개방 이후의 시기로 양분할 수 있다.

1950년대부터 70년대 중반까지의 시기는 국제공산주의 관점에서 세계 각지의 혁명투쟁을 지원하는 것이 원조의 주된 목적으로 여겨졌다. 원조의 대상국 · 지역은 북한, 베트남, 몽골, 알바니아 등의 '형제국', 그리고 '반(反) 식민지 · 민족자결운동'을 진행하고 있는 아시아 · 아프리카의 여러 나라였다. 특히 '형제국'으로의 원조는 이 시기의 중점으로 여겨졌다. 1960년대 초엽에 중 · 소 대립이 발생하자 구소련에 대한 대항을 의식하여 중국의 대 아프리카 원조 규모는 오히려 증대하였다.

이 시기의 아프리카 원조를 상징하는 것이 탄자니아와 잠비아를 잇는 탄잠 철도 건설 프로젝트이다. 1970년 7월에 조인된 후 중국은 탄자니아 · 잠비아 양국에 무이자로 총 4억 320만 달러의 차관을 제공하고 약 2만 명의 중국인 노동자와 3만 명 이상의 현지 노동자를 동원하여 1976년 7월에 탄잠철도는 완성을 보았다. 중국 국내에서는 1966년에 마오쩌둥이 프롤레타리아 문화대혁명을 발동하여 홍위병에 의한 탈권투쟁이 국내의 정치경제에 파괴적인 영향을 끼쳤으며, 1971년에는 마오쩌둥의 후계자로 여겨졌던 린뱌오(林彪)가 몽골 국경에서 추락사하였다. 이러한 정치적 혼란이 남은 1970년대 전반기임에도 불구하고 탄잠철도의 건설이 조용하게 실시된 것을 생각하면 당사자가 아니라도 감개무량한 바가 있다. 이 시기의 대외원조액은 현 시점에서 보면 그다지 거액이라고는 할 수 없으며 원조를 받는 국가에 대한 영향력도 제한적인 것이었다. 하지만 가난한 농업국에 불과했던 당시의 중국에게 그것은 국력에 알맞지 않을 정도로 큰 부담을 국민에게 강요하는 것이기도 하였다.[3]

급속히 확대된 대외원조

개혁개방 이후 중국은 일본이나 국제기관으로부터의 원조를 받아들이는 한편, 사회주의 시대의 대외원조 이념을 수정하기 시작하였다. 대외원조를 하는 목적이 혁명운동의 지원이라는 정치목적에서 무역이나 투자를 통한 상호이익의 확대로 옮아가게 되었으며, 수출시장의 확대나 자국기업의 도상국으로의 진출을 지원하는 수단으로 대외원조를 적극적으로 이용하게 되었다. 하지만 개혁개방의 초기 단계에 해당하는 1980년대에 중국은 원조를 받는 나라에 속하였기 때문에 대외원조는 저조한 상황이었다. 원조 이념의 전환이 실질적인 의미를 지니게 된 것은 중국이 수출지향의 발전 패턴으로 전환된 시기 이후의 일이며, 1990년대 중반 이후에야 중국은 본격적으로 대외원조 공여국으로 등장하게 되었다.

---

3 1973년의 대외원조액은 약 58억 위안이었는데 이 액수는 같은 해 국가재정의 7.2%에 해당한다고 한다(下村 외 2013 : 33페이지).

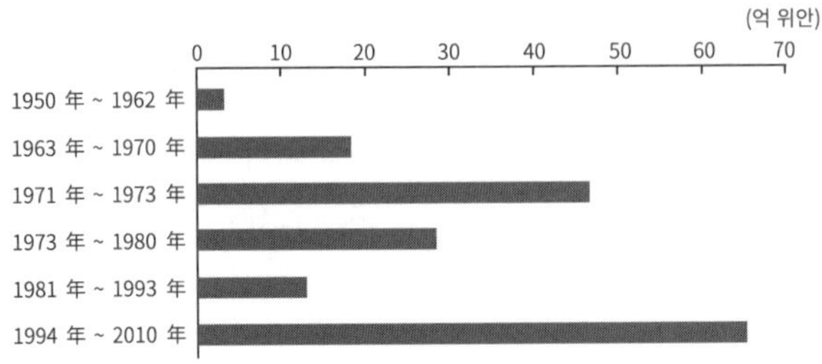

〈그림 7-3〉 중국의 시기별 연평균 대외원조액의 추이(1950년~2010년)

출처) 張郁慧(2012) 180페이지의 표를 근거로 작성함

〈그림 7-3〉은 이러한 변화를 확인하기 위해 시기를 구획지어 대외원조액 평균치를 제시한 것이다. 이 그림에 제시된 것처럼 탄잠철도의 건설이 본격화한 1971년~1973년을 피크로 하여 원조액은 줄어들고 원조액이 다시 비약적으로 증가하게 되는 것은 1990년대 중반 이후의 일이다.

국무원신문판공실이 발표한 《중국의 대외원조(백서)》(2011년판, 2014년판)에 의하면, 2012년 말 시점에 중국의 대외원조 누계액은 3456억 위안(무상원조 1385억 위안, 무이자 차관 838억 위안, 우대 차관 1233억 위안), 약 558억 달러에 달한다(國務院新聞辦公室 2011, 國務院新聞辦公室 2014). 2010년부터 2012년까지 3년 동안의 데이터에 의하면 지역별로는 아프리카 지역으로의 원조가 51.8%로 절반을 넘었다는 것, 원조자금의 분포에서는 사회 인프라(병원, 학교 등)와 경제 인프라(교통, 통신, 전력 등)를 합계하면 72.4%로 압도적인 비율을 차지한다는 것이 눈에 띈다.

이와는 별도로 중국에 특징적인 경제협력 형태로 '대외경제합작(對外經濟合作)'이 있다. 이것은 대외공사 청부, 노무 협력, 설계 컨설팅을 포함하는 경제활동을 의미한다. 2013년 말까지의 대외경제합작의 완성영업 누계액은 7899억 달러에 달한다(《중국통계연감 2014》). 2013년의 지역분포를 살펴보면 아시아 지역이 47%, 아프리카 지역이 35%, 라틴아메리카 지역이 10%, 이들 합계가 92%로, 발전도상국이 압도적인 비율을 차지한다. 아시아 지역 중에서는 인도, 인도네시아 외에 이란, 이라크, 파키스탄 등 중동 · 서아시아 지역이 많다. 노무 협력의 경우는 2013년 말 시점으로 약 50만 명의 노동자가 재외활동을 하고 있는데 그 가운데 82%는 아시아 지역이다.

이상과 같이 중국의 대외원조 · 경제협력은 DAC(경제협력개발기구의 개발원조위원회) 여러 나라와는 달리 자금과 기술에 더해 노동자를 파견하여 구체적 프로젝트의 건설 · 시공에 할당하는 것에 특징이 있다고 할 수 있다. 그리고 대외공사 청부의 상위기업은 중앙정부 직속의 국유기업인데, 단순한 건설회사나 노동자 파견회사가 아니라 특정분야의 기술 · 노하우, 자금 · 기재(機材) 공급능력을 보유하고 프로젝트 건설 · 운영 능력을 지닌 콩글로머릿(conglomerate)이기도 하다(下村 외 2013).

중국 대외원조에 대한 평가

중국의 대외원조 · 경제협력에 대해서는 비판도 많지만 원조를 받는 나라로부터의 지지도 강하다(下村 외 2013). 비판의 논점으로는 다음 사항을 들 수 있다. ①중국의 경제력을 배경으로 발전도상국에 대한 지배를 꾀하고 있으며 '내정불간섭'의 원칙을 핑계 삼아 독재정권이나 '불량 국가'(rogue state)를 지원하고 있다. ②중국은 대외원조를 통해 관민일체가 되어 국가이익 추구를 목표로 협조행동을 취하고 있다. 예를 들어 중국의 '조건부' 원조는 실질적으로는 수출진흥의 보조금이 되고 있다. ③중국은 대외원조 · 경제협력이라는 미명 하에 대량의 중국인 노동자를 파견하여 현지 기업 · 산업에 타격을 주고 현지 자원의 난개발이나 환경파괴에 관여하고 있다.

한편, 원조를 받는 나라인 발전도상국 사이에서는 중국의 대외원조 · 경제협력에 대해 강한 지지가 있다. ①원조에 정책조건을 붙이는 선진국과 비교하면, 중국의 '내정불간섭'의 원칙이나 평등호혜 · 자력갱생의 방침을 지지하는 발전도상국이 적지 않다. ②선진국의 '원조 피로'와 국제금융위기가 지속되는 가운데 중국은 귀중한 자금공급원이 되었다. 게다가 중국의 원조 프로젝트는 선진국과 비교할 경우 신속성 · 실행성 · 경제성에서 뛰어나 한정된 예산 내에서 원조를 효율적 · 효과적으로 실시할 수 있다고 한다. ③'밀레니엄 개발목표'나 빈곤완화 등 선진국 · 국제기관이 사회개발이나 거버넌스 개혁(민주화, 부패척결)을 강조하는 것에 반해 발전도상국 사이에는 경제 인프라나 생산부문에 강한 원조 니즈가 있다. 중국이 강점을 지닌 원조 프로젝트는 바로 이러한 분야이다.

앙고라에서의 중국 대외원조 특징을 분석한 이나다 쥬우이치(稲田十一)에 의하면 석유의 장기수입 계약과 차관 계약이 세트가 되어 차관의 변제를 석유 수입 대금으로 하는 물물교환('앙고라 방식'이라 불린다)이 자원 이외의 무역 · 투자관계의 활성화를 가져와 앙고라의 거시경제에 좋은 영향을 주었다(稲田 2013). 이나다는 이러한 중국 원조의 확대가 서구 여러 나라가 중심이 되어 만들어온 국제협력원조의 틀을 개변할 가능성을 시사하는 것이라고 지적한다.

이에 반해 잠비아에서의 중국 대외원조를 검토한 코다마야 시로오(兒玉谷史朗)는 2000년대 이후의 원조에서는 무역 · 투자 · 원조의 경계가 불명확하며 그것들의 연계를 꾀함으로써 개발에 공헌한다고 하면서 중국이 정당화를 꾀하고 있다고 보고 있다(兒玉谷 2015). 또 원조와 직접 · 간접으로 결부된 중국의 직접투자에서는 노동자를 저임금으로 고용하거나 안전을 경시하거나 법령준수를 제대로 하지 않는 등의 문제점이 있어 잠비아 국내에서도 비판을 받고 있다고 한다. 코다마야는 중국 방식을 일본의 대 아시아 원조에서 발견되는 특징이라고 평가하는 논의가 있다는 사실을 인정하면서도 대 아프리카 원조의 경우 일본은 한 번도 그러한 수법을 취한 적이 없다고 하며, 미국 · 유럽

방식과 중국 방식의 중간 역할을 하는 것이 일본에게 요청된다고 결론짓고 있다.

일본의 대외원조에서 중국이 무엇을 배워야 하는가는 다음 절에서 다시 다루겠지만 정반(正反) 양면을 포함한 중국의 대외원조가 아프리카에서 강한 영향을 끼친 것만큼은 틀림없다. 특히 중요한 점은 앙고라를 연구한 이나다가 시사한 것처럼 장기간 아프리카에 경제원조를 해온 선진국, 특히 옛 종주국에 대한 통렬한 비판이 되고 있다는 사실이다. 잠비아 출신의 경제학자 담비사 모요는 다음과 같이 술회하였다. "서구 여러 나라는 아프리카에 원조를 하되 성과는 신경 쓰지 않았다. 이러한 환경은 이권집단을 만들어 방대한 숫자의 사람들을 부(富)로부터 배제시켰기 때문에 정정(政情) 불안을 일으켰다. 한편 중국은 현금을 아프리카에 보내되 대가를 요구하였다. 그 대가에 따라 아프리카 사람들은 일이나 도로나 식량을 얻어 생활을 향상시켰다."(*Moyo 2010 : 219페이지) 중국의 원조에 문제가 많은 것을 비판하는 논자들조차 모요의 솔직한 지적은 부정할 수 없을 것이다.

3. 중국의 대외원조는 글로벌 스탠더드에 대한 도전인가

2개국 사이 원조로부터 다국적인 원조로

2개국 사이 원조가 중심이었던 중국의 대외원조는 1980년에 세계은행과 IMF에 가맹하고 1985년에 아시아개발은행(ADB)에 참여한 이후 다국적인 국제기관을 통한 개발원조라는 수단도 지니게 되었다. 21세기에 들어서자 세계은행이나 ADB 멤버의 일원으로 활약하는 것에 만족하지 않고 중국은 개발원조 영역에서도 독자적인 빛깔을 내기 시작하였다. 중국 자신이 주도하는 다국적인 국제원조 조직을 만드는 방향을 모색하게 된 것이다. 2014년 7월에는 브라질 · 러시아 · 인도 · 중국 · 남아프리카공화국 등 5개국으로 구성된 BRICS 개발은행과 외화준비기금의 설립이 결정되었다. 또 2015년 6월에는 아시아 인프라 투자은행(AIIB)이 설립되었다.

AIIB란 2020년까지 아시아 지역에서 발생하는 거대한 인프라 투자수요(아시아 개발은행의 시산試算으로 7300억 달러)를 충족할 목적으로 중국이 설립을 목표하는 다국적인 개발은행이다. 57개국이 창설멤버로 가입하였으며 1000억 달러에 달하는 당초 자본금의 대부분을 중국이 부담할 예정이라고 한다. AIIB의 설립은 이제까지의 2개국 사이 원조라는 틀을 넘어 중국이 독자적인 대외원조의 방향을 도출하려 하는 것으로 보인다.

새로운 발전전략과 결부된 대외원조

일본과 미국은 AIIB 거버넌스의 투명성이나 투자공여국 정부와의 중립성 확보 등에 염려를 드러내고는 창설멤버로 참여하지 않았다. 하지만 원조를 받는 아시아의 도상국은 물론, 영국이나 독일 등의 선진국도 창설멤버로 참여하여 AIIB는 ADB에 필적하는 광범위한 지지를 얻었다. 미국은 AIIB에 참가하지 말라고 로비를 하였으나 성공하지 못하였다. G7멤버나 미국의존이 강한 한국조차 AIIB에 참여를 단행한 것은 국제사회에서의 미국의 지위 하락을 말해주는 것이며, 미국 일극집중(一極集中) 구조가 다극화로 향하는 징조로 보인다는 논의도 있다.

AIIB가 그 자금원이 될 것으로 기대하는 중국의 개발계획은 창설멤버에 연명한 국가들에게 큰 기대를 품게 한다. 원조를 받아들이는 도상국에게 있어서는 세계은행이나 ADB뿐 아니라 AIIB가 새로운 '대여자(貸與者)'로 등장하는 것은 쌍수를 들고 환영할 일이다. 또 선진국에 있어서는 인프라 투자 프로젝트에 자국 기업의 참여를 기대할 수 있다. 게다가 중국에게 있어서도 중국이 주도하는 새로운 개발계획에서 필요한 인프라 투자자금을 다국적인 국제

원조 기관인 AIIB에서 획득할 수 있다는 사실은 너무나도 좋은 일이다.[4]

중국이 새로운 목표를 설정한 발전전략은 2015년 전인대(全人代)에서 정부 활동보고로 제기되어 그 중요성이 강조되었던, '실크로드 경제벨트'에 '해양 실크로드'를 합한 '일대일로(一帶一路)' 전략이다. 이것은 중국에서부터 중앙아시아의 카자흐스탄 · 우즈베키스탄을 경유하여 네덜란드까지 뻗은 '실크로드 경제벨트(一帶)', 여기에다 인도네시아에서부터 인도 · 스리랑카 · 케냐 · 그리스를 거쳐 네덜란드에 이르는 '21세기 해양 실크로드(一路)'를 더한, 중국을 중심으로 한 새로운 경제권 건설 방침을 총칭한 것이다. 특히 중국정부가 중점을 두고 있는 것은 인프라 건설이 뒤쳐진 '실크로드 경제벨트'를 잇는 고속철도 건설이다.

'일대일로' 구상으로 상징되는 자본수출형의 경제발전 전략은 성장률 저하가 피할 수 없는 실정이 되어버린 중국경제에는 중요한 의미를 지니고 있다. 이들 경제발전 전략은 과잉 국내자본이나 외화준비를 해외에 '환류'시켜 기존 경제성장 패턴 속에서 나타난 공급능력의 과잉을 완화한다는 측면도 지니고 있기 때문이다.

두말할 것도 없이 '일대일로' 구상의 실현 가능성을 현 시점에서 논하는 것은 시기상조일 것이다. '일대일로' 구상은 중앙정부가 계획한 그랜드 디자인이라는 측면과 이미 진행 중인 구체적인 프로젝트의 '집합'이라는 측면을 함께 지니고 있어 그 평가는 꽤나 분분하다(伊藤 2015). 오히려 여기에서 강조하고 싶은 것은 일단 큰 구상을 제기하고 세부는 뒤에 채워 넣으면 된다고 하는 수법을 '일대일로' 구상에서도 취했다는 것이다. 이 수법은 '애매한 제도'로 특징 지워지는 중국의 독자적인 제도의 설계 사상에 기초를 둔 것이다.

---

4 이하 서술의 일부는 加藤(2015b)에 의거하였다.

앞에서 지적했듯이 일본이나 미국은 'AIIB의 거버넌스 불투명성'을 근거로 창립멤버 가입을 하지 않았다고 했지만, 창립멤버에 가입하지 않은 것에 대한 단순한 핑계가 아니라 중국식 방식에 대한 마음 속 깊은 곳으로부터의 공포의 표명이라고 한다면 쓴웃음을 금할 길이 없다. 중국 측의 입장을 대변한다면 현 단계에서 세부까지 결정된 실시 플랜이 없는 것도 거버넌스 수법이 유동적인 것도 언제나 그랬던 것이며, AIIB 설립에 관련해서 이번만 특별히 그랬던 것이 아니기 때문이다. 중국의 출자비율이 얼마만큼 될 것인가가 애매하게 되어 있다거나 500억 달러였던 당초 자본금이 1000억 달러로 증액된 경위에도 중국의 독특한 운영수법이 엿보인다고 여겨져서 실로 흥미진진하다.

일본의 경험에서 본 중국의 대외원조 평가

다수의 선진국이 창립멤버로 참여한 AIIB를 중국은 잘 관리해나갈 수 있을까? AIIB가 주된 자금원이 될 것으로 기대되는 '일대일로' 구상은 과연 성공할 수 있을까? 현 시점에서는 그 여부에 대한 판단을 보류할 수밖에 없지만, 중국이 배워야 할 선례로 일본의 개발원조 경험은 크게 참조할 가치가 있으리라 여겨진다.

중국이 지금까지 실시해온 대외원조와 AIIB를 통해 강화하고자 하고 있는 대외원조의 내용을 자세히 검토하면 예전 일본의 대외원조와 중첩되는 부분이 적지 않다. 일본은 1961년부터 DAC 멤버로 50년 이상의 개발원조의 역사를 가지고 있다. 일본의 ODA 특징을 한마디로 정리하자면 "장기적인 시각에 입각하여 인재육성, 기술공여, 인프라 투자를 통해 산업을 육성하는 것"에 있다.

일본의 지원이 아시아 각국에서 산업발전에 크게 기여한 것은 높이 평가해야 하겠지만 재정 재건이 과제인 지금, 한정된 예산의 유효활용을 꾀하고 '빅 도너'에서 '스마트 도너'로 전환하는 것이 일본에 요청되고 있다. 일본이 나아가야 할 길은 빈곤구제나 인도적 지원으로 기울어진 미국 · 유럽 선진국을 뒤쫓는 것이 아니라 지금까지의 개발원조 경험을 바탕으로 "인재육성, 기술공여, 인프라 투자, 기초산업의 육성, 금융지원, 민간기업 직접투자의 유기적 연계"를 꾀하는 독자적인 개발전략이다(黑崎 · 大塚 2015).

일본의 경험에 비추어 보더라도 도상국 지원에서 인프라 투자의 중요성은 흔들림이 없다. 하지만 인프라만 정비된다면 민간기업이 투자할 수 있는 환경이 곧 형성되고 공업화가 성공한다는 것은 도너 측의 단순한 바람에 지나지 않는다. 일본의 원조로 공업화에 성공한 태국이나 인도네시아의 경험이 시사하듯이 인재육성, 기술공여, 기초산업의 육성, 금융지원 등을 인프라 투자와 유기적으로 조합해야만 비로소 공업화의 전망이 열릴 것이다.

AIIB가 어떤 성격의 '대여자(貸與者)'가 될 것인가는 현 시점(2015년 9월)에서는 아직 알 수 없다. 중국이 주도하는 다국적인 국제기관으로서 AIIB가 인지되고 세계은행이나 ADB와는 다른 원조 이념에 기초한 원조조직으로서의 평가가 확립되는 것은 아직 미래의 일일 것이다. 그렇다고는 하지만 AIIB가 성공을 거두기 위해서는 일본의 개발원조 경험과 교훈을 중국이 충분히 검증하고 그 이념과 수법을 배우는 것은 큰 도움이 될 것이다. 미국 · 유럽의 여러 나라와는 다른 원조수법으로 충분한 원조실적과 노하우를 축적하면서 일본이 대외 확장에서 실패했던 산업육성형 원조수법이 중국의 원조수법에 반영된다면 일본의 원조 관계자에게도 기쁜 일일 것이며, 중국과 일본이 협력하여 대외원조를 실시하는 것도 큰 가능성이 있을 것이라 필자는 생각한다.

• 보론 : '애매한 제도'로서의 '대구지원(對口支援)'

'애매한 제도'는 중국의 다양한 산업이나 지역, 기타 영역에서 관찰할 수 있지만 여기에서는 '대구지원'을 다루었으면 한다. 대구지원이란 '포(包)'(청부)를 이용하여 지방정부가 빈곤지역에 행하는 원조의 수법을 가리킨다. 이 보론의 목적은 대구지원이 어떻게 생겨났고 제도로서 정착해왔는가를 정리한 다음, 쓰촨 원촨 대지진(四川汶川大地震)의 사례를 들어 그 특성을 밝히고 일본의 원조정책에서 계발의 자료로 삼고자 하는 것이다.

'대구지원'의 기원과 형성

대구지원(對口支援)이란 "구역, 업종 혹은 부문 간 전개되는 경계를 뛰어넘는 협력과 교류의 효과적인 수법이며, 국가가 거시적인 정책을 실시할 때 특정지역이나 특정업종을 지원하기 위해 다른 지역 간, 업종 간에 지원 관계를 중개하는 것"이라 정의된다(鐘 2013).

대구지원은 크게 나누어 ①변경지역에 대한 지원, ②재해지역에 대한 지원, ③대형건설 프로젝트에 대한 지원, 이렇게 세 가지가 있다(趙 2011). 변경지역에 대한 지원은 티베트나 신장(新疆) 등 변경지역에 위치한 빈곤지역에 대한 지원을 목적으로 하는데, 이들 지역에는 소수민족이 다수 거주하기 때문에 소수민족 지원이라는 의미도 들어 있다. 재해지역에 대한 지원은 지진이나 홍수 등의 피해 지역에 대한 지원을 가리킨다. 최근에는 2008년의 쓰촨 원촨 대지진의 피해지역에 대한 지원이 대표적이다. 대형건설 프로젝트에 대한 지원은 프로젝트의 실시에 따라 지역경제나 생태환경에 심각한 영향이 파급되는 케이스에 대한 지원이며, 창장의 싼샤(三峽)댐 건설로 수몰된 지역에 대한 지원 등이 포함된다.

대구지원의 직접적 기원은 1960년까지 거슬러 올라갈 수 있다(鐘 2013). 그

효시가 된 것은 1960년 3월 20일 《산시일보山西日報》에 발표된 〈공장이 공사公社를 대구지원하다—공장이 농업의 기술개조를 지원하는 새로운 형세를 논하다〉라는 제목의 사설이다. 이 사설에서는 산시경위방직기계공장(山西經緯紡織機械工場)과 수광인민공사(曙光人民公社) 사이에 공장이 공사의 농업기계의 수리나 농구의 공급, 기술인재의 훈련 등을 '포(包)'(청부)하는 협력관계가 맺어져 큰 성과를 올린 것이 높이 평가되었다. 이후 공업의 농업지원, 도시의 농촌지원, 그리고 경제발전이 진행된 해안 지역이 행한 뒤쳐진 내륙 지역에 대한 지원 등 경제조건이 좋은 조직이나 지역이 상대적으로 뒤쳐진 조직이나 지역을 1 : 1, 다시 말해 '대구(對口)' 관계를 맺어 지원하는 방식이 비공식적 형태로 서서히 퍼져나갔다.

개혁개방 시대에 들어서자 대구지원은 중앙정부 공인 원조정책으로 공식적으로 인정되었다. 1979년 4월 25일에 열린 중공중앙전국변방공작회의(中共中央全國邊防工作會議)에서 중앙정부는 "변경 지역과 소수민족 지역의 건설을 강화하기 위해 자금과 물질의 투입을 증대하고 내지의 성시(省市)에 의한 변경 지역 및 소수민족 지역에 대한 지원을 조직화한다"라고 하여 처음으로 대구지원을 원조정책으로 명확히 제기하였다. 이 회의에서 비로소 동부 해안지역에 있는 성시(省市), 그리고 다섯 개의 자치구(티베트 · 신장新疆 · 닝샤寧夏 · 간쑤 · 광시) 및 소수민족이 많이 사는 세 개 성(윈난 · 구이저우 · 칭하이青海)의 '대구' 관계가 구체적으로 규정되었다.

소수민족 지역에 대한 대구지원은 국가의 정책에서 한층 더 나아가 법률화되었다. 1984년 10월에 시행된 '중화인민공화국 민족자치구역자치법'의 제61조에 "경제발달 지역이 민족자치 구역과 경제 · 기술 협력을 전개하여 민족자치구역이 경영관리 수준과 생산기술 수준을 향상시키는 것을 원조하고 촉진하는 것을 상급 국가기관은 조직하고 지지한다"라고 명확하게 규정되었다. 게다가 2001년 2월에 개정된 이 법에서는 제61조가 "경제발달 지역이 민족자치 구역과 경제 · 기술 협력을 전개하고 다층적 · 다면적인 대구지원을 실시하여 민족자치 구역이 경제, 교육, 과학기술, 문화, 위생, 체육 사업을 전개하는 것을 원조하고 촉진하는 것을 상급 국가기관은 조직하고 지지한다"로 수정되어 대구지원이라는 말이 첨가되었다(강조점은 필자가 넣었다).

이상과 같이 대구지원은 1958년에 시작된 대약진 정책의 실패로 경제가 혼란했던 시기에 한 기업이 실시한 농촌지원책을 출발점으로 삼는데, 개혁개방 시대에 들어서자 중앙정부가 공인하는 소수민족 지역에 대한 원조정책으로 격상되고 다시 민족자치구역 진흥을 목적으로 한 법률의 일부로 제도화되었다. 일반적으로 말해 지방정부 사이의 수평적 협력관계는 제도화에 어울리지 않는 것이지만 중국에서는 그것이 법률로 제도화되어 있는 것이 특징이다.

쓰촨 원촨 대지진(四川汶川大地震)에서의 경험

대구지원(對口支援)은 지진이나 홍수 등 돌발적인 재해로부터의 복구 · 부흥에도 큰 힘을 발휘한다. 쓰촨 원촨 대지진을 예로 들기로 한다. 2008년 5월 12일에 지진이 발생하자 중앙정부는 곧장 재해복구를 목적으로 한 일련의 정책에 착수하였다. 그 유력한 수단 가운데 하나가 '1성 1중대 재해현(一省一重大災害縣)에 대한 지원'을 원칙으로 하는 대구지원의 실시였다.

이미 5월 20일 민생부(民生部)는 〈쓰촨 원촨 특대지진 재해구 공작(工作)의 실시에 관한 긴급통지〉를 발표하여 장쑤 · 저장 · 산둥 · 허난 · 후베이 · 광둥의 민정청(民政廳)에게 각각 쓰촨의 피해 주시(州市)에 대구지원을 실시하라고 요청하였다. 22일에는 역시 민생부가 〈쓰촨 원촨 특대지진 재해구의 대구지원에 관한 긴급통지〉를 발표하여 쓰촨의 21중대 재해현(縣) 및 간쑤 · 산시(陝西)의 재해지구에 대한 지원을 강화하도록 지시하였다.

또 6월 8일에 국무원은 〈원촨 지진 재해구 부흥재건 조례〉(국무원령 제526호)를 공포하였다. 이 조례에 기초하여 6월 11일에는 국무원 판공청(辦公廳)이

〈원촨 지진 재해구 부흥재건 대구지원 방안〉을 책정하여 실시세목을 정하였다. '방안'에서는 "'하드'와 '소프트'의 결합, '수혈'과 '조혈'의 결합, 단기와 장기의 결합을 목표로 하여 인력 · 물력(物力) · 재력 · 지력 등 다방면의 힘을 종합해서 우선적으로 피해 지역의 기본 생활조건의 해결을 꾀하는 것"이 목표였다. 또 19개 지원 성시(省市)가 18개 피해 현시(縣市)와 2지구에 3년의 기한으로 대구지원을 실시할 것이 구체적으로 기재되어 있다. 흥미로운 점은 각 성시의 매년 지원량(물적 · 인적 지원을 포함한다)이 당해 성시의 전년도 재정수입의 1%를 하회하지 않도록 한다고 구체적으로 규정되어 있다는 사실이다.

3년 동안 총액 710억 위안(약 1조 3300억 엔)에 달하는 재정 지원액 내역을 살펴보면, 재정력이 있는 장쑤 · 광둥 · 상하이 · 저장 등의 지원액과 재정력이 상대적으로 약한 지린 · 광시 · 헤이룽장 등의 지원액에서 4배가 넘는 큰 차이가 난다(花 · 周 2014). 한편 지원을 받는 현시(縣市)의 상황에도 큰 편차가 있으며 1인당 지원 액수가 가장 큰 원촨현과 가장 작은 젠거현(劍閣縣)에서는 30배 이상의 차이가 난다. 지원 성시의 재정력, 당해지역의 재정력(경제수준)과 피해상황 등을 감안하여 실행 가능성이 있는데다 공평하기까지 한 '대구' 관계를 결정하는 것은 결코 용이한 일이 아니다. 재빠른 '대구' 관계의 결정은 뒤집어 살펴보면 공평성을 어느 정도 희생하고 실행 가능성을 최우선으로 하는 정책 지향의 표현이라고 볼 수 있다.

일본 원조정책에 대한 계발

앞에서 살핀 것처럼 대구지원의 첫째 특징은 그 대응이 몹시 신속하다는 것이다. 쓰촨 원촨 지진의 사례에서는 겨우 1주 남짓에 대구지원에 대한 긴급 통지가 나와 1개월도 되지 않아 대구지원의 구체안이 국무원 판공실로부터 나오는, 상식 밖으로 신속한 일처리가 이루어졌다. 이처럼 재빠른 대응은 관료 능력의 우수성보다는 대구지원이라는 원조수법의 우수성을 드러내는 것이다. 만약 인프라, 교육, 위생 등 부문마다 대책이 이루어졌다고 한다면 (재해지역이 광범위한 경우에는 특히) 이처럼 재빠른 대응은 도저히 바랄 수 없을 것이다. 대구지원은 이른바 모든 부문에 대한 지원을 특정 지원 성시(省市)에 '포(包)'(청부)를 시키는 수법이다. 구체적인 지원내용(지원액이나 지원대상)을 결정하는 권한을 성시에 대폭으로 위임함으로써 비로소 이처럼 재빠른 대응이 가능하게 된 것이다.

대구지원의 둘째 특징은 지역 간 재정수입의 언밸런스를 조정하는 역할이 부여되어 있다는 점이다. 앞에서 살폈듯이 재정력이 있는 성시의 부담은 크고 상대적으로 재정력이 약한 성시의 부담은 작다. 또 지원을 받는 현시의 1인당 지원 액수에도 큰 지역차가 존재한다. 중국에서는 1994년에 분세제(分稅制)가 도입된 이후 중앙재정과 지방재정을 명확하게 구분하는 재정제도의 규범화가 진행되는 동시에 중앙재정으로부터 지방재정으로의 이전지불제도가 서서히 정비되었다. 그 결과 지역 간 재정력의 언밸런스는 축소 경향에 있지만 여전히 지역 간 격차는 극히 큰 것이 사실이다(內藤 2014). 대구지원은 지역 간의 재정불균형을 시정하는 이전지불제도의 보완으로 이용되고 있는 것이다.

대구지원의 셋째 특징은 관료의 재교육이나 그 지역 기업 진출의 한 가지 수단으로 적극적으로 활용되고 있다는 점이다. 지원을 받는 현시에게 대구지원이 이익을 가져다주는 것은 두말할 것도 없지만, 지원 성시에게도 대구지원은 이익이 있다고 여겨진다. 그 이유 가운데 하나가 인재육성의 측면이다. 빈곤지역에 지원 프로젝트와 함께 젊은 관료를 파견하여 그 실시를 담당하게 하는 것은 지역 간 인재교류의 중요한 수단이 되었으며, 젊은 관료의 교육·훈련에 큰 의미가 있다고 여겨진다. 또 대구지원은 단순한 '수혈'이 아니라 '조혈'이며, 장기적인 '호례호리(互惠互利)'의 관계를 맺는 것이 목적으로 되어 있다. 지원 성시의 기업이 자원의 획득이나 시장의 개척을 진행하는 부수적인 효과도 기대할 수 있는 것이다.

이러한 특징을 가진 대구지원은 일본의 원조정책에 어떠한 계발을 주고 있을까? 대구지원은 중국 독자의 '애매한 제도'와 밀접한 관련이 있으며 제도 환경이 다른 일본에서 동일한 수법을 그대로 사용할 수 있을 리는 없다. 그렇다고는 하지만 일본의 원조정책, 특히 지방자치체에 의한 원조정책에서 그것은 일정 정도 참조할 가치가 있다고 여겨진다.

그 가운데 하나는 대응의 압도적인 신속성이다. 동일본 대지진의 복구과정에서 드러났듯이 중앙정부에 의한 복구라는 일원적 관리는 오히려 복구 대책에서 지체의 원인이 되었다. 대구지원이라는 수법은 대응의 신속성이나 세심함 등에서 일정한 유효성을 지닌다고 여겨진다(瀨口 2011). 또 하나는 중장기적인 협력관계의 형성이라는 메리트이다. 지방자치체가 원조지역과 중장기적인 협력관계를 맺는 수법은 자조(自助) 노력을 지원하는 일본의 원조 정책의 기본이념에 부합하는 것이며 젊은 관료의 재교육 및 그 지역 기업의 진출에도 직접 · 간접의 효과가 기대된다. 지방자치체 레벨의 경제협력의 시도는 키타큐우슈우시(北九州市)의 다롄시(大連市)에 대한 환경협력 등 선구적인 사례가 있지만 본격적인 협력관계의 구축까지는 도달하지 못하였다.[5] 중국의 경험은 크게 참고할 만할 것이다.

5 http://www.city.kitakyushu.lg.jp/kankyou/file_0272.html을 참조하였다.

제Ⅲ부

과제편

제8장

부패의 정치경제학

—— '애매한 제도'가 가져온 성장과 부패 ——

제Ⅱ부에서는 '애매한 제도'가 기능하고 있는 구체적인 예를 들었다면, 계속해서 제Ⅲ부에서는 중국경제가 직면한 과제에 초점을 맞추어 '애매한 제도'가 안고 있는 문제점이나 그 행방을 전망해 보기로 한다. 우선 이 장에서는 정치경제학적인 시각에서 부패의 요인 분석과 현 정권에 의한 부패척결 대처에 대한 평가를 하기로 한다.[1]

부패가 성장을 촉진하는 '개발형 부패'와는 달리 개혁개방 이후 중국의 부패 태반은 이른바 '수탈형 부패'로 구분할 수 있는 것으로, 정부 · 당 관료에게 대폭적인 자유재량권을 주어 부패마저 인센티브로 변해버린, 중국 독자의 '애매한 제도'에 따른 것이 크다. 심각해지는 부패에 대해 시진핑(習近平) 정권은 2013년부터 부패척결을 목표로 한 정책을 실시하여 일정한 성과를 올린 듯이 보인다. 하지만 현행의 부패 단속에는 문제도 많으며 부패만 없애고 성장을 유지하는 것은 간단하지 않다. 가까운 장래를 전망한다면 성장과 부패가 공존하는 현 상황이 지속할 가능성이 높다.

---

1 이 장은 평성(平成) 23년(2011)~26년(2014) 과학연구비보조금(기반연구A) 〈中南海研究Ⅱ〉(대표 : 菱田雅晴[법정대학])의 연구성과 가운데 일부이다.

1. 심각해지는 부패의 실태

부패의 정의

부패(corruption)란 "사적 이익을 위해 행해지는, 공무원 및 공적 기관에 의한 권력의 오용 · 남용"으로 정의할 수 있다(中兼 2010). 엄밀히 말하자면 ① 개인적 부패('중개료'나 '뇌물'을 받는 등의 소규모인 것에서부터 거액의 수뢰까지 다양한 케이스가 있다), ②행정적 부패(기존의 법률이나 규정을 국가 내지 민간인에게 편의를 제공할 수 있도록 의도적으로 비튼다), ③정치적 부패(정치가나 공무원에게 힘을 써서 법률이나 규정을 바꾸거나, 혹은 제정하여 사적 이익을 실현한다) 등 3종의 부패가 존재한다.

한편 부패에 가까운 개념으로 '렌트 시킹'(rent seeking)이 있는데, 이것은 "정치나 관료에게 힘을 씀으로써 규제를 만들어내어 경제주체가 자신의 활동 환경을 유리하게 바꾸어나가는 행위"이며, 경쟁시장에서는 생기지 않는 '잉여 이익'(렌트)을 획득하기 위한 행위로 정의된다. 렌트 시킹은 위에 기술된 정치적 부패의 일종인 것이다.

이 장에서는 개혁개방 이후에 심각해진 부패에 초점을 맞추었지만, 새삼 지적할 것도 없이 결코 제국시대나 민국 시기의 중국에 부패가 없었다고 말할 수는 없다. 오히려 시장경제가 미발달된 시대에는 재화와 서비스의 배분 메커니즘으로서 시장이 유효하게 기능하지 않는 만큼, '꽌시(關係)'(연줄)가 개입할 여지가 많아 부패는 오히려 심각했다고 할 수 있다. 시장경제가 기능하지 않았다는 의미에서는 집권적인 사회주의가 행해진 마오쩌둥 시대도 예외가 아니다. 당시의 부패와 개혁개방 이후 부패의 결정적인 차이는 경제수준의 차이이다. 경제수준이 낮은 비시장 사회에서는 '권(權)'과 '전(錢)'의 교환에 애초부터 한계가 있기 마련이며 규모가 작았지만, 시장경제화가 진행되어 분배 가능한 파이가 비교할 수 없을 정도로 커진 오늘날에는 후술하겠지만 부패의 규모와 범위 모두 비약적으로 커진 것이다.

거시적인 숫자에 나타난 부패 현상

오늘날 부패는 어느 정도로 심각한 것일까? 부패는 증가하고 있을까, 아니면 감소하고 있을까? 부패가 증가하고 있다면 어떠한 타입의 부패가 증가하고 있는 것일까? 부패의 전체 모습을 파악하는 것은 그다지 용이하지 않다. 부패의 적발 건수가 증가했다고 해도 그것만으로는 부패가 증가하고 있는 것인지, 단순히 적발의 빈도가 증가하고 있는 것뿐인지도 판단할 수 없다. 또 개인 레벨의 부패와 조직적 부패를 안건 수로 단순히 비교할 수도 없다. 이러한 제약을 염두에 두고 우선은 공식발표나 신문보도에 드러난 부패의 현 상황을 정리해 두기로 한다.

중국공산당 중앙규율검사위원회(中央規律檢査委員會)의 활동보고에 의하면, 2007년 11월부터 2012년 6월 까지 약 5년 동안 부패나 직권남용 등 부패 문제로 처분된 당원은 66만 8천명에 달해 부패의 심각성을 되새기게 되었다. 이 보고에 의하면 5년 동안 입건된 뇌물 수수 사건은 81,931건, 뇌물 총액은 222억 300만 위안(약 4200억 엔, 1위안=18.7엔으로 계산)에 달한다. 5년 동안 적발된 공적 기관의 떡값은 총액 315억 8600만 위안(약 5900억 엔)에 달한다고 한다.

1987년부터 2010년까지 23년 동안 120명의 성(省) 레벨 이상의 고급관료의 부패 건수를 분석한 천샤오수(陳曉舒)와 쉬카이(徐凱)에 의하면 부패사안은 주로 세 단계로 구분할 수 있다. 제1기(1987년~1992년)에는 상품유통에 관한 부패안건이 주였다. 제2기(1993년~2002년)에는 부동산, 도시개발 등 자본스톡에 관한 부패안건이 주였다. 제3기(2003~)에는 부패안건이 다양화 · 복잡화되었으며 가장 열악한 부패로 '관(官)을 파는' 행위가 눈에 띈다고 한다(陳 · 徐 2010).

한편 투첸(涂謙)은 2003년부터 2011년 6월 사이에 실각한 72명의 성(省) 레벨 간부의 부패안건을 연구하여 최초의 부패로부터 부패가 발각될 때까지 평균 8.5년이 경과한다는 것, 80%의 부패 간부가 (부패 행위 속에서) 승진하고 있다는 것, 72명 가운데 50명이 지방(직무 중의 부패), 20명이 중앙(직무 중의 부패)이라는 것을 발견하였다(涂 2011).

부패의 규모도 거대하다. 중국에서의 렌트 시킹의 규모를 계측한 연구에 의하면, 중국의 렌트 총액이 GDP에서 차지하는 비율이 1987년 20%, 1988년 30%, 1992년 32.3%였다. 새롭게 만들어진 재화의 약 1/3이 렌트 시킹의 대상이며, 뇌물을 받는 관료의 수입이 된다는 계산이다(吳 2015 : 119페이지).

당이나 정부의 관료가 해외에 빼돌린 자산도 어마어마하다. 불완전한 통계이지만 2008년에 중국런민은행이 발표한 내부 보고서(《부패분자의 해외자산 이전경로 및 관측 방법에 대한 연구》)에 의하면 2008년 6월까지 해외로 도망한 관료는 1만 6000명에서 1만 8000명으로 추정되며, 중국에서 빼돌린 금액은 8000억 위안(약 15조 엔)에 달한다고 한다. 1인당 단순 환산해도 4400만 위안에서 5000만 위안(약 8억 2000만 엔에서 9억 3500만 엔)이라는 거액이다. 부패의 단속이 아무리 엄해도 이 정도의 이익을 얻을 수 있기 때문에 부패 예비군은 앞으로도 끊이지 않을 것이다.

부패 국제 비교

부패는 어느 나라 · 지역의 어느 시대에도 존재하는 인류사회의 보편적 현상이라고 해도 좋다. 하지만 그것이 나타나는 방식에는 그 나라 · 지역의 개성이나 발전 단계의 차이에 따라 차이가 있다. 여기에서는 중국 부패의 특징을 국제 비교 속에서 밝히고자 한다.

〈그림 8-1〉은 부정 · 부패에 대해 국제비교를 한 국제적인 비정부조직 '트랜스페어런시 인터네셔널'(Transparency International)이 발표한 2012년의

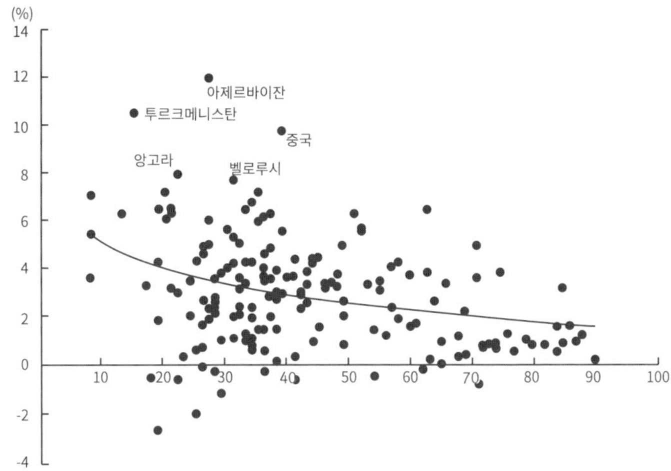

〈그림 8-1〉 부패인식지수와 성장률(2000년~2012년)의 관계

출처) Transparency International 홈페이지 및 World Economio Outlook을 근거로 작성함

부패인식지수(corruption perceptions index), 그리고 2000년~2012년의 GDP(국내총생산)의 연 평균성장률을 제시한 것이다. 부패인식지수는 0부터 100까지의 지수로 표시하며 오른쪽으로 진행할수록 부패가 적은 것을 의미한다. 그림에 제시된 것처럼 부패가 줄어듦에 따라 성장률이 완만하게 감속하고 있는 듯이 보인다. 하지만 부패가 적어지면 성장이 둔화한다는 것은 잘못된 이해이다. 고소득국이 되면 저절로 성장률은 감속하기 때문에 이 그림은 고소득국이 되면 부패는 줄어든다고 읽어야 하는 것이다. 한편, 상대적으로 부패한 저소득국 · 중소득국은 성장률에 큰 불균형이 있다. 아제르바이잔 · 투르크메니스탄 · 앙고라 · 벨로루시 등 석유 · 천연가스, 다이아몬드 등 광물자원이 풍부한 도상국을 예외로 한다면, 동등 부패수준의 나라 가운데 중국은 특이하게 성장률이 높은 것을 알 수 있다.

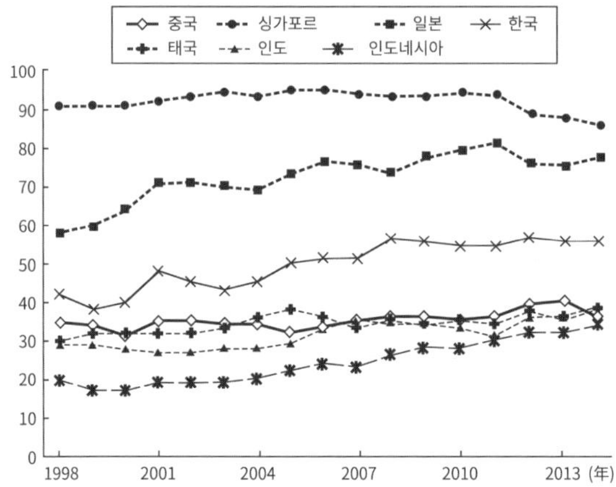

〈그림 8-2〉 아시아 여러 나라에서의 부패인식지수 변화(1998년~2014년)

출처) Transparency International 홈페이지를 근거로 작성함

한편 〈그림 8-2〉는 위 부패인식지수의 1998년부터 2014년까지의 추이를 아시아 여러 나라에서 비교한 것이다. 이 그림에서 알 수 있는 것은 ①고소득국(싱가포르 · 일본 · 한국)과 저소득국(중국 · 인도 · 인도네시아)을 비교하면 고소득국은 부패가 상대적으로 적다. ②소득의 신장이 크더라도 부패인식지수에 거의 변화가 보이지 않는다. 중국은 이 사이 고도성장을 계속했지만 1998년의 부패인식지수는 35(52위), 2014년은 36(100위)으로 거의 개선되지 않았으며 순위는 오히려 크게 후퇴하였다. ③대국과 소국을 비교하면 소국(싱가포르)은 비교적 부패가 적고 대국(중국 · 인도 · 인도네시아)은 부패가 많다.

2. 부패는 성장을 저해했는가

동아시아 패러독스와 레프 · 헌팅턴 가설

앞 절에서 살폈듯이 경제성장률이 높고 직접투자 수입도 많은 동아시아 나라들에서 부패가 심각한 나라는 적지 않다. 부패가 있다고 해서 성장이 반드시 방해받지 않는 현상은 어떻게 설명 가능할까?

세계은행의 인더밋 질과 호미 카라스는 부패는 대부분의 도상국, 특히 소국의 성장을 지체시키고 투자를 감소시키지만, 규모가 큰 아시아의 신흥국(중국 · 인도네시아 · 태국)에서는 부패와 함께 성장이 지속된 것을 지적하였다. 그리고 부패가 반드시 주요한 비즈니스 장애가 되지 않는 현상을 '동아시아 패러독스'라고 이름 붙였다(Gill and Kharas 2007).

동아시아 패러독스를 설명하는 가설로 "(어느 정도의) 부패는 성장에 유효하다"고 여기는 레프 · 헌팅턴 가설이 있다. 미국의 경제학자 나다니엘 레프는 "뇌물은 성장촉진적인 활동에 대해 정부가 보다 호의적이 되도록 작용한다. 왜냐하면 뇌물을 받는 관료는 보다 기업가를 위해 행동을 취하기 때문이다" 하였다(Leff 1964). 또 미국의 정치학자 사무엘 헌팅턴은 "경제성장에 있어서 경직되고 과도하게 관료화되어 있으며 성실성이 없는 관료제보다 더 나쁜 것은, 경직되고 과도하게 관료화되어 있지만 성실한 관료를 지닌 사회이다"라고 하여 부패가 모종의 성장촉진 효과를 지닐 가능성을 시사하였다(*Huntington 1972 : 65페이지).

부패와 관련하여 각국에 대한 실증연구를 검토한 나카가네 카츠지(中兼和津次)는 대부분의 실증 결과는 레프 · 헌팅턴 가설을 부정하고 있지만, 그것은 일반적인 추세이며 그 추세에 좇지 않는 예외, 즉 중국을 포함한 동아시아 여러 나라도 존재한다고 지적한다. 하지만 그것은 발전단계에 의존하는 것으로, 발전의 초기단계에서는 레프 · 헌팅턴 가설이 타당하지만 어느 단계에서부터는 맞지 않게 되어 전체를 살펴보면 통계적으로 부정적인 결과를 얻는다고 한다(中兼 2010). 부패의 역U자 가설로도 부를 만한 나카가네의 논의는 개혁개방 후의 중국을 얼마나 잘 설명하고 있는 것일까?

부패와 경제발전의 관계에 대해 개혁개방 이후의 중국에 한정된 실증연구를 개관하자면 앞에서 말한 역U자 가설을 지지하는 것이 있는가 하면 그렇지 않은 것도 있다. 저우리안(周黎安)과 야오징(陶婧)은 1989년~2004년의 성(省) 레벨 데이터를 이용하여 부패와 정부규모, 국외직접투자에는 정(正)(+)의 상관관계가 보이는 한편, 높은 수출입 비율은 부패를 끌어내리는 효과가 있었으며 민영화 수준과 부패 사이에서는 명확한 관계를 찾을 수 없었다고 하였다(周 · 陶 2009). 또 니싱(倪星)과 웬차오(原超)는 2006년~2010년의 어떤 성(省)의 지구급(地區級) 시(市) 데이터를 이용하여 부패와 경제발전, 정부규모, 공무원의 상대임금 사이에는 정(正)의 상관관계가 있음을 발견하였다(倪 · 原 2014). 이에 반해 장치(姜琪)는 2002년~2011년의 성 레벨 데이터를 이용하여 경제발전과 부패 사이에 통계적으로 유의미한 결과는 얻을 수 없다고 결론지었다(姜 2014). 한편, 천강(陳剛) 등은 1998년~2006년의 성 레벨 데이터를 이용하여 부패의 정도가 1% 상승하면 경제성장률은 0.4~0.6% 하강한다고 하여 부패가 성장을 방해하고 있다는 결론을 이끌어내었다(陳 외 2008).

이상과 같이 부패와 경제발전의 관계에 대해 반드시 일치하는 결론을 얻을 수 있는 것은 아니다. 애초에 성(省) 레벨이나 지구(地區) 레벨의 부패안건의 집계 데이터가 부패의 심각성을 어느 정도 반영하고 있는지가 명확하지 않으며, 설령 부패와 성장의 병존이 관찰된다고 하더라도 양자 사이에 명확한 인과관계가 존재하는지의 여부, 다시 말해 부패가 성장을 촉진시켰는가의 여부는 알 수가 없다. 게다가 쿠즈네츠의 역U자 가설을 머리에 그리며 경제발전이 진행되면 반드시 부패는 감소한다는 확신을 지니는 것도 어렵다.[2] 중국이 과거 35년에 걸쳐 심각한 부패와 경제성장을 양립시킨 수수께끼는 아직 블랙박스 그대로 남아 있는 것이다.

부패의 두 가지 유형

부패와 성장의 관계에 대해 레프 · 헌팅턴 가설이나 역U자 가설과는 다른 각도에서 흥미로운 분석을 행한 것이 미국의 정치학자 앤더류 위더맨(Wedeman 2012)이다. 위더맨에 의하면 부패에는 크게 다음 두 가지 유형이 있다.[3] 그 가운데 하나는 '개발형 부패'(developmental corruption)이며, 다른 하나는 '약탈형 부패'(predatory corruption)이다. '개발형 부패'란 정치가와 비즈니스 엘리트의 상호 의존관계를 나타낸다. 위더맨에 의하면, 한국 · 대만에서 정치적인 부패는 '범죄'가 아니라고 한다. 왜냐하면 비즈니스 엘리트로부터 정치가에게 전달되는 돈은 '뇌물'로 지불되는 것이 아니라 특별한 정책, 특정 룰을 변경하기 위한 '구입' 대금으로 지불되기 때문이다. 한편, '약탈형 부패'란 정치가에게 지불되는 뇌물이 외국은행의 계좌나 술 · 여자에 소비되어 버리는 유형의 부패이다. 위더맨에 의하면 중국의 부패에는 일부 '개발형 부패'도 포함되지만 대부분은 후자에 속한다. 왜냐하면 공산당이 정치적 지배를 유지하기 위해 비즈니즈 엘리트의 지지를 얻을 필요가 없기 때문이다.

위더맨이 말하는 '개발형 부패'는 부패에 성장촉진 효과가 있다고 하는 레프 · 헌팅턴 가설과 거의 같다고 생각해도 좋을 것이다. 문제는 '약탈형 부패'와 고도성장이 병존하는 다른 하나의 패러독스를 어떻게 해석할 것인가이다. 앞에서 나왔던 나카가네는 '개발형 부패' 가설에 근거하여 역U자 가설을 주장하고 있다고 여겨지지만, 문제로 삼아야 할 것은 '약탈형 부패'와 성장의 병존

---

2 쿠즈네츠의 역U자 가설에 대한 토마 피케티의 전면적인 비판은 제9장에서 자세히 다루기로 한다(*Piketty 2014).

3 이하의 서술은 加藤(2014b)에 따랐다.

이다.

이에 대한 위더맨의 해답을 요약하자면 다음과 같다. ①농촌개혁에서 시작된 제1라운드의 개혁(1985년~1995년)은 중국경제의 잠재력을 해방시키고 파이를 크게 만든 탓에 부패가 급격히 증가시켰다. ②도시로 개혁의 중점이 이동한 제2라운드의 개혁(1996년~)에서는 과소평가되어 충분히 이용되지 않았던 정부보유 자원이 민간으로 이동하였으며 그것이 성장을 촉진했지만 이 과정에서 부패의 기회도 증가하고 심각해졌다. ③부패가 심각해짐에 따라 정부는 부패척결 활동을 전개하였다. 그것은 불완전 혹은 부분적으로만 유효했지만 부패가 보다 고차적이며 통제 불능한 영역으로 확장되는 것을 막았다.

'애매한 제도'와 부패의 관계

성장이 원인이며 부패는 어디까지나 결과에 불과하다는 위더맨의 해석은, 중국이 다른 '약탈국가'와 본질적인 차이는 전혀 없다는 입장에 서 있는 것이다. 위더맨의 비유를 빌자면, "중국에서는 여우가 금 달걀을 훔치기 전에 성장이라는 닭이 출현하였다. (중략) 중국에서의 부패관료는 다른 부패 시스템에서의 '닭장 속의 여우'라는 유형과 거의 구별되지 않는다. 약탈국가의 여우는 적은 수의 달걀밖에 낳지 못하는 말라빠진 암탉을 먹이로 삼지만 중국에서는 암탉이 자꾸만 강해져서 여우가 훔치는 것보다 많은 수의 달걀을 낳고 있다."(Wedeman 2012 : 184페이지). 〈그림 8-1〉에서 제시한 것처럼 풍부한 천연자원을 가진 나라에서는 중국과 마찬가지로 부패가 심각해도 성장률은 높다. 문제는 부패가 성장을 저해하지 않았다고 한다면, 그 요인은 무엇인가 하는 것이다. 아무리 부패가 심각해도 석유가 솟아나오는 나라와 제조업을 중심으로 하여 산업발전이 발생한 중국의 경우는 결과가 같더라도 내용은 달리한다고 생각해야 할 것이다.

필자는 중국에서의 부패와 성장의 병존은 보다 중국의 본질에 뿌리 깊은 특징을 지니고 있다고 생각한다. 이하에서는 중국 경제시스템이 지닌 '애매성'에 주목하여 부패와 성장의 병존을 위더맨과는 다른 각도에서 검토하기로 한다.

첫째, 중국의 경제시스템에는 독자의 '애매성'이 내포되어 있으며 그것이 부패의 증가와 밀접하게 관계되어 있다. '애매한 제도' 아래에서는 회색 지대의 경제공간이 광범위하게 존재하기 때문에 아이디어를 잘 내면 얼마든지 개인적 이득(회색 수입)을 증가시킬 수 있다.

둘째, 제도가 정치하게 진전된 것이 부패를 증가시킨 측면도 지적할 수 있다. '애매한 제도'는 전통경제에서 시장경제로의 이행, 그리고 계획경제에서 시장경제로의 이행이라는 '이중의 이행' 과정에서 현저하게 드러난 제도적 특성이다. '이중의 이행' 과정은 그때껏 제도가 충분히 정치하지 않았던 영역이 점차 규범화되고, 정규 제도로서 정착해 나가는 과정이기도 하다. 따라서 제도의 정치화가 진행되면 '애매한 영역'은 점차 작아지지만(완전히 없어지는 것은 아니다) 그 과정에서 예전에는 부패로 보이지 않았던 행위가 부패 단속의 대상이 되는 일(혹은 과거의 행위가 단속의 대상으로 재부상하는 일)이 자주 발생한다. 역설적이지만 제도의 정치화가 일시적으로 부패를 증가시키는 것이다.

한 가지 예를 들어보기로 한다. 부자 순위에 오른다거나 대대적인 기업매입으로 유명해진 기업가가 뇌물 수수로 체포된 사례가 중국에서는 끊이지 않고 있다. 그 전형적인 예가 에어컨 신흥회사 '그린 쿨'의 창업자 구추쥔(顧雛軍)의 케이스이다. 구추쥔은 광둥성의 가전 메이커 커룽(科龍)의 매입을 성사시키고 마찬가지로 경영곤란에 빠져 있던 냉장고 메이커 메이링전기(美菱電器), 그리고는 트럭 메이커 야싱버스(亞星客車), 자동차 부품 메이커 샹양(襄陽) 베어링 등 상장 국유기업의 매입을 전개하였다. 하지만 2005년 7월에 갑자기 자본금 부족, 기업자금의 부정 점유, 그리고 중요사항 개시의무의 태만 등 세 가지 죄로 체포되어 투옥되었다(加藤 외 2013).

이 사례처럼 예전에는 부패로 인지되지 않았던 행위가 지금은 부패로 규탄되게 된 것, 즉 '애매한 제도' 하에서는 수사당국이 부패를 단속하는 기준 역시 애매하다는 것이 부패의 증가와 관계되어 있다.

셋째, '애매한 제도' 하에서는 일정 수의 부패가 경제성장에 내장되어 있는 측면이 있다. 제4장에서 살폈듯이 지방정부의 관료에게 큰 자유재량권을 주고 승진경쟁을 시키는 것은 '애매한 제도'의 특징 가운데 하나인데, 그들이 지역발전을 목표로 할 때 늘 직면하는 문제는 경제발전에 있어 유효하다고 생각되는 독자적인 정책이나 경제행위가 국가가 정한 법규나 중앙정부의 정책에 부합하는지 여부를 판단하기 어렵다는 것이다. 예를 들어 어떤 지방정부가 개발한 공업단지에 외자를 불러들이기 위해 특별한 우대 세제를 적용하거나 외자의 유치에 성공한 관료에게 특별 보너스를 지급하는 케이스를 생각해보자. 만약 관료가 부패의 적발을 무서워하여 리스크를 무릅쓰지 않는다면 새로운 시도가 시행되는 일이 없어 경제발전에 있어 마이너스 영향이 생길 것이라 여겨진다.

이러한 사항과 관련하여 아래와 같이 "작은 냄비에 나누어 물을 끓이는" 체제의 메리트가 부패와 성장의 관계에 대해서도 들어맞는다. 저장대학의 차오정한(曹正漢)은 "중앙정부가 지방정부를 관리하고 지방정부가 민중을 관리하는" 간접적인 통치 시스템을 중국의 중앙–지방 관계의 특징이라고 파악하고 있다. "작은 냄비에 나누어 물을 끓이는" 체제란 이 통치 시스템을 은근히 빗대고 있으며 "단순한 집권체제가 아니라 교묘하게 집정의 리스크를 분산하는 메커니즘, 권력집중의 정도를 자동 조정하는 메커니즘을 내포한 제도"를 의미한다(曹 2010, 曹 2014).

지금 1000톤의 물을 끓인다고 생각해보자. 여기에 두 가지 가정을 둔다. 가정1은 "물이 끓을 때 곧장 불을 끄지 않으면 냄비가 폭발한다"는 것이다. 가정2는 "기술과 정보의 제약 때문에 물이 끓는지 여부는 경험에 의해 알 수밖에 없다. 이 판단이 늘 정확하다고 할 수는 없지만, 예컨대 90%의 가능성을 지니고 들어맞는다"고 가정한다. 즉 10%의 확률로 냄비는 폭발한다. 폭발을 피하기 위해서는 하나의 큰 냄비에 물을 끓이는 대신 1000명의 관리자가 1000개의 작은 냄비로 물을 끓여 물을 큰 냄비에 옮기는 방법을 취한다. 이렇게 하면 작은 냄비 가운데 100개는 폭발하지만 큰 냄비는 늘 안전하다. 여기에서 말하는 '물을 끓인다'라는 것은 경제발전의 실현을 의미하고, 냄비의 폭발은 '군체성 사건'(민중이 정부에 하는 항의행동) 발생에 대한 우의이다.

비슷한 구도는 부패와 성장의 관계에도 적용할 수 있다. 어떤 선(예를 들면 뇌물 수수 금액이나 사회적인 영향의 정도)을 넘으면 부패로 적발된다. 그것이 어떤 레벨인지 알 수 없다고 가정해보자.[4] 부패행위를 하지 않으면 물론 적발될 일도 없지만 관료가 관할하는 지역이나 산업의 성장은 기대할 수 없고 자신도 승진이나 개인적인 이득을 얻을 수 없다. 이러한 환경 아래에서 관료는 주위 상황을 예의주시하면서 자신에게 허락되었다고 여겨지는 범위 내에서 부패를 행하게 된다. 그 가운데 선을 넘은 불운한 관료가 적발되는 것이다. "작은 냄비로 물을 끓이는" 비유에 따르자면, 10%의 관료가 부패로 적발되더라도 나머지 90%의 관료는 살아남을 수 있으며 부패가 심각해도 경제성장이 정체하는 일은 없는 것이다.

이상과 같이 중국에서 '약탈형 부패'와 경제성장이 병존했던 것은 '애매한 제도'와 깊게 연관되어 있다. '애매한 제도' 하에서 중국은 고도성장을 실현했지만 다른 한편으로 그것은 부패를 증가시키는 요인이 되기도 하였다. 부패와 성장의 관계에 대해 말하자면 위더맨과 마찬가지로 인과관계를 역전시켜 '애매한 제도' 하에서는 성장이 지속되는 한 부패가 반드시 일어난다고 필자는

4 즉, 이 선을 넘은 것이 약탈형 부패이지만, 개발형 부패와 선 긋기는 쉽지가 않다.

생각하고 있다. 혹은 성장이 멈추었다고 하더라도 그것은 부패가 원인이 아니다. 성장이 둔화한다면 부패도 감소한다고 생각하고 있는 것이다.

3. 시진핑 정권의 부패척결 대처를 어떻게 평가해야 할까

시진핑 정권의 부패척결 조치

시진핑 정권은 "호랑이와 파리를 모두 때려잡는다"며 2013년부터 대대적인 부패척결 캠페인을 전개하였다. 시진핑 정권에 의한 부패척결 캠페인은 어느 정도 성공했을까? 이전의 정권과 비교해서 어디에서 특징을 발견할 수 있을까?

2014년 1월 10일, 중앙규율검사위원회는 2013년 1년간 부패 안건을 17만 3000건 입건하고 18만 2000명을 처분했다고 발표하였다. 각각 전년 대비 11.2%, 13.3% 증가한 것이었다. 또 최고인민법원 원장 저우창(周强)은 2014년에 각 레벨의 법원이 입건하여 결심(結審)한 부패안건은 3만 1000건(전년 대비 6.7% 증가), 4만 4000명(전년 대비 5.2% 증가)이었다고 보고하였다(《中國網》 2015년 3월 12일자). 그리고 그 가운데에는 청(廳)(시市) 레벨 간부 99명, 현 레벨 간부 871명이 포함되어 있다고 한다. 게다가 중앙규율위원회 감찰부 부장 황수셴(黃樹賢)은 미국 · 캐나다 · 오스트레일리아 등의 나라와 협력하여 500명의 해외 도망자의 체포와 30억 위안(약 560억 엔)의 국유재산 회수를 목표로 하는 조처를 강화한다고 표명하였다(《新華網》 2015년 1월 7일자). 이들 보도로 판단하는 한, 캠페인은 일정한 성과를 올렸다고 평가할 수 있다.[5]

---

5 다만, 부패척결 캠페인 때문에 부정을 행하는 당(黨) 관계자에게 주는 뇌물 액수가 커져서 오히려 장사에 타격이 되었다고 하는, 베이징 부동산 개발업자의 담화를

시진핑 정권의 부패척결 캠페인에서 지금까지 없었던 특징 가운데 하나는 이제껏 터부로 여겨졌던 당(黨)·군(軍)의 최고 간부로 적발의 범위를 넓힌 것이다. 2012년 11월부터 2014년 11월까지 국가지도자급 간부 3명, 당 지도부라 할 수 있는 당 중앙위원 3명을 포함하여 적어도 57명의 정부기관이나 지방정부의 지도자급 간부가 실각되었다(《日本經濟新聞》 2014년 12월 7일자). 그 상징이 바로 일찍이 공산당 중앙정치국 상무위원을 지냈던 저우융캉(周永康)의 체포·기소이다. 당의 최고 지도부에 해당하는 정치국 상무위원 경험자가 뇌물 수뢰 혐의로 적발된 것은 1949년 인민공화국 성립 이래 최초의 일이었다. 또 인민해방군 역시 부패 적발의 예외가 아니다. 이전의 군부 최고 간부였던 쉬차이허우(徐才厚) 전 중앙군사위원회 부주석 등 4명이 뇌물을 수뢰했다고 하여 당적 박탈 처분을 받았다. 게다가 전 당통일전선공작부장이며 전국정치협상회의 부주석 링지화(令計劃)가 2014년 12월 22일에 '규율위반'으로 당의 조사를 받은 일이 보도되었다.[6] 이 모든 사례가 파벌이나 지위에 상관없이 철저한 부패척결 캠페인을 전개하고자 하는 시진핑 정권의 강한 의지를 느끼게 해주는 것들이다.

부패척결 캠페인의 또 하나의 특징은 석유업계 파벌, 기계공업업계 파벌, 전력업계 파벌 등 당 중앙에 형성된 경제 파벌과 관련이 깊으며 국유기업이나 합자기업으로 부패 적발이 파급된 것이다. 석유업계 파벌의 인맥은 앞에서

소개하며 부패는 오히려 악화되었다고 하는 보도도 있다(《日本經濟新聞》 2014년 12월 10일자).

6 링지화의 실각에 연좌되어 링지화의 출신지인 산시성(山西省)에서는 다수의 정부 고관이 체포·기소되어 정상적인 행정업무의 집행이 위협될 정도의 이상사태도 발생하였다. 산시성 서기 왕루린(王儒林)에 의하면 2014년 9월부터 12월의 4개월 동안 규율위반으로 7367명이 처분을 받았고 이 가운데 388명이 사법기관으로 압송되었다. 그 결과 300개 가까운 지위가 공백상태라고 한다(《時事通信》 2015년 3월 6일자).

나온 저우융캉(周永康), 기계공업업계 파벌은 장쩌민(江澤民) 전 총서기, 전력업계 파벌은 리펑(李鵬) 전 국무원 총리와 각각 깊은 인적 관계가 있다고 한다. 이 점에 주목하여 국유기업을 타깃으로 한 이번의 조치는 당 장로의 뒷배가 국유기업 개혁을 막고 있는 현상을 타파하는 것에 진짜 목적이 있다는 견해도 있다(田村 2014).[7]

문제 많은 부패척결 조치

시진핑 정권의 부패척결 조치는 아직 시작에 불과하지만 베이징대학의 장웨이잉(張維迎)은 현행 부패단속에는 문제가 많다고 비판한다(張 2013).

그 이유 가운데 첫째는 부패적발이 권력투쟁의 수단으로 쓰이고 있기 때문이다. 자신도 상대도 부패했을 때 행해지는 권력투쟁 게임에서는 '선수필승(先手必勝)'이 철칙이며 어느 쪽의 부패가 더 심각한가는 게임의 승패와는 무관하다. 또 살인범이 입막음을 위해 살인을 반복하는 것과 마찬가지로 부패의 경우에도 뒷배가 되는 상급 레벨의 관료에게 충분한 뇌물을 주지 않으면 보호를 받을 수 없어 실각할 가능성이 커진다. 뇌물 수수 금액이 증가하면 증가할수록, 그리고 매수한 사람이 많으면 많을수록(다시 말해 부패하면 부패할수록) 오히려 부패로 적발되는 리스크가 감소하게 되는 것이다.

둘째는 과거의 부패가 언제 적발될지 모른다는 불안이 부패를 조장하는 측면이 있다는 것이다. '타흑(打黑)'(흑사회, 즉 폭력조직을 타도하다)을 슬로건으로 하여 정부가 개인재산을 임의로 몰수했던, 보시라이(薄熙來)(중대한 규율위반으로 실각)가 당서기였던 시기에 충칭시(重慶市)에서 발생한 사건이 전형적

7 구체적으로 말하자면 디이자동차(第一汽車)의 동사장(董事長)인 쉬젠이(徐建一)가 중앙규율위원회에 의한 조사대상이 되어 있다는 사실이 밝혀졌다(《日本經濟新聞》 2015년 3월 15일자).

으로 보여주듯이, 현행의 정치경제시스템 하에서는 기업가는 사유재산의 보호에 확신을 갖지 못한다. 또 현재는 정당하게 장사를 하고 있더라도 축재의 과정에서 다소 켕기는 일을 했었다는 혐의를 완전히 없애기는 어렵다. 이러한 사항은 부패관료에게도 마찬가지이며, 처자식과 재산을 해외로 빼돌리는 '나관(裸官)'이 줄지 않는 것은 과거의 부패가 적발될지도 모른다는 불안과 깊은 관련이 있다. 이러한 환경 하에서는 단기적인 축재에 힘써서 자산의 해외도피를 가속하거나 부패 적발이라는 리스크를 줄이기 위해 보다 많은 관계자를 매수하는 행동을 하게 되기 십상이다.

셋째는 부패를 단속하는 주체 역시 부패해 있다는 현실이다. 장웨이잉이 소개한 추계에 의하면 2009년 현(縣) 레벨의 간부 48%, 청(廳)(시市) 레벨의 간부 40%, 성(省) 레벨의 간부 33%가 부패해 있다고 한다. 이 수치는 너무 높다는 인상을 받게 되지만 장웨이잉은 직감적인 판단으로는 여전히 적게 잡은 추계라고 단정하고 있다. 이처럼 부패가 꽤 보편적인 현상이라고 한다면, 부패를 단속하는 관료 역시 정도의 차이는 있지만 부패해 있다고 여겨야 할 것이다. 부패한 관료가 철저한 부패의 단속을 실시할 수 없다고 해도 놀랄 일은 아니다.

부패를 줄일 현실적인(?) 방법

성장의 실현에 공헌한 '애매한 제도'를 곧바로 개변하는 것은 불가능하며 현행의 부패 단속에도 문제가 많다고 한다면, 달리 부패를 줄이는 효과적인 수단은 없는 것일까? 앞에서 언급된 장웨이잉(張維迎)은 매우 독특한 제안을 하고 있다. 내용은 다음과 같다. "2012년 중국공산당 제18회 당대회를 경계로 하여 그 이전의 부패에 대해서는 불문에 부치고, 그 이후에 부패한 경우에는 그 이전과 합산하여 적발한다. 동시에 정부 관료의 재산 공시와 등기를 의무화하고 합리적인 수입을 넘는 부분에 대해서는 몰수하거나 특별세를 추징한 뒤 나머지는 본인의 것으로 한다."

관료의 재산 공시와 관련하여 거짓 공시를 한 경우에는 벌칙을 강화한다. 예를 들어 집 10채가 있는데 2채 밖에 없다고 신고하여 조사에서 맞지 않다는 것이 밝혀지면 나머지 8채는 몰수한다. 이처럼 한다면 거짓 신고를 하는 리스크가 커지기 때문에 정직한 신고를 하는 관료가 늘어날 것이다. 재산 공시를 하고 싶지 않은 관료에게는 관직을 떠날 자유를 주면 그만이다. 이러한 조치에 더해 지금껏 실시했던 부패척결 캠페인을 지속하고 또 미디어에 의한 적발이나 여론의 감독을 강화한다면 부패를 효과적으로 줄일 수 있다고 장웨이잉은 주장한다.

과거의 부패를 불문에 부친다는 주장은 매우 거친 논의처럼 들릴지 모르지만 반드시 그런 것만은 아니다. 이 논점은 1990년대 중반부터 중국이 국유기업의 민영화를 적극적으로 추진했을 때 홍콩중원대학(香港中文大學)의 랑셴핑(郎咸平)이 그것을 '국유자산의 유출'이라고 격하게 비판하여 큰 논쟁이 되었던 것을 연상시킨다. 장웨이잉은 랑셴핑과는 정반대 입장에서 이 논쟁에 참여하고 있다.

그 당시 랑셴핑은 국유기업의 자산처리에 관한 법률 환경이 정비되지 않은 현 상황에서는 국유기업의 소유권 개혁, 그 중에서도 MBO(경영자에 의한 기업자산의 매입)라는 수단으로 국유자산을 개인자산으로 바꾸는 것은 중지시켜야 한다고 주장하였다. 이에 반해 장웨이잉은 개별 안건을 보면 확실히 국유자산의 유출이 있을지 모르지만 국유기업이 민간자본을 침식하고 있는 현 상황을 개선할 수 있다는 것, 국유자산의 유출은 기득권을 지닌 이익집단의 개혁에 대한 저항을 완화시킬 수 있다는 것을 근거로 랑셴핑에 반론을 제기하였다(關 2004).

과거의 부패를 불문에 부쳐 부패를 줄인다는 주장, 그리고 설사 국유자산의 유출이 발생하더라도 국유기업 개혁 추진의 메리트는 크다는 주장은 대상이

다르지만 내용은 동일하다. '혁명'이란 유산자로부터 모든 것을 무상으로 빼앗아 무산자에게 배분하는 것을 의미한다. 이에 반해 '개혁'이란 유산자의 이익을 일정 정도 보증하면서 무산자의 몫을 늘려주는 것이다. 기득권자의 이익을 적절하게 보증하는 것이 이치에 부합하는 '개혁'이라면, 새로운 부패는 엄격하게 단속하지만 과거의 부패는 불문에 부친다는 방법 역시 부패를 줄이는 현실적인 '개혁' 수법이라고 평가할 수 있을지도 모르겠다.

다만 이 수법이 실행으로 옮겨질 가능성은 그다지 높지 않다. 과거의 부패를 불문에 부쳐 과거의 부정축재에 면죄부를 주는 수법은 유산자인 부유층에게는 지지를 받겠지만 국민 대다수를 차지하는, 무산자인 일반 대중은 크게 불만을 가질 것이다. 또 지도자가 바뀌면 정책이 변경될지도 모른다는 의심이 남아있는 한, 부유층이 이 정책을 전면적으로 지지할지도 알 수 없다.

4. 성장과 부패의 병존은 계속된다

애초부터 만연한 부패를 발본색원하는 해결을 꾀하려고 한다면, 공산당 일당독재라는 정치시스템과 국유기업이 큰 비중을 차지는 경제시스템을 개혁할 필요가 있다. 앞에 나왔던 나카가네 카츠지(中兼和津次)가 제시한 '부패 = 독점 + 재량 - 설명책임'이라는 방정식은 부패 억제 메커니즘을 단적으로 표현하고 있다(中兼 2010). 즉 '독점' 대신 경쟁 메커니즘을 도입하고 관료의 '재량' 범위를 줄이며 '설명책임'을 높이는 것으로 부패를 억제할 수 있다는 말이다.

나카가네가 예측하듯이 제도를 정치하게 만들어 나가면 부패는 일시적으로 증가하더라도 그 후에는 감소하기 마련이다.[8] 왜냐하면 시장 이행의 과정이란

---

8 제도의 정치화는 측정이 어려운 개념이다. 법률 · 규율이 정비되고 그것을 집행

정부(국가)에서 민간으로 자원 이전의 과정이며, 국유가 축소되고 사적 소유가 확대되면 정부나 관료가 지배할 수 있는 자원이 적어져 부패의 기회가 적어진다고 생각할 수 있기 때문이다. 따라서 문제로 삼아야 할 것은 중국에서 제도의 정치화가 착실히 진전되고 있는가의 여부이다.

현 상황에서는 제도의 정치화를 향한 걸음이 느릿느릿하다고 말할 수밖에 없다. 그 한 가지 근거를 중국공산당 제18기 3중전회(中全會)(2013년 11월)에서 채택된 〈개혁의 전면적 심화에서 약간의 중대 문제에 관한 중공중앙의 결정〉(이하 '결정'으로 약칭함)에서도 확인할 수 있다. '결정'은 '개혁의 전면적 심화'를 주장하면서도 국유기업의 민영화에 대한 명확한 방침을 제시하지 않은 채 "국유경제의 주도적인 역할을 발휘시키고 국유경제의 활력 · 통제능력 · 영향력을 끊임없이 증강시킨다"고 하여 오히려 국유경제의 증강을 목표로 하고 있다(關 2014). 제5장에서도 자세히 논했던 것처럼 부패의 온상이 되는 관료의 자유재량권을 많이 인정하는 제도이다. 부패의 억제라는 관점에서 보는 한, 이 '결정'이 제도의 정치화에 기여한다고 평가할 수는 없을 것이다.

중국이 철저한 시장화 개혁을 실행으로 옮겨 부패를 줄이는 길을 택하지 않으면서 "부패가 통제불능의 고차적인 영역으로 확장하는 것"을 피하려고 한다면, 부패의 단속 강화는 불가피하다. 부패의 단속이 일정한 효과를 거두어 위더맨이 말한 '약탈국가'로 빠지는 것을 막는 것이 가능하다면, 부패가 성장의 제약 요인이 되는 것을 당장은 피할 수 있을 것이다. 부패와 성장이 병존하는 현 상황은 앞으로도 지속할 가능성이 크다고 할 수 있다.

하는 기관으로 경찰이나 사법기관이 확립되어 있다고 하더라도 그것만으로는 필요충분하다고 말할 수 없다. 법률이 있더라도 그것이 지켜지고 있는가, 그리고 그것을 위반한 자를 엄격히 처벌하는 조직 · 기관이 유효하게 기능하고 있는가 등은 별도의 문제이기 때문이다.

제9장

중국의 격차 문제를 생각한다

—— '애매한 제도'는 격차를 확대시켰는가 ——

앞 장에서는 부패와 성장의 병존이 '애매한 제도'와 깊게 관련되어 있다는 사실을 밝혔다. 이처럼 '애매한 제도'에는 정(正)과 부(負)의 양쪽 측면이 다 있다. 때문에 다음으로 개혁개방 이후 확대 경향으로 진행된 소득격차와 관련하여 '애매한 제도'가 빈부의 격차를 확대시킨 것이 아닌가 하는 질문에 답하고자 한다. 이 장에서는 토마 피케티가 그의 저서 《21세기 자본》에서 전개한 논의와 실증결과를 참조하면서 중국에서의 격차 확대의 메커니즘과 그 대응책에 대해 논의한다.[1]

개혁개방 이후 중국의 격차 확대에는 글로벌한 트렌드 속에서 생긴 측면, 그리고 사회주의에서 자본주의로 이행하는 단계에 있는 중국 자체 내부요인에 의한 측면 등 두 측면이 있다. 철저한 시장화 개혁이 격차를 축소하는 방책이라고 하는 주류 경제학자의 주장은 격차의 후자 측면에서 말하면 정당하지

1 본문에서도 언급했듯이 중국의 격차 문제에 대해서는 수많은 선행연구가 있었다. 이 장의 목적은 그러한 선행연구 결과를 바탕으로 격차를 전면적으로 논하는 것이 아니라 자산 격차에 주목하는 피케티의 논의를 참조 틀로 삼을 경우 지금의 중국의 격차 문제에 대해 무엇을 말할 수 있는가를 논하는 것에 있다.

만, 전자의 측면에 주목하면 격차에 대한 대응책으로는 충분하다고 할 수 없다. 국유자산을 많이 보유한 중국의 정치경제시스템의 특징을 잘 살려 민간자본의 팽창을 적절히 통제하는 제도를 구축할 수 있는가 하는 질문을 할 수밖에 없다.

1. 격차의 역사적 트렌드를 읽다

경제학은 격차를 어떻게 보아왔는가[2]

격차의 문제는 성장의 문제이기도 하다. 19세기를 대표하는 2명의 경제학자 데이비드 리카도와 칼 마르크스는 성장의 지속 가능성에 대해 비관적인 입장에 서 있었다. 리카도는 1817년에 출판된 《경제학과 과세의 원리》에서 지가(地價)와 지대(地代)의 장기적인 추이에 주목하였다. 인구와 생산이 모두 안정 성장에 들어가면 희소한 재화인 토지의 가치가 상승하며 지대 역시 지속적으로 오르게 된다. 그 결과 지주의 수입이 증가해나가는 만큼 다른 계층 사람들의 수입은 줄어들고 만다고 하였다. 한편 마르크스는 1867년 출판된 《자본론》(제1부)에서 자본축적이 진행됨에 따라 점차 많은 자본이 소수의 자본가에게 집중되고 자본수익률의 저하가 자본가들끼리의 폭력적인 분쟁을 불러일으키거나 노동자와 자본가의 계급대립이 격화하여 혁명이 일어나거나, 아무튼 분배를 둘러싼 분쟁이 불가피하게 된다고 주장하였다.

두 차례 세계대전을 경험한 후 세계는 구소련을 중심으로 한 사회주의 진영과 미국을 중심으로 한 자본주의 진영이 대립하는 냉전기로 들어섰는데, 1955년에 사이먼 쿠즈네츠가 출판한 《경제성장과 소득격차》는 자본주의 진영의

2 이하 서술은 Piketty(2014), 梶谷(2000)을 참고하였다.

미래에 밝은 전망을 주게 되었다. 쿠즈네츠에 의하면 격차는 '범종 형태의 곡선'(훗날 쿠즈네츠의 역U자 가설이라 불린다)에 따라 변화한다. 다시 말해 공업화의 초기 단계에서는 격차가 확대되지만 그 후는 축소로 향한다. 왜냐하면 공업화의 초기 단계에서는 공업화가 가져오는 부에서 이익을 얻는 사람이 소수이지만 발전이 진행된 단계에서는 경제성장의 혜택을 받는 사람이 늘어나기 때문에 격차는 자동적으로 줄어들기 때문이다. 쿠즈네츠는 1913년~1948년의 미국 데이터에 기초하여 이 추론을 '실증'해 보였다. 쿠즈네츠와 거의 동시기인 1956년에 로버트 솔로가 발표한 논문에서는 '기술의 공공재적 성질'(기술 보급에 대한 제약 없으며 누구라도 이용 가능)이라는 가정을 받아들여 ①보다 낮은 1인당 소득 수준에서 출발한 나라일수록 빨리 성장하고, ②모든 경제는 정상상태로 '수렴'(convergence)하며, ③균제성장 상태에서는 1인당 생산량은 일정한 성장률로 증가하는 것이 제시되었다. 솔로가 말하는 균제성장이란 모든 변수가 같은 페이스로 진행되어 모든 사회집단이 같은 만큼 성장의 혜택을 받는 것으로, 쿠즈네츠 곡선이 상정한 것과 마찬가지로 자본주의 진영의 낙관적인 장래 예측을 이론적인 면에서 지지하는 것이다.

솔로의 성장 모델은 그 후 폴 로머 등에 의한 '내생적 성장이론'으로 이어져 경제성장을 가져오는 요인으로 아이디어 · 지식의 중요성이나 교육 등 인적 자본의 중요성이 지적되는 등의 방향으로 발전하였다.[3] 실제로 1980년대부터 인도나 중국 등 신흥경제국이 대두하고 1990년대부터 2000년대에 걸쳐 미국에서 일어난 IT혁명이나 금융공학의 발전이 선진국에 가져다준 높은 성장률

---

3 솔로의 수렴가설의 경우, 그 후의 실증연구에 의하면 솔로가 상정한 '무조건 수렴'은 지지되지 못했지만, 각 나라의 정상상태는 저축률 등의 외생변수에 의해 결정되어서 도달한다는 '조건부 수렴' 가설에 대한 실증이 바로(Barro)나 살라 이 마틴(Sala-i-Martin) 등에 의해 강력하게 추진되었다(祝迫 2000).

은, 세계는 성장을 지속하는 것이 가능하며 실제로 성장은 발생하고 있기 때문에 격차는 축소되고 있다는 확신을 많은 사람들, 특히 경제학자들에게 가져다주게 되었다.

그런데 2008년에 발생한 리먼 쇼크가 미국에서 발전을 이룩한 금융공학의 '꺼림칙함'을 폭로한 때를 경계로 하여 선진국에서의 높은 성장률이 도상국과의 격차를 오히려 확대한 것, 고도성장을 지속하고 있던 신흥경제국의 성장에 그림자가 드리워졌던 것, 선진국 특히 미국에서의 부유층과 빈곤층의 거대한 격차 구조가 확실해진 것 등으로 자본주의 진영이 공유하고 있던 흔들림 없는 성장에 대한 확신이 차츰 흔들리기 시작했다. 19세기 리카도나 마르크스의 비관론은 그 후 역사가 보여주듯 오류였지만, 21세기 최초의 10년이 지나고 경제학에서 격차 문제가 다시 중요한 과제로 부상한 것이다.

그렇다면 격차 축소의 평화로운 시대는 과거의 것이 되고 격차 확대의 시대가 시작했다고 말할 수 있는 것일까? 글로벌 규모에서 격차의 향후 행방을 예측하는 것은 쉽지가 않다. 통계학자 브랑코 밀라노비치는 다음 세 가지 요소가 격차에 영향을 미치는 힘으로 작용한다고 말한다(*Milanovic 2012 : 141페이지). ①국내의 불평등이 확대하고 있는가의 여부, ②평균적으로 성장이 빠른 것은 가난한 나라인가 아니면 부유한 나라인가? ③중국과 인도는 부유한 나라보다 빠르게 성장하고 있는가? 밀라노비치는 이들 여러 영향들이 뒤엉킨 것을 푸는 것은 거의 불가능하며 (경제학자들 사이에) 컨센서스가 존재하지 않는다고 결론짓고 있다. 하지만 국내의 불평등이 확대되고 가난한 나라의 성장이 둔화되고 중국과 인도의 고도성장이 끝난다면 격차확대의 시대에 돌입하는 것은 몹시 있을 법한 일이다. 중국에게 초점을 맞추어 이야기하자면 과거 35년의 고도성장이 글로벌 규모에서의 격차 축소에 공헌한 것은 의심할 바 없지만, 그 인구규모의 크기를 감안하면 중국 국내의 불평등 확대가 글로벌 규모의 격차 축소 움직임을 반전시켜 버리는 가능성조차 있을 수 있는 것이다.

토마 피케티의 《21세기 자본》

그런데 프랑스의 경제학자 토마 피케티가 2013년에 출판한 《21세기 자본》이 세계적으로 베스트셀러가 되었던 일은 기억에 새롭다. 이 책은 ①격차 확대라는 대부분의 사람이 관심을 가진 테마를 골랐다는 것, ②주의 깊게 모은 방대한 데이터를 기초로 경제학 비전문가도 이해 가능한 쉬운 말로 격차 확대의 역사적 트랜드를 해설한 것, ③격차 축소를 위한 대담한 구체안을 제안한 것 등이 특징이다.

하지만 이것만으로는 베스트셀러가 탄생하는 이유가 되지는 않는다. 미국, EU나 일본을 포함한 선진국에서도 중국이나 인도 등 신흥국에서도 민주주의와 자본주의가 경제성장을 가져오며 밝은 미래가 전망된다고 생각하는 것이 점차 힘들어지고, 빈부의 격차가 확대되어 생활이 점점 어려워지고 있다고 생각하는 사람들이 증가하고 있다는 사실이 《21세기 자본》을 베스트셀러로 밀어올린 진정한 이유일 것이다.

《21세기 자본》은 경제학 이외의 분야로부터는 많은 지지를 얻는 한편, 경제학 내부로부터는 수많은 비판을 받았다.[4] 경제학자 이노키 타케노리(猪木武德)는 "읽을 만한 경제서로서 (이 책을) 흥분해서 다 읽어내었다. 이와 동시에 사회과학서로서의 평가는 어렵겠구나 하며 반대 감정이 드는 독후 감상을 가졌다"고 솔직하게 고백하고 있다(猪木 2015).

필자가 살펴본 것 가운데 가장 포괄적인 비판을 한 다론 아제모을루와 제임스 로빈슨은 피케티의 가장 중요한 결점은 "모종의 제도나 정치에 대해 언급하고는 있지만, 제도적 · 정치적 요소가 불평등의 형성에서 한 역할이나

4 피케티의 《21세기 자본》의 내용과 이에 대한 비판의 논점에 관련해서는 加藤(2016)에서 보다 상세하게 논의하였다. 흥미를 느끼는 독자께서는 그쪽을 참조하시기 바란다.

그러한 요소의 내생적 변화를 인정하고 있지 않다는 것"이라고 비판한다(Acemoglu and Robinson 2014). 아제모을루와 로빈슨이 공저 《국가는 왜 실패하는가》에서 전면적으로 논의했듯이 제도, 특히 정치제도가 이루어낸 중요한 역할을 필자도 인정하는 것에 인색하지 않다(加藤 2014a). 하지만 피케티도 제도나 정치의 중요성에 대해서는 잘 인식하고 있으며 그것을 무시하며 자본주의의 일반법칙을 논한 것은 아니다. 예를 들어 비교적 평등했던 미국이 격차가 가장 큰 나라로 변한 것을 피케티는 역사나 제도에 입각하여 제대로 설명하고 있다. 아제모을루와 로빈슨의 비판은 자신의 학설을 강조한 나머지 피케티를 너무 엄격하게 평가하고 있다.

두 가지 기본법칙과 한 가지 일반법칙

피케티는 방대한 역사 데이터를 쌓아놓고 추론하여 두 가지 '자본주의의 기본법칙'과 한 가지 일반법칙을 추론하였다. 자본주의의 제1기본법칙은 $\alpha = \gamma \times \beta$로 표현된다(단, α는 국민소득에서 차지하는 자본의 비율, γ은 자본수익률, β는 자본/소득 비율을 가리킨다). 또 자본주의 제2기본법칙은 $\beta = s/g$로 표현된다(단, s는 저축률, g는 성장률을 가리킨다). 또 피케티가 제기한 일반법칙은 $\gamma > g$라는 부등식이다.

표준적인 경제모델에서는 g가 변화하면 γ와 s도 내생적인 변화를 한다고 여겨지지만, 피케티는 γ와 s가 거의 일정(혹은 g만큼 변화하지는 않는다)하다고 여기기 때문에 g가 저하하면 자본 비율 α는 확대한다. 상식적으로 생각해보면 s가 일정하다고 하더라도 g가 저하되면 자본/소득 비율 β는 상승한다. 그 때 수확체감을 전제로 하면 자본의 한계생산성과 같은 γ는 저하하기 마련이다. 물론 피케티 역시 γ의 저하를 인정했지만, 자본의 노동에 대한 탄력성이 높기 때문에 γ의 저하는 일정 레벨에서 머물게 된다. 까닭에 α는 도리어 증가했다고 여기는 것이다. 피케티는 초장기간(超長期間)에서는 자본의 대체탄력성은

1보다 컸던 것 같다고 추론하고 있다.[5] 또, $\gamma > g$라는 부등식은 "절대적인 논리적 필연이 아니라 다양한 메커니즘에 의해 결정되는 역사적 현실로 분석할 필요가 있다"고도 지적하고 있다.

경제학의 이론가가 보자면 피케티의 세 가지 법칙은 꽤 중요한 세 가지를 전제로 하지 않는 한 성립하지 않는다는 의미에서 이론모델로서는 정치함이 결여된 거친 것이다. 또 그 법칙에 근거한 '격차 확대 메커니즘의 모델 분석'으로서도 성공하고 있다고 말할 수 없다(猪木 2015). 게다가 격차 문제의 심각성은 부유층이 얼마나 고소득이나 큰 자산을 보유하고 있는가 하는 문제보다 빈곤층이나 자산이 전혀 없는 사람들의 존재에 따라 선명해지는 것으로, 피케티가 논의하지 않은 것이야말로 격차 문제의 중점에 있다는 비판도 있다(橘木 2014).

앞에 서술한 비판의 일부에 대해서는 피케티 자신이 반론을 하고 있지만 여기에서는 그 내용을 검토하는 것은 굳이 하지 않기로 한다. 이론모델로서의 엄밀함보다 피케티가 중시한 것은 역사적인 사실로서 존재하는 트랜드를 제시하는 것에 있다고 필자는 생각하기 때문이다. 이러한 관점에서 필자는 적어도 이하 3가지 사항에서 경제학이 지금껏 정면에서 거의 취급하지 않은 격차 문제에 대해 피케티는 중요한 공헌을 했다고 생각하고 있다.

쿠즈네츠의 역U자 가설에 대한 비판

피케티의 공헌 가운데 첫째는 쿠즈네츠가 제기한 격차와 경제발전에 관한

---

5 앞에서 나왔던 아제모을루와 로빈슨의 연구의 경우 단기 실증연구에서는 대체탄력성이 1보다 작으며 장기에서도 통상 1보다 작다. 장기의 대체탄력성이 1보다 큰 경우는 기술을 내생화(內生化)한 경우뿐이다. 이처럼 양자 사이에는 명확한 인식의 차이가 존재한다(보다 정확하게 말하면 피케티의 주장은 자본의 대체탄력성이 1보다 크다는 조건을 더하지 않으면 성립하지 않는다).

〈그림 9-1〉 미국의 상위 10%가 국민소득에서 차지하는 비율(1910년~2010년)
출처) *Piketty(2014) 〈그림 8.1〉을 인용함

역U자 가설을 비판적으로 검토하고 있다는 것이다. 쿠즈네츠의 역U자 가설은 경제학자에게는 널리 수용되었지만 쿠즈네츠가 실증에 이용한 데이터는 한정된 기간의 미국이라는 한 나라만의 데이터이며, 피케티가 수집한 19세기부터 21세기에 걸친 미국 · 유럽 여러 나라의 장기간의 데이터에 근거하면 이 가설은 성립하지 않는다. 피케티는 다음과 같이 지적한다.

> 마법과 같은 쿠즈네츠의 곡선이론은 상당 부분이 잘못된 이유로 인해 구축된 것이며, 그 실증적인 근거는 극히 약한 것이었다. (중략) 성장이 자동적으로 균형이 잡히는 것으로 생각해야 할 본질적인 이유 따위는 없다. 격차의 문제를 경제 분석의 핵심으로 돌려 19세기에 제기된 문제를 생각할 시기는 이미 온 것이다. (*Piketty 2014 : 17~18페이지)

〈그림 9-1〉은 1910년부터 2010년의 미국 상위 10%의 국민소득이 차지하는 비율을 제시한 것이다. 1910년부터 1970년까지의 트렌드를 보는 한, 확실히

쿠즈네츠의 역U자 가설이 타당한 듯 보이지만, 2010년까지 연장해보면 쿠즈네츠 가설이 의심스럽다는 것은 명백하다. 다만 이만큼 명확히 표현된 것은 미국뿐이며 유럽이나 일본에서는 1970년대 이후의 격차 상승은 완만하다. 또 20세기 초엽부터의 반세기 남짓 격차가 확대하지 않은 이유는 2차례 세계대전과 대공황으로 물적 자산이 파괴되고 자산가치가 감소하고 정부의 높은 세율이 부(富)의 수익률을 눌러내리는 한편, 생산성과 인구의 급증이 성장률을 밀어올렸기 때문이라고 피케티는 설명하고 있다.[6]

인적 자본론에 대한 의심

피케티의 두 번째 공헌은 인적 자본론에 대한 강한 의심을 제시하여 초고소득자(超高所得者)의 보수에 정당성이 없다는 사실을 명확히 지적한 점이다. 이것은 노동의 한계생산성의 해석과도 관련된 중요한 논점이다.

경제학 교과서가 가르치는 바로는 임금은 한계생산력과 같은 수준에서 결정된다. 생산 라인에 늘어선 노동자의 열(列)에 한 사람이 추가되면 얼마나 생산이 늘어나는가(한계생산성)를 계산하여 임금에 알맞은 만큼의 생산증가가 없다면 경영자는 노동자를 추가하지 않는다. 이 생각은 단순노동의 경우에는 맞는 것이지만 보다 복잡한 노동에도 정당한 것일까? 단순노동자보다 기술노동자나 관리노동자(경영자)의 임금이 높은 것은 그러한 기술을 가진 자가 상대적으로 부족한데다가 교육이나 훈련을 통해 높은 인적 자본을 획득했기 때문이라고 설명한다. 하지만 이것은 정말일까? 피케티는 다음과 같이 의심을 드러낸다.

---

6 피케티에 의하면 2차례 전쟁의 영향은 물적 자산의 파괴 이상으로 재정과 정치에 영향을 주었다. 하나는 외국 포트폴리오의 붕괴이며, 다른 하나는 기업의 혼합소유와 규제로 생긴 자산가치의 하락이다(*Piketty 2014 : 156페이지).

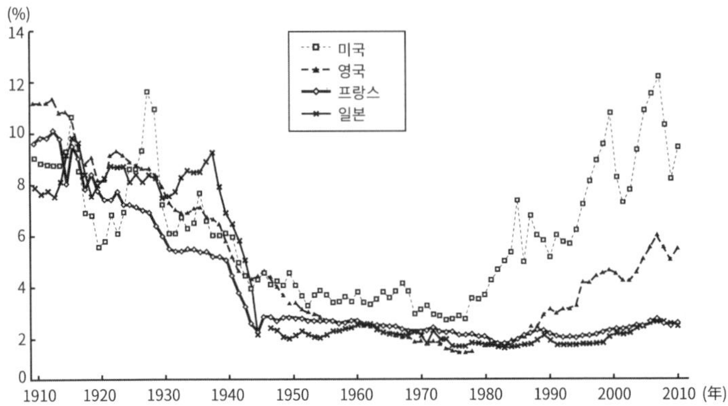

〈그림 9-2〉 미국 · 영국 · 프랑스 · 일본의 상위 0.1%의 소득비율(1910년~2010년)
출처) *Piketty(2014) 〈그림 9.5〉, 〈그림 9.6〉을 근거로 작성함

> 교육과 기술은 긴 안목으로 보면 중요한 역할을 하고 있다. 하지만 노동자의 임금이 늘 그 사람의 한계생산력, 다시 말해 그 기술로 완전히 결정된다는 생각에 근거한 이 이론모델은 각종의 측면에서 한계가 있다. (*Piketty 2014 : 320 페이지)

피케티가 특히 주목하고 비판의 대상으로 삼고 있는 것은 미국에서 전형적으로 나타나는 '수퍼 경영자'의 대두이다. 근대 미국에서의 초고소득자의 급격한 증가는 소득 상위 0.1%로의 부의 집중을 가져와 격차 확대의 최대 요인 가운데 하나가 되었다. 〈그림 9-2〉를 보자. 이 그림은 미국 · 영국 · 프랑스 · 일본에서의 상위 0.1%의 소득 비율(1910년~2010년)의 추이를 제시한 것이다. 이 그림에서 알 수 있듯이 미국과 영국에서는 상위 0.1%의 소득 비율 확대가 뚜렷하며, 특히 미국은 거의 20세기 초엽의 수준으로 돌아가고 있다. 이에 반해 프랑스와 일본에서는 격차의 확대가 완만하다.

두 지역에 나타난 변화는 무엇을 지시하는 것일까? 이는 '수퍼 경영자'의

보수가 한계생산력 이론이나 인적 자본론으로 결정된다는 논의가 의심스럽다는 것이다. 만약 그러한 이론이 바르다면 국가나 기업에 관련이 없는 경영자의 보수는 거의 동일한 레벨이 되고 그것이 상위 0.1%의 비율 변화에도 반영되어야 한다. 그렇지 않다는 것은 경영자의 보수가 그 사회의 규범이나 가치 기준으로부터 자유롭지 않다는 것을 의미하고 있다.[7]

자산 격차의 중요성

셋째로 피케티의 공헌으로 주목하고 싶은 사항은 자산(자본)으로 얻어지는 소득을 노동소득과 구별하여 다루고 자산 격차에 주목한 것이다.

일반적으로 격차를 측정하는 척도인 지니계수나 타일지수 등이 계측에 이용하는 소득 데이터는, 노동과 자본이라는 완전히 다른 요소를 혼합시킨, 이른바 종합소득이다. 따라서 그것으로는 격차의 다양한 양상과 그곳에 작용되는 메커니즘을 확실히 구분할 수 없다고 피케티는 비판한다. 피케티에 의하면 소득격차는 노동소득의 격차, 소유자본과 그것이 만들어내는 소득의 격차, 그리고 이들 둘의 상호작용이라는 세 가지에 의해 결정된다. 앞에서 검토했던 것처럼 오늘날은 '수퍼 경영자'의 대두에 따라 노동소득에도 큰 격차가 존재한다. 하지만 노동소득의 격차와 자산소득의 격차를 비교하면 어떤 나라도 예외 없이 소유자본이 만들어내는 격차 쪽이 현격히 크다. 소득분배가 비교적 평등했던 1970년~1990년의 스칸디나비아의 여러 나라에서조차 소득의 상위 10%가 총 임금의 약 20%를 차지했지만, 가장 부유한 10%가 부의 50%를 소유하고

---

7 다만 피케티는 "임금 격차가 공정한 보수에 대한 사회규범에 의해 결정된다고 주장하고 싶은 것은 아니다"고 말하고, 한계생산력 이론이나 인적자본론(기술과 교육의 격차)으로도 어느 정도 설명 가능하지만, 그것으로 설명할 수 없는 극소수(아마도 1% 이하)의 피고용자에 대해서는 사회규범의 설득력이 커진다고 하고 있다(*Piketty 2014 : 346~7페이지).

있었던 것이다.

소득 하위 50%는 거의 어떠한 자산도 보유하고 있지 않지만, 소득 상위로 갈수록 자산에서 얻어지는 소득이 큰 것은 자산의 규모가 커지면 커질수록 높은 수익을 낳는 경향이 있기 때문이다. 피케티는 1980년~2010년의 미국 사립대학이 보유한 대학기금의 운용이익을 비교하여 이러한 사실을 밝히고 있다. 기금규모가 150억 달러를 넘는 하버드 · 예일 · 프린스턴의 수익률이 평균 10.2%였던 것에 반해, 1억 달러 미만 대학의 그것은 평균 6.2%였다. 유능한 펀드매니저를 고용할 수 있을 정도로 기금규모가 크면 높은 수익률을 기대할 수 있는 것이다.

자산규모가 클수록 거기에서 높은 수익을 얻고 있다는 사실은 별달리 새로운 발견이라 할 수 없다. 하지만 향후 인구증가율이 저하하고 저성장이 지속되면, 19세기가 그러했던 것처럼 세습자산의 중요성이 차츰 높아질 것이라고 피케티는 생각한다. 여기에 자산 격차에 주목해야 할 이유가 있다.[8]

2. 중국에서의 격차의 실태

격차의 트랜드

중국의 소득격차 동향에 대해서는 이미 많은 실증연구가 있었다(薛 외 2008, 李 외 2008, 李 외 2013, 三浦 2013). 많은 연구에서 공통으로 도출된 결론은 개혁

8 19세기는 자산의 유무가 풍족한 생활의 보증 여부를 결정하는 중요한 요소였다. 발자크의 《고리오 영감》을 인용하면서 피케티는 "성실 · 재능 · 노력으로 사회에서의 성공을 달성할 수 있다고 생각하는 것은 환상에 불과하다"고 19세기적인 세계의 현실을 묘사해 보였다(*Piketty 2014 : 249페이지). 20세기적인 세계에서는 이 주장이 틀렸을지도(혹은 과장되었을지도) 모르지만, 21세기적인 세계에서는 다시 이것이 진실에 접근할 것이라고 피케티는 이야기하고 있다.

〈그림 9-3〉 중국을 포함한 신흥국에서의 상위 1%의 소득비율(1921년~2010년)
출처) *Piketty(2014) 〈그림 9.9〉를 일부 수정함

개방 이후의 중국에서는 소득격차가 확대경향으로 옮아갔다고 하는 것이다. 비교 가능성을 염두에 두고 〈그림 9-3〉은 중국을 포함한 신흥 경제국에서의 상위 1%의 소득비율(1921년~2010년)의 추이를 피케티의 데이터에 기초하여 제시한 것이다. 통계의 연속성에 난점이 있기는 하지만 앞에서 살핀 선진국의 트랜드와 같은 듯한 움직임을 보이는 것을 확인할 수 있다.[9]

다른 나라와 비교 가능한 데이터라고 한다면, 1986년 이전 중국 격차의 실태에 대해서는 오늘날 잘 알 수 없다. 하지만 1978년 개혁개방 이후 격차의 동향은 어느 정도 알 수 있다. 〈그림 9-4〉는 1978년부터 2014년까지의 중국의 지니계수의 추이를 제시한 것이다. 피케티의 데이터를 보강이라도 하듯 개혁

9 피케티가 수집 · 작성한 데이터베이스는 주로 납세액의 정부자료에 기초한 것이지만, 중국의 경우는 그 데이터가 없기 때문에 가계조사에 근거한 데이터베이스이며, 엄밀한 의미에서는 미국 · 유럽 여러 나라의 트랜드와 비교 가능하다고 말할 수 없다.

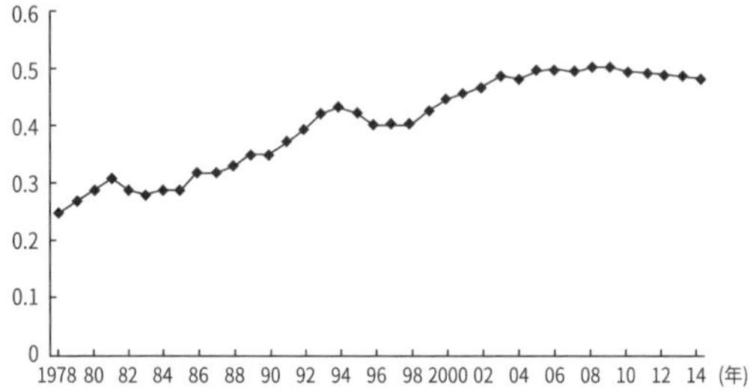

〈그림 9-4〉 중국의 지니계수 추이(1978년~2014년)

출처) 1978년~2002년은 薛 외(2008), 2003년 이후는 국가통계국 제공

개방 이후 시장화의 추진과 함께 중국에서는 격차가 확대되고 있는 것을 알 수 있다. 다만 21세기에 들어서면 격차는 높은 선에서 유지되는 경향을 보이며, 국가통계국의 공식견해에 의하면 2008년부터 격차는 축소경향에 있다고 한다.

지역 간 격차에서 계층 간 격차로

앞에서 제시한 2개의 그림과 지금까지의 분석으로부터 무엇을 말할 수 있을까? 첫째, 격차의 확대는 개혁개방 이후 중국이 안고 있는 문제점으로 자주 지적되었지만, 〈그림 9-3〉에서 보이듯이 격차가 확대되고 있는 것은 중국만의 문제가 아니라 정도의 차이는 있지만 다른 신흥 경제국에서도 공통된 것이다. 격차 확대가 글로벌한 현상이라고 한다면 중국의 주류 경제학자가 주장하듯이 시장화를 철저하게 하면 격차는 저절로 축소할 것이라는 확신은 누구도 가질 수 없는 것이다.

둘째, 〈그림 9-3〉과 〈그림 9-4〉를 종합하면 큰 트랜드로서 중국에서의 격차문제가 지역 간 격차에서 계층 간 격차로 옮아가고 있다는 사실을 알 수 있다. 1999년부터 2012년의 31개 성(省) · 시(市) · 자치구의 도시와 농촌에서의 주민 1인당 실질 가처분소득의 격차 동향을 상세히 연구한 호시노 마사시(星野眞)에 의하면 지역 간 소득격차의 8할은 도시 · 농촌 간의 소득격차로 설명 가능하다. 그것은 기본적으로 계속 확대되어 왔으나 2004년 이후 완만한 확대로 변화했으며 2009년 이후는 축소로 돌아섰다(星野 2012, 星野 2013).

호시노의 계측결과는 지니계수로 측정한 격차축소이며 앞에 서술한 국가통계국의 계측결과와 부합된다. 다시 말해, 개혁개방 이래 지속된 도시 · 농촌 간의 소득격차의 급속한 확대가 완만하게 변화한 것이 지니계수로 측정한 격차의 동향에 영향을 준 것이다. 하지만 그러한 사실이 주로 계층 간 격차에 영향을 받는 피케티의 데이터(소득 상위 1%가 차지하는 비율)가 제시한 결과가 오류라는 것을 의미하지는 않는다. 지역 간 격차는 축소하더라도 계층 간 격차는 확대하는 것은 있을 수 있기 때문이다.

호시노의 지표는 성(省)마다의 1인당 소득이라는 집계 수치를 사용한 것으로, 계층 간 격차는 완전히 반영되지 않았다. 또 국가통계국이 계측한 지니계수는 가계조사에 기초한 것으로, 소득의 최상위층은 통계 모집단에서 누락되었을 가능성이 높다. 게다가 지니계수는 샘플을 취하는 방식에 따라서도 차이가 크게 발생한다. 시난재경대학(西南財經大學) 중국가계금융조사 · 연구센터가 독자적으로 실시한 가계조사를 기초로 계산한 2010년의 지니계수는 전국 레벨이 0.61, 도시가 0.56, 농촌이 0.6이었다(西南財經大學中國家計金融調査與研究中心 2010). 이것은 국가통계국의 수치를 대폭 상회하고 있다.[10]

---

10 베이징대학 사회과학연구센터가 발표한 〈중국민생발전보고 2014〉에 의하면 자산소유를 기초로 계측한 2012년의 지니계수는 0.73이며, 상위 1%가 전국 자산의 1/3 이상을 차지하고 있다고 한다. 자산소유의 격차는 계층 간의 소득격차를 상회하고 있다.

3. 격차를 야기한 요인을 생각한다

공식통계에서 격차는 높은 선에서 유지되고 그 이후 축소로 돌아선다는 수치가 나타났지만, 개혁개방 이후의 35년을 통관해보면 격차가 확대 경향으로 옮아가고 있다는 사실은 의심할 여지가 없다. 또 지역 간 격차가 축소되고 있지만 계층 간 격차는 오히려 확대경향을 보이고 있다. 이와 같은 상황에 대해서는 논의가 나뉜 것을 거의 발견할 수 없지만, 그 요인이 무언인가에 대해서는 큰 의견의 차이가 존재한다. 한 가지 관점은 시장화의 진전이 격차를 확대시켰다는 것이다. 이와 대립하는 또 하나의 관점은 불철저한 시장화가 격차를 확대시켰다는 것이다. 앞에서 서술한 피케티의 격차문제에 대한 세 가지 공헌에 입각하여 중국의 격차문제에 숨겨진 요인에 대해 검토해보자.

중국에서의 '수퍼 경영자' 문제

피케티가 미국의 격차 확대를 일으킨 요인으로 주목한 '수퍼 경영자'의 문제는 중국에서도 들어맞는다. 《포브스》가 최초로 부호 랭킹을 발표한 1987년에 억만장자는 세계에 겨우 140명을 넘는 수준이었지만 2013년에는 1400명을 넘어 10배로 증가하였다(*Piketty 2014 : 449페이지). 이 4반세기에 발생한 억만장자의 급증에 가장 크게 공헌한 것은 중국인 초고소득자의 급증이다. 2015년판의 부자 순위에 의하면 10억 달러 이상의 개인자산을 보유한 부호는 전세계에 1826명이며 국적별로는 미국이 536명으로 가장 많지만, 중국(홍콩은 제외하였다)이 213명으로 2위를 차지하고 있다(참고로 홍콩도 55명으로 6위에 위치한다).

중국의 대부호는 어떠한 사람들일까? 〈표 9-1〉은 2015년 중국의 억만장자 탑20을 제시한 것이다. 이 리스트에는 인터넷이나 부동산 등으로 부를 이룩한 창업자가 즐비해 있다. 중국의 대부호도 최상위에 주목하는 한, 세계의 대부호와 그다지 다른 점이 없다.[11] 다만 중국의 억만장자의 경우 다음 두 가지에 주의를 요한다.

순위	이름	자산 (억 위안)	부의 원천	업종구분
1	마윈(馬雲)	1193.4	알리바바	인터넷
2	리옌훙(李彦宏)	899.6	바이두(百度)	인터넷 검색
3	마화텅(馬化騰)	881.3	텐센트	인터넷
4	왕젠린(王健林)	807.8	완다(萬達)	부동산
5	리허쥔(李河君)	795.6	한넝(漢能)	태양전지
6	중칭허우(宗慶后)	473.2	와하하(娃哈哈)	식품
7	왕원인(王文銀)	612	정웨이인터네셔널그룹 (正威國際集團)	광업
8	레이쥔(雷軍)	556.9	샤오미(小米)	스마트폰
9	허샹젠(何享健)	459	메이더(美的)	가전
10	류창둥(劉强東)	434.5	징둥(京東)	인터넷 통판
11	류융항(劉永行)	397.8	둥팡시왕그룹(東方希望集團)	사료 · 알루미늄
12	왕징(王靖)	391.7	신웨이통신산업그룹 (信威通信産業集團)	인프라 · 광업 · 통신
13	천리화 가족 (陳麗華 家族)	373.3	창안클럽(長安俱樂部)	부동산
14	웨이젠쥔(魏建軍)	367.2	창청자동차(長城汽車)	자동차
15	쉬자인(許家印)	361.1	헝다부동산(恒大地産)	부동산
16	루관츄 부자 (魯冠球 父子)	330.5	완샹그룹(萬向集團)	자동차 부품
17	쉬룽마오(許榮茂)	330.5	스마오부동산(世茂房地産)	부동산
18	장즈둥(張志東)	318.2	텐센트 창업자	인터넷
19	딩레이(丁磊)	299.9	넷이즈(NetEase, 網易公司)	인터넷
19	양후이옌(楊惠妍)	299.9	비구이위안(碧桂園)	부동산

〈표 9-1〉 2014년판 《포브스》 중국부호 랭킹 상위 20위

출처) 〈2014년 포브스 중국부호 순위표[2014年福布斯中國富豪排行榜]〉(2014년 10월 27일 발표)

---

11 피케티의 다음 지적은 중국에서도 들어맞을 것이다. "대체적으로 말하자면 자본수익은 자주 진정한 노동, 완전한 운, 그리고 명백한 도둑질의 요소를 나눌 수 없도록 결부되어 있는 것이 그 실정이다. 부 축적의 자의성은 상속의 자의성보다 더 광범위한 현상이다."(*Piketty 2014 : 436페이지)

첫째는 소득으로 카운트되지 않는 '회색수입(灰色收入)'이 많다는 것이다. 회색수입이란 표에 나타나지 않는, 다시 말해 과세의 대상이 되지 않는 수입을 의미하는 말인데 국민경제연구소의 왕샤오루(王小魯)의 추계에 의하면 2011년의 회색수입은 6조 2000억 위안(약 116조 엔)에 달하며, 국민소득의 12%에 해당하는 수준이었다(王 2013a). 고소득자일수록 회색수입이 많다는 것도 그 특징이며, 2008년의 회색수입 총액의 62.5%를 최고소득자(연간 수입 40만 위안 이상)가 차지했다고 한다(王 2013b : 131페이지).[12] 자산을 은닉하려는 것은 어느 나라의 부자들도 마찬가지이지만 회색수입 규모의 크기는 중국의 제도 환경이 그러한 자산은닉을 용이하게 했다는 사실을 엿보게 하는 것이다.

둘째로 지적해야 할 것은 국유기업의 경영자(자주 공산당의 고급간부와 중첩된다)의 높은 급료이다. 최근 국유기업 경영자의 급료는 정부의 통제를 벗어나 천정부지로 치솟고 있다.

《포브스》 중국어판에 의하면 상장 국유기업 CEO 가운데 2013년 연간 수입이 가장 높았던 것은 컨테이너 제조회사인 중국국제해운컨테이너그룹(中國國際海運集裝箱集團)(CIMC)의 마이보량(麥伯良) 총경리로, 869만 7000위안(약 1억 6300만 엔)이었다. 상장 국유기업 CEO의 평균 연간 수입은 77만 3000위안(약 1450만 엔)으로, 도시노동자의 평균 연간 수입 5만 2000위안의 약 15배에 달하는 고액이다. 2011년 실적에서는 연간 수입이 100만 위안을 넘는 상장기업 경영자 294명 가운데, 민영기업 CEO는 151명, 국유기업 CEO는 143명으로, 평균 연간 수입은 국유기업 CEO가 민영기업 CEO를 상회한다고 한다(《朝

---

12 왕샤오루는 2008년의 회색수입 5조 4000억 위안(약 101조 엔)이 과대평가라고 하는 뤄추량(羅楚亮) 등의 비판에 대해 '신랑망(新浪網)'에서의 앙케트 조사 결과를 인용하여 반론하고 있다. 이에 의하면 7918명의 회답자 가운데 83.7%가 과대평가가 아니라고 회답했으며, 10.3%가 과대평가, 6%가 어느 쪽도 아니라고 회답했다고 한다(王 2013b : 228페이지).

日新聞》디지털판 2012년 8월 7일자).

글로벌화가 진행되는 가운데 우수한 경영자를 확보하기 위해서는 경영자의 보수도 국제수준에 따라야만 한다는, 그럴듯한 논의가 있다. 하지만 앞에서 살펴보았듯이 미국 경영자의 높은 급료에 정당한 근거가 없다면, 이 논의 역시 의심스럽다고 말할 수밖에 없다. 피케티가 빈정대며 지적했듯이 "가장 많이 버는 사람이 자신의 급료를 스스로 결정한다면, 그 결과 격차는 점점 커질 수밖에 없다."(*Piketty 2014 : 347페이지)

물론 중국정부도 결코 정책이 없었던 것은 아니다. 뒤늦게나마 정부는 〈중앙관리 기업책임자의 급여제도 개혁방안〉을 2015년 1월 1일부터 시행하였다. 그때까지의 급여제도는 기본급과 업적급 2종으로 이루어져 있었으나 새로운 '방안'에서는 여기에다 임기장려금을 더해 3종이 되었다. 기본급은 재직 직원 평균급여의 2배로 설정되어 있다. 또 업적급은 5개 레벨로 나누어 최고 레벨인 A에 랭크되면 기수(基數)의 2~3배가 된다. 그리고 임기장려금은 임기고사(任期考査) 평가 결과에 기초하여 결정된다고 한다. 이 제도 개정에 따라 국유기업 CEO의 높은 급여에 제동이 걸릴 것으로 기대되고 있다.[13]

중국에서의 '자산'을 생각한다

중국 부호 랭킹에는 1세대에서 부를 쌓은 민영기업가가 즐비하며 이 시기에 생긴 격차는 주로 노동이나 재능에 따른 차이를 반영한 것이라고 말할 수 있을 것이다. 인민공화국의 최초 30년 동안 중국에서는 집권적인 사회주의

---

13 새로운 '방안'이 시행되면 현행으로는 10~15배로 추정되는 CEO와 평균급여의 격차는 7~8배로 축소될 것으로 예상된다(勞働政策研究 · 研究機構 홈페이지 〈中央管理企業責任者の給与制度改革方案〉を施行 : http://www.jil.go.jp/foreign/jihou/2015/02/china_01.html).

체제 아래 자산을 보유하는 것이 엄격히 제한되어 있었으나, 1970년대 말의 개혁개방 이후 이른바 무일푼으로부터 경제부흥이 시작되었다. 앞에 나온 부호 랭킹은 경쟁에서 승리한 자들의 리스트이기도 하다.

다만 다른 나라에는 없는 중국의 특징으로 '꽌시(關係)'라고 불리는 '비물적 자산'이 자산 형성에 하나의 역할을 맡았다는 것도 지적해둘 필요가 있다. 홍콩과기대학(香港科技大學)의 카르스텐 홀즈에 의하면 "(2016년 현재) 중국에서는 1억 위안(약 19억 엔)을 넘는 재산을 가진 부호가 3220명인데, 이 가운데 2932명은 공산당 간부의 자제이다. 다섯 가지의 가장 중요한 공업 부문, 금융, 외국무역, 부동산개발, 대형건설 프로젝트, 그리고 국가안전과 관련된 부문에서 85%에서 90%의 핵심적인 지위는 공산당 간부 자제의 손안에 있다."(Holz 2007) 홀즈의 추계가 얼마나 신뢰 가능한지는 별도로 하더라도, 시장이행 단계에 있던 중국에서 비즈니스에서 성공하기 위해서는 당이나 정부 관료와의 '꽌시'가 유리하게 작용했다고 상상하는 것은 그다지 큰 잘못은 아닐 것이다. 이러한 점에 주목한다면 물적 자산뿐 아니라 '비물적 자산'에도 충분한 주의를 할 필요가 있다.

공산당의 일당 독재체제가 유지되는 한 '비물적 자산'의 중요성은 변함없이 유지될 것이다. 우징롄(吳敬璉) 등의 주류 경제학자가 주장하듯이 철저한 민영화는 그러한 '비물적 자산'의 가치를 감소시키게 된다. 이러한 점에서는 우징롄 등의 주장을 지지하고 싶지만, 약간 야유를 섞어 말하자면 이미 자산 형성을 끝낸 부유층(당의 자제나 경제학자를 포함한다)에게 더 이상 '비물적 자산'의 가치는 그다지 중요하다고 할 수 없다. 현 정권이 강조하는 '의법치국(依法治國)'(법에 따라 나라를 다스리다)도 관점에 따라서는 부유층의 재산보전을 뒷받침해주는 것이 되고 있다.

이상의 사실에서 '수퍼 경영자'의 출현과 '꽌시'가 중국의 소득격차 형성에서 그것이 전부는 아니지만 결코 무시할 수 없는 중요한 역할을 했다는 사실을 알 수 있다. 그렇다면 최초의 문제 설정으로 돌아가 시장화의 진전이 격차를 확대했는가, 아니면 시장화의 불철저가 격차 확대의 요인이 되었는가를 생각해 보자. 수퍼 경영자의 출현은 미국이나 영국에서 전형적으로 보이는 현상이며 그것이 중국에서도 출현하는 것이 타당하다고 한다면, 시장화의 진전이 가져온 것이라고 추론할 수 있다. 한편 '꽌시'에 주목할 경우 시장경제로의 이행기에 공산당의 고급간부가 다양한 특권을 이용하여 규정되지 않은 룰을 통해 부를 축적했다고 상상할 수 있다. 또 주요산업에서는 국유기업의 지배적인 지위가 유지되고 그것이 모종의 이권을 공산당의 고급간부에게 가져다주고 있는 구조는 당분간 변하지 않을 것 같다. 따라서 이러한 측면에 주목한다면 시장화의 불철저가 격차를 확대시켰다고 할 수 있다. 요컨대 시장화의 진전이 격차를 확대시킨 측면, 또 반대로 시장화의 불철저가 격차를 확대시킨 측면 등 두 가지 측면을 중국은 아울러 가지고 있다는 것이다.

4. '애매한 제도'와 격차의 행방

도대체 격차는 왜 문제인 것일까? 산타페 연구소의 사무엘 보울즈는 평등주의비관론(평등성과 효율성은 이율배반의 관계에 있다)을 의심하는 중요한 이유로, 그것이 가져오는 경제적 비용의 크기를 지적하고 있다. 보울즈가 이야기하는 경제적 비용이란 "임금 노동자 인센티브의 둔화, 기업가 지망생의 신용시장으로부터의 배제, 직장 · 이웃 · 글로벌한 문제 등에 대해 협조를 통해 해결을 찾아내는 비용, 그리고 본질적으로 중요한 신뢰와 상호관심의 저해, 유산자와 무산자로 이루어진 사회 고유의 대립을 막아내는 비용의 증대" 등이다(*Bowles 2013b : 181페이지).

보울즈의 문제 제기는 '가난하지만 평등'했던 중국사회가 개혁개방에 따라 격차사회로 크게 변동하고 있는 지금, 특히 중요한 의미를 지니고 있다고 여겨진다. 증대하는 '군체성 사건', 안전대책을 태만히 한 탓에 자주 발생하고 있는 탄광사고, 외자기업에서 계속되는 농민공(農民工)의 자살, 국방예산을 상회하는 사회치안유지 예산 등에서 중국에서도 불평등의 경제적 비용이 급증하고 있다는 사실을 알 수 있다.

지금까지의 분석으로 확실해졌듯이 소득격차의 확대는 '애매한 제도'와 밀접하게 결부되어 있는 측면이 있다. 시장경제의 이행단계에서는 시장경제의 담당자도 부족하고 시장과 관련된 공식적인 룰도 정비되지 않은 상태였다. 이러한 제도환경 하에서 각종의 청부제도를 도입하는 등의 궁리를 해내고 지방정부가 경제주체의 역할을 발휘하는 등 '애매한 제도'는 중국에서 고도성장을 가져온 원동력이 되었다. 한편, 제8장에서 자세히 논의했듯이 '애매한 제도'는 부패의 만연이라는 마이너스 측면을 포함하는 것이었다. 다만 파이가 급히 확대되는 가운데 생겨난 부패는 성장을 방해할 정도로 심각한 것은 아니었다.

격차확대와 관련하여 향후 중요시해야 할 것은 35년간의 개혁개방에서 형성된 물적 자산이 이미 상당한 규모가 되어 중국에서도 물적 자산의 유무가 격차의 큰 요인이 되는 시기가 이미 시작되었다는 사실이다. 지금까지 이에 대한 대응책은 극히 제한된 것이었다. 상속세는 전인대(全人代)에서 논의되었지만 아직 도입되지 않았고 개인의 부동산 보유는 과세되지 않는다. 또 소득세의 최고세율은 45%, 기타 잡수입(부동산의 매각 등에 대한 과세)은 20%로 낮은 편이다.

한편, 우징롄(吳敬璉) 등의 주류 경제학자는 철저한 민영화를 실시하여 당이나 정부 관료가 보유한 '꽌시'라는 '비물적 자산'의 가치를 감소시켜야 한다고 주장한다(吳 2015). 확실히 공산당의 고급간부의 특권이 작아지면 그만큼 격차는 축소될 것을 기대할 수 있다. 하지만 앞에서 서술한 것처럼 '비물적 자산'과 적어도 동등한 가치를 물적 자산이 지니게 된 오늘날에는 철저한 민영화의 추진을 주장하는 것만으로는 격차 문제의 해결에 걸맞지 않다고 말할 수밖에 없다. 예를 들어 토지 소유와 관련된 규제완화나 대형 국유기업의 민영화가 진행되면 일시적으로 불평등이 축소되더라도 자산 보유의 불평등은 한층 악화할 가능성이 클 것이다.[14] 이처럼 철저한 민영화는 격차문제에 대한 유효한 억제수단이 될 수 없다. 격차 확대에 제동을 걸기 위해서는 자산 과세와 관련된 과세 제도의 정비가 시급하지만 과세 제도를 만들고 실행하는 주체인 정부 관료는 자산 보유자와 중첩되는 부분이 크기 때문에, 자산 과세에 따른 격차 축소에 대한 공헌에 과도한 기대를 하는 것은 금물이다.

글로벌화가 진행되는 가운데 격차 확대도 글로벌한 과정이라고 한다면 가장 바람직한 것은 한 나라뿐 아니라 각국이 협조하여 격차 시정조치를 취하는 것이다. 피케티도 국제협조에 의한 자산누진 과세의 도입 필요성을 이야기한다. 이러한 점은 현실가능성이 낮다고 많은 논자들의 비판이 집중되는 논점이며, 필자 역시 그 실현가능성에 비관적이다.

하지만 동시에 피케티는 역사의 중요성에도 주목하고 있다. 예전에는 유럽보다 평등했던 미국이 오늘날은 선진국 가운데 가장 격차가 큰 나라가 된 사례가 보여주듯이 격차는 나라마다의 역사에 따라 다른 양상을 보이고 있다. 따라서 격차에 대한 대응책 역시 각각의 나라에서 그 나라의 역사로부터 발견할 필요가 있다고 피케티는 지적한다. 글로벌화가 진행되는 가운데 한 나라에서만 자산 과세를 하더라도(과세도피 등 때문에) 효과가 약한 것은 틀림없지만

14 농민에게 토지소유를 승인하거나 국유기업의 주식을 모든 국민에게 평등 배분한다면, 일시적으로 자산격차는 축소될지도 모른다. 하지만 1991년~1994년에 러시아가 실시한 국유기업의 바우처 방식 민영화를 상기했으면 한다. 구(舊) 국유기업의 주식을 구입할 수 있는 권리인 바우처를 보드카 여러 병과 교환한 멍청이들이 다수 출현한 결과, 국유기업은 단기간에 소수의 신흥재벌의 손에 집중된 것이다.

한 나라라 하더라도 어느 정도의 효과를 기대할 수 있는 큰 나라들도 있다. 미국이 그러하고 중국도 그러하다.

중국은 나라의 규모가 큰 것 이외에 미국에 없는 우위성이 한 가지 더 있다. 그것은 중국의 정치경제시스템의 독자성이다. 중국은 자본의 자유로운 활동을 제한하고 토지는 국유(혹은 집단소유)이며 주요한 산업분야에서는 국유기업이 지배적인 지위를 차지하고 있다. 이처럼 특이한 정치경제시스템은 자주 비판의 대상이 되지만 뒤집어 보면 이 시스템에서는 선진국과는 다른 방법으로 격차 확대를 막는 수단이 갖추어져 있다고 할 수 있다. 격차를 어떻게 효과적으로 통제하는가와 관련하여 아래 제시된 피케티의 장래 전망은 중국의 격차문제를 생각할 때에도 참조할 가치가 크다고 할 수 있을 것이다.

> 앞으로 가장 중요한 문제 가운데 하나는 재산의 새로운 형태, 그리고 자본에 대한 새로운 민주적 제어형태를 개발하는 것이다. (중략) 시장과 투표함이라는 수단은 단순한 두 가지의 양극단에 불과하다. 새로운 참여와 거버넌스의 형태는 아직 발명되지 않았다. (중략) 민주주의가 언젠가 자본주의에 대한 제어를 되찾기 위해서는 우선 민주주의와 자본주의를 품고 있는 구체적인 제도가 몇 번이고 재발견될 필요가 있다는 것을 인식해야만 한다. (*Piketty 2014 : 599~600 페이지)

피케티가 주장하는 것처럼 시장 메커니즘에는 격차를 자동적으로 조정하는 능력이 갖추어져 있지 않고 그 결함을 보완해야 할 정치제도 역시 선진국에서조차 반드시 잘 기능하고 있는 것이 아니다. 중국의 경우에 대해 말하자면, 정치제도시스템의 특징을 살려 민간자본의 팽창을 적절히 통제하고 국유자산을 유효하게 이용하는 제도를 구축하는 것이 가능한가가 지금 엄밀히 요구되고 있는 것이다.

종장(終章)

중국경제에 대한 전망

이 장에서는 앞 장까지의 논의에 입각하여 자본주의의 유형화라는 관점에서 그 다양성과 관련된 논의를 정리한 다음, '중국적인 것'을 둘러싼 논의에 초점을 맞추어 중국형 자본주의의 행방에 대해 논한다.

필자는 '애매한 제도'로 특징지을 수 있는 중국형 자본주의가 35년간의 고도성장을 거친 지금, 큰 전환점에 접어들고 있다고 생각하고 있다. 중국형 자본주의가 어디를 향해 나아가려고 하고 있는가를 전망할 때 고려해야 할 것은 '애매한 제도'의 행방이다. 지금까지의 분석에서 확실해졌듯이 중국에 고도성장을 가져다준 제도적 요인인 '애매한 제도'는 형태를 바꾸어가면서 끈질기게 살아남아 있다. 이러한 사실에 주목한다면 '애매한 제도'는 설령 변화를 할 수밖에 없더라도 그 코어부분은 어떠한 형태로든 계승되어 중국형 자본주의의 특성을 계속해서 형성할 것임에 틀림없다. 그 행방을 연구하는 것이 중국경제학에 부여된 중요한 과제 가운데 하나인 것이다.

1. 자본주의의 다양성(재론)

지금까지 필자는 '애매한 제도'를 키워드 삼아 중국 경제시스템의 독자성을 다양한 측면에서 논의하였다. 자본주의의 다양성을 이른바 선험적으로 전제하여 중국형 자본주의도 그 가운데 하나로서 논의를 펼친 것이지만, 중국의 독자성을 보다 명확하게 보여주기 위해서는 자본주의의 유형화에 대한 논의에 기초하여 중국형 자본주의가 다른 자본주의 유형과는 어디가 얼마나 다른가를 밝힐 필요가 있다.

필자는 이전 저서에서 자본주의의 유형화라는 관점에서 그 다양성을 논하고 중국형 자본주의가 어디에 위치하는지를 밝히려고 시도하였다(加藤 2013).[1] 그 내용을 간단히 정리해 둔다.

프랑스에서 보험업에 종사한 사업가 미셸 알베르에 의하면, 미국으로 대표되는 '앵글로색슨형' 자본주의를 한쪽의 끝으로 하고 독일 · 프랑스 등으로 대표되는 '라인형' 자본주의를 다른 한쪽의 끝으로 하는 선상에 모든 자본주의 유형이 늘어서 있다(*Albert 2011). 각각의 자본주의 국가는 자국의 발전단계, 민주주의의 성숙도, 국민이 중시하는 가치 등 다양한 요인의 조합에 따라 앵글로색슨형에 가까운 타입이 되거나 라인형에 가까운 타입이 되는 것을 선택하게 된다.

또 프랑스의 경제학자 브루노 아마블은 아오키 마사히코(靑木昌彦) 등의 비교제도분석의 시각에 기초하여 요인분석 수법을 이용해 각국 자본주의의 구성요소를 이루는 복수의 지표를 계측하고 자본주의를 '시장베이스형' 모델, '사회민주주의형' 모델, '대륙유럽형' 모델, '남유럽형' 모델, '아시아형' 모델

1 각각의 유형론에 대해서는 이전 저서에서도 논했기 때문에 여기에서는 상세한 것은 생략하기로 한다. 관심 있는 독자는 이전 저서를 참고하시기 바란다.

등 5종류로 구분하였다(*Amable 2005).

또 에라스무스 대학의 술레이만 이브라힘 코헨은 ①전통적인 가계의 행동양식에 기초를 둔 '가계 본위 시스템'(household intensive system), ②기업의 행동양식에 기초를 둔 '기업 본위 시스템'(firm intensive system), ③국가의 행동양식을 기초로 삼는 '국가 본위 시스템'(state intensive system)의 3유형으로 구분하여 경제시스템을 보다 넓은 범위에서 파악하려고 하였다(*Cohen 2012).

각각 다른 유형화의 시각에서 살펴보면 지금 중국에 존재하는 자본주의는 어떻게 보이는 것일까? 결과는 각인각색이다. 알베르 유형에서 중국은 '앵글로색슨형' 자본주의를 동경하는 발전도상국으로 묘사되어 있다. 또 아마블은 중국을 동아시아의 주변국과 공통점을 가지는 '아시아형' 자본주의로 구분한다. 또 코헨은 3유형에서 벗어난 제4의 유형을 중국과 인도에 적용하여 '다극적(多極的) 사회경제시스템'(multi-pole system)으로 파악한다. 이들 모두 중국형 자본주의 특징의 일면을 파악하고 있다고 말할 수 없는 것은 아니지만, 본서에서 검토해 온 '애매한 제도'를 본질로 하는 중국 경제시스템의 독자성을 표현하는 유형으로서는 부족하다고 필자는 생각하고 있다.

부족한 원인을 생각해보면 알베르의 경우 앵글로색슨형과 라인형이라는 협소한 스펙트럼 사이에 모든 자본주의 유형을 위치시키려는 문제 설정에 애초부터 한계가 있었던 것이 아닌가 여겨진다. 5유형을 설정한 아마블의 경우도 아시아형을 예외로 하면 알베르의 틀과 크게 차이가 없다. 코헨의 경우 도상국의 경제를 염두에 둔 가계 본위 시스템이나 러시아를 염두에 둔 국가 본위 시스템을 다양한 자본주의 유형에 영향을 준 요소에 추가한 것은, 주로 미국 · 유럽의 선진국 자본주의의 유형화를 고려한 알베르나 아마블보다는 폭이 넓다고 할 수 있다. 하지만 코헨은 3유형과는 별도로 중국을 제4유형이라고 하였다. 코헨은 3유형과 그 파생형으로 모든 국가의 경제시스템을 파악하려고 하였지만 중국과 인도를 예외로 할 수밖에 없었던 것이다.

앞에서 서술한 유형화 논의에 다시 이하의 2가지 논의를 추가하고 싶다. 그 하나는 미국의 경제학자 윌리엄 보몰에 의한 유형화이다. 보몰 등은 자본주의를 ①국가주도형 자본주의, ②과두형(寡頭型) 자본주의, ③대기업형 자본주의, ④기업가형 자본주의 등 4유형으로 구분하였다. 그리고 기업가형 자본주의가 가장 바람직한 자본주의 타입이라고 주장하였다(*Baumol 외 2014). 기업가의 역할에 주목한 점은 기존의 유형화론에서는 빠져 있던 관점이라 할 수 있지만 국가주도형 · 대기업형 · 기업가형 모두를 그 속에 포함하고 있는 중국형 자본주의를 분석하는 개념으로서는 반드시 유효한 유형화라고 할 수 없다.

또 한 가지 유형화 논의로 자본주의의 다양성을 강조하는 레귤라시옹 학파의 로베르 브와예의 논의를 제시하기로 한다. 브와예는 자본주의의 다양성과 관련하여 여러 가지 이론을 망라하여 정리한 다음, 레귤라시옹 학파의 유형화를 제시하였다. 레귤레시옹 학파는 종전 이후 자본주의의 표준적인 형태, 특히 미국에서 전형적으로 보이는 '포디즘'(Fordism)을 출발점으로 하여 자본주의의 역사적인 발전단계를 전망한다는 분석시각에서 포디즘 이후에 오는 자본주의의 유형을 검토하였다. 그리고 자본주의는 하나의 유형으로 수렴하는 것이 아니라 다양한 유형을 유지한다는 결론에 도달하였다(田中 2015b).

브와예는 ①경쟁의 형태, ②임금 · 노동 관계, ③금융 · 신용 체제, ④국가 · 경제 관계, ⑤국제경제로의 접합 등 5가지의 서브시스템을 들어 자본주의의 특징을 정리하였다(*Boyer 2005). 다만 '제도 보완성'이 있기 때문에 이 5가지 제도형태의 다른 조합이 모두 자본주의의 유형으로 성립하는 것은 아니다. 결국 브와예가 낸 결론은 다른 유형화와 크게 차이가 없이 ①시장형(대표적인 것은 미국. 이하 동일 : 시장의 역할 중시), ②메조 코퍼러티즘(mezzo-corporatism. 일본 : 대기업이나 업계 단체의 역할이 중요), ③사회민주형(스칸

디나비아 여러 나라 : 정政 · 노勞 · 자資 셋이 결합), ④국가주도형(프랑스 · 독일 : 정부의 공공정책의 역할 중시) 등의 4유형의 자본주의가 존재한다는 것이다. 참고로 브와예가 직접 이 기준으로 정리한 중국형 자본주의의 제도적 특징은 〈표 종-1〉에 제시해 두었다.

제도의 형태	주요한 특징	규제방식의 영향	축적체제에 대한 영향
① 경쟁의 형태	• 다수이면서 다양한 경제체제(기업 · 지방정부)에 의한 격렬한 경쟁	• 생산 비용, 가격의 계속적 저하 경향	• 축적의 원동력
② 임금 · 노동 관계	• 도시 · 농촌 간의 이중구조 • 분절되고 자세하게 나뉜 업무 내용 • 노동자 자체의 집단조직 부재	• 농촌노동자의 대규모 풀이 경쟁적 임금형성에 강하게 영향을 줌	• 소득의 불평등 : 저하 경향에 있는 노동 분배율
③ 금융 · 신용 체제	• 대규모의 분권화와 거시적 수준에서의 통제 필요성과 모순	• 국내/국제경제의 급격한 변화에 대한 적절한 조정적인 반응	• 고도성장을 유지하는 수단
④ 국가 · 경제 관계	• 실리주의적이며 선취적(先取的)인 중앙정부 • 다층 레벨의 복잡한 거버넌스	• 불균형에 대한 반응의 조속함	• 제도 형태의 빈번한 재배치
⑤ 국제경제로의 접합	• 선택적 접합 –직접투자에 대한 제약 –외부 경상수지의 통제 –독특한 국내표준	• 국내신용의 변화에 대응하고 외적 쇼크를 완화시키는 열쇠가 되는 정치적 변수로서의 환율	• 국내 수급 불균형 결과로서의 무역 흑자

〈표 종-1〉 제도의 5형태 : 중국의 배치

출처) Boyer(2012) 193페이지의 그림을 일부 간략화함 중국의 자본주의가 4유형 가운데 어디에 속하는가, 혹은 어느 유형에 가장 가까운가에 대해 브와예가 명확하게 말하지는 않았다. 5가지의 서브시스템 가운데 하나인 격한 시장경쟁의 존재에 주목한다면, 시장형에 속하는 듯이 보이고 다층 레벨의 복잡한 거버넌스는 경제주체가 다른 메조 코퍼러티즘을 연상시킨다. 한편, 불균형에 대한 중앙정부의 신속한 대응, 국제경제에 대한 선택적 접합은 국가주도형 특징처럼도 보인다. 결국, 사회민주형이 아니라는 것을 알 수 있으면서도 다른 3유형의 어디에 넣어도 이상하게 되는 특징을 중국은 아울러 가지고 있는 것이다.

이상과 같이 살펴보면 기존의 자본주의 유형화 논의를 응용하여 중국형 자본주의 전체상을 파악하는 것은 어렵다는 사실을 알 수 있다. 결국, 중국의 독자성이 어디에 있는가에 대한 답은 중국의 외부에서가 아니라 중국의 내부로부터 찾아내는 것 외에는 방법이 없다. 여기에서 새삼 중국의 독자성을 파악하는 기본적인 분석시각으로 서장(序章)에서 지적해두었던 것, 즉 중국경제의 특징 하나하나를 개별적으로 분석하는 것이 아니라 상호의존적인 관계 속에서 '전체적'(holistic)으로 파악하는 것의 중요성을 강조해 두고 싶다. 중국에 유형화의 논의를 억지로 적용시킨다면, 그것은 중국형이라고 부를 수밖에 없는 유형이라고 필자는 주장하고 싶다.

2. '중국적인 것'을 둘러싸고

중국의 독자성은 어디에 있는가 하는 질문은 본서에서 일관되면서 본질적인 것인데, 이와 관련하여 제2장에서는 광의의 청부를 의미하는 '포(包)'가 민국 시기만의 독특한 현상이 아닌가 하고 필자를 비판한 키고시 요시노리(木越義則)의 논의를 들었다. 키고시의 논의에는 이하의 질문이 이어진다. 즉, 필자가 주장하는 '애매한 제도'가 '중국특수론'의 재론인가, 아니면 '중국특수론'으로부터의 결별인가 하는 질문이다(木越 2014). 키고시는 또 만약 그것이 '중국특수론'으로부터의 결별이라면 '애매한 제도'는 비교제도분석에 따라 설명·해명할 수 있는가, 아니면 실증연구를 견뎌낼 만한 내실이 없는가 하는, 보다 본질적인 논점을 덧붙이고 있다.

본서를 통해 검토했듯이 필자는 중국의 경우 다른 나라에 없는 독자성이 있다고 생각하고는 있지만, 중국이 특수하다고 생각한 적은 한 번도 없다. 오해를 일으킬 염려가 있기 때문에 '중국특수론'이라는 표현은 그다지 쓰고 싶지 않지만 '중국특수론'으로부터의 결별을 중국 독자성에 대한 탐구와 같은 의미로 키고시가 쓰고 있다고 한다면, 이 질문에 답하는 것은 바로 아래에 보이는 오늘날의 과제에 답하는 것이 된다고 생각한다.

중국사 전문가 키시모토 미오(岸本美緖)는 카시와 스케카타(柏祐賢)의 '포'의 윤리규율이나 무라마츠 유우지(村松祐次)의 개별주의 등을 들며 "중국사에 있어 '발전'이라는 스키마(schema)가 자명한 것이 아니게 된 오늘날, 카시와나 무라마츠의 '중국적인 것'이라는 모델을 어떻게 받아들여야 할까?"라는 것이 새삼 요청되는 질문이라고 지적하였다(岸本 2006). 키시모토가 말하는 '중국사에 있어 발전이라는 스키마'란 극히 단순화해서 정리하자면, 인민공화국의 성립 이후 중국은 사회주의 체제 하에서 착실히 발전을 지속하고 있다고 여기는 사고방식에 근거하여 그것과 결부시킨 형태로 역사를 해석하고자 하는 사고방식이다. 이러한 사고방식이 한 시기 동안 학회의 주류를 점하고 있었기 때문에 중국적 특성이 중국경제의 정체 요인이라고 보는 카시와나 무라마츠의 논의는 거의 돌아볼 일이 없게 되고 말았다. 그런데 개혁개방 이후에 고도성장이 시작되자 카시와나 무라마츠가 정체요인이라고 생각했던 중국적 특성이 실제로는 고도성장에 공헌하고 있는 것이 아닌가 하는 '중국적인 것'에 대한 재평가 논의가 제기되게 되었다. 이러한 키시모토의 문제의식은 필자나 키고시 모두 공통된 것이다.

키고시의 문제제기는 일본 자본주의론이나 일본형 경제시스템과의 비교를 염두에 두고 중국연구를 상대화하여 파악한 관점에서의 그것이다. 다르게 표현하자면, 예전에 융성했던 일본형 경제시스템을 둘러싼 논의에 대해 거의 돌아보지 않게 된 것처럼 중국형 자본주의의 독자성을 설명하는 필자의 논의도 시대가 지나고 나면 중국 자체에 의해 파기되고 앵글로색슨형의 시스템으로 수렴해 나가는 것이 아닌가 하는 대체적인 예측에 대해, 필자가 어떻게 답해야 하는가 하는 본질적인 질문이기도 하다.

키고시의 질문에 대해 필자는 '중국적인 것'에 대한 탐구는 결코 일시적인 융성함으로 끝나지 않는다고 답하고 싶다. 필자가 그렇게 생각하는 이유는 첫째, 제도의 중층구조를 상정하고 있기 때문이다. 제도에는 10년이나 20년이라는 시간에 변화하는 것이 있는가 하면 100년이나 그 이상에 걸쳐 불변하는 것도 있다. 이러한 관점에서 보자면 중국의 독자성은 일부는 소멸할지 모르지만 장기간에 걸쳐 존속하는 부분도 있을 것이다. 그것이 무엇인가를 추적하는 시도로 필자는 '애매한 제도'에 주목해온 것이다.

둘째는 '애매한 제도'를 전제로 한 제도의 정치화라는 움직임이 발견되기 때문이다. 개혁개방 이후 농가경영청부제(農家經營請負制)·기업경영청부제(企業經營請負制)·지방재정청부제(地方財政請負制) 등 다양한 형태로 부활한 '포'(청부)를 필자는 '애매한 제도'를 구현한 것으로 파악하였다. 확실히 분세제(分稅制)의 도입에 따라 지방재정청부제가 폐지되었듯이 제도의 정치화가 진행되면 '애매한 제도'의 일부는 규범화된 것으로 치환되어 나간다. 하지만 모두 그러한 것은 아니다. 그 일례가 제3장에서 자세하게 검토한 토지의 집단소유라는 '애매한 제도'이다. 토지사유화라는 방향이 아니라 집단소유를 전제로 한 상황에서 토지의 유효활용을 위한 경작권의 유동화를 어떻게 진행할 것인가가 논의되고, 이에 따른 시도가 각지에서 시행되고 있다. 이러한 시도는 아직 시행단계인 것이 많다고 하지만 '애매한 제도'를 전제로 한 제도 정치화의 움직임이라고 파악할 수 있다.

셋째 이유는 최근에는 돌아보는 일이 거의 없어진 '일본적인 것'에 대한 탐구가 다시 각광을 받을 가능성이 있다고 여겨지기 때문이다. 계열 · 담합 · 기업집단 · 메인뱅크시스템 등 일본형 경제시스템의 특징으로 지적된 것은 지금 돌아보면 고도성장기의 경우는 잘 들어맞지만 버블붕괴와 '잃어버린 20년' 동안에 그 우위성을 지적하는 논의가 완전히 자취를 감추고 말았다. 일본형 경제시스템의 특징은 미국 · 유럽의 여러 나라를 따라잡는 단계에서는 유효했지만 따라잡는 것이 끝나면 글로벌 스탠더드(앵글로색슨형 자본주의)를 일본도 받아들일 수밖에 없다는 생각이 주류가 되어 메가뱅크의 탄생 등 다양한 규제완화가 이루어져 오늘에 이르고 있다. '일본적인 것'에 대한 탐구의 쇠퇴는 일본경제의 정체와 궤를 같이 했을 뿐 아니라 글로벌 스탠더드로의 접근이라는 움직임과도 연동되어 있었다고 할 수 있다.

키고시가 지적했듯이 일본경제사에서의 실증연구의 전개가 종래 '일본적인 것'이라고 여겨왔던 현상이 반드시 일본 독자의 것은 아니라는 사실을 확실히 했다는 점에서, '일본적인 것'에 대한 탐구의 학술적 가치를 감소시킨 측면이 있는 것은 사실이다. 하지만 일본형 경제시스템은 선진국을 따라잡는 단계에만 적용할 수 있는 시스템인가, 그리고 글로벌 스탠더드로의 접근을 진행한 것이 오히려 일본경제의 장기정체를 가져왔을 가능성은 없는가를 새삼 물을 필요가 있는 것은 아닐까?

프린스턴 고등연구소의 대니 로드릭은 ①글로벌리제이션, ②민주주의, ③국가주권 등 3가지는 동시에 성립하지 않는다는, 글로벌리제이션의 정치적 트릴레마(trilemma)라는 논의를 제기하였다. 글로벌리제이션을 추구하면 민주주의나 국가주권 중 무언가를 버려야만 하고, 국가주권을 유지하려고 하면 민주주의나 글로벌리제이션 중 무언가를 단념해야만 한다. 로드릭은 지켜내야 할 것은 민주주의와 국가주권이며 이를 위해서는 글로벌리제이션을 적절히 제한해야 한다는 문제제기를 하고 있다(*Rodrik 2013).

로드릭의 문제제기는 일본이나 일본 경제시스템의 행방을 생각할 때 중요한 시각을 제공해준다. 이는 중국에서도 동일하게 들어맞는다. 로드릭에 의하면 중국은 글로벌 경제가 극복해야 하는 주요한 문제를 모두 지니고 있다. 그 중에서도 특히 중요한 문제는 열린 경제, 그리고 낮은 비용 국가와의 무역이 발생시키는 분배나 조정의 곤란함을 어떻게 조정할까 하는 문제이다. 로드릭은 다음과 같이 지적한다. "중국만큼 제도가 독특하면서 세계 시장에 거대한 존재감을 드러내고 있는 나라는 없다. 이 문제에 대처하는 적절한 방법은 자주 거론되는 것처럼 국제 룰이나 국제협조를 중국에 엄격하게 적용하는 것이 아니다. 독자적인 경제적 · 사회적 정책을 시행할 여지를 인정하면서 국경을 초월함에 따라 발생하는 부(負)의 영향을 줄이는 방법은 중국을 포함한 모든 나라에 적용할 수 있다."(同上書 : 310페이지) 하이퍼 글로벌리제이션은 바람직한 것도 아니며 피할 수 없는 것도 아니라고 하는 로드릭의 주장에 필자도 찬성하고 싶다. 일본이나 중국이 진행해야 할 바람직한 발전 방향은 글로벌 스탠더드를 받아들여 미국 · 유럽형의 경제시스템에 자국의 시스템을 수렴시키는 것이 아니라, 각각 시스템의 독자성을 유지한 채 자국에게 가장 바람직한 형태로 글로벌 경제로의 접합을 꾀하는 것인 것이다.

마지막으로 다시 키고시의 질문으로 돌아가보자. 필자가 생각하는 '애매한 제도'는 시대를 초월한 중국의 독자성이 제도에 내장되어 있다는 의미로, 키고시가 말하듯 '중국특수론'의 재론이라고 파악하는 것도 못될 것은 없다. 하지만 필자가 말하는 '애매한 제도'는 결코 불변의 구조를 의미하는 것이 아니라 시대의 변화에 응하여 변화를 이루어내며 지금도 그 과정에 있는 것이다. 따라서 중국의 경제시스템이 지닌 특성을 비교제도분석의 관점에서 설명 · 해명하는 것, 다시 말해 중국의 독자성을 탐구하는 것은 '중국특수론'의 재론이 아니라 '중국특수론'으로부터의 결별을 의미하고 있는 것이다.

3. 중국경제학의 도달점과 전망

중국형 자본주의는 어디를 향하고 있는가

본서를 통해 검토했듯이 '애매한 제도'를 품고 있는 현행의 경제시스템(중국형 자본주의)은 과도적인 측면과 중국 독자적인 측면을 함께 가지고 있다. 그리고 저소득국에서 빠져나와 중소득국 입구에 들어선 21세기의 현 단계에서는 지금까지 유효하게 기능해온 경제시스템이 지니는 마이너스 측면이 차츰 드러났다는 것도 지적하였다. 현행 시스템을 유지하는 것만으로는 중국이 앞으로 나아갈 수 없다고 생각하는 점에서 필자는 다른 많은 개혁론자와 같은 입장에 서 있는 것이다.

그렇다면 어디를 향해 중국은 나아가려는 것일까? 혹은 나아가야 할까? 한 가지 유력한 방식은 우징롄(吳敬璉) 등 주류 경제학자가 주장하는 것으로, 철저한 시장화 개혁을 진행하여 선진 자본주의 국가의 경제시스템에 접근하는 것이 중국이 지속적인 발전을 실현하는 유일한 방법이라고 하는 논의이다(吳 2010). 제1장에서 소개한 '포괄적 제도'의 우위성을 주장하는 아제모을루와 로빈슨의 논의도 우징롄 등의 논의를 기본적으로 지지하고 있다. 하지만 중국이 목표로 하는 목표모델을 선진 자본주의 국가의 경제시스템과 동일하다고 생각하는 것에 문제는 없을까? 이와 관련하여 필자는 이전 저서에서 다음의 세 가지를 지적하였다. 중요한 논점이기 때문에 여기에 다시 서술해 둔다.

첫째, 가령 선진 자본주의 국가의 경제시스템으로 수렴하는 것이 바람직하다고 하더라도 제도에는 경로의존성이 있고 시스템 전체의 전환에는 시간이 걸린다. 또 이익집단 등 기득권자의 저항도 예상된다. 따라서 상당히 긴 이행기간을 상정해야 하며 그 사이 중국형 자본주의의 현행 특징은 유지된다고 보지 않을 수 없다.

둘째, 경제시스템을 구성하는 각 요소는 서로 밀접히 관련되어 있으며 그 일부만을 변경하는 것은 시스템 전체의 기능부전을 가져올 우려가 있다. 예를 들어 관료의 부패에 대한 엄격한 단속을 실시하면 부패에서 어떠한 이익도 얻지 않는 광범위한 대중의 지지를 받을 것이다. 하지만 제8장에서 검토한 것처럼 관료에게 인센티브를 부여하는 수법으로 적어도 부패의 일부(회색수입 등 개인적 이득의 증대를 포함한다)는 현행 제도에 내재되어 있다. 따라서 부패의 단속 강화가 경제발전에 대한 관료의 참여를 저하시키고 경제발전의 둔화를 가져올지도 모른다. 이처럼 부패의 단속 강화는 관료에 대한 인센티브 메커니즘의 개혁(예를 들면 승급의 구조나 업적평가 수단의 개혁 등)과 연동되지 않으면 경제발전에 대해 마이너스의 영향을 줄 가능성이 있다.

셋째, 중국의 '국정(國情)'은 앞으로도 바뀔 것 같지 않다. 중국은 국토가 크고 다양성이 풍부하며 13억 명이 넘는 인구를 지닌 대국이다. 이러한 '국정'은 중국이 통일국가를 유지하는 한 앞으로도 긴 시간에 걸쳐 중국을 특징지을 것이며 바꾸려고 해도 바꿀 수 없는 요소이다. 이러한 '국정'은 긴 시간 동안에 중국이 '애매한 제도'를 형성하게 된 중요한 요인 가운데 하나이다. '국정'이 변하지 않는 이상, '애매한 제도' 역시 어떠한 형태로든 계승되어 나갈 가능성이 크다고 필자는 생각하고 있다.

'애매한 제도'는 어떻게 변화해 왔는가

이상과 같이 생각해보면 선진 자본주의 국가의 경제시스템으로 수렴하는 것이 바람직하다 하더라도 이미 현형 시스템을 변경하는 것은 불가능하고, 현재로서는 '애매한 제도'를 유지하고 그 내용을 바람직한 방향으로 개선시켜 앞으로 나아갈 수밖에 없다. 본서에서는 제3장부터 제7장에서 '애매한 제도'가

기능하고 있는 복수의 사례를 들어 '애매한 제도'가 변화를 하면서도 완강하게 남아있다는 사실을 발견하였다. 그리고 제8장부터 제9장에서는 '애매한 제도'가 일으킨 두 가지 문제점을 들고 그 해결책을 논하였다. 이하에서는 그 결론을 정리해 두고자 한다.

첫째, 토지의 집단소유를 기초로 한 집단경제가 새롭게 부활하고 있다. 인민공사가 해체되고 농가청부제도가 도입되자 토지의 배분을 둘러싼 조정이나 향진기업의 수익분배에 대해 향촌 간부는 큰 권한을 가지게 되었으며 집단경제가 실체를 지니게 되었다. 향진기업의 민영화나 농민이 지닌 경작권의 장기보증이라는 법 정비가 진행되자 집단경제의 힘은 일단 약화되었지만, 경작권의 유동화를 진행하기 위해 토지주식합작사가 성립하는 등의 형태로 집단경제가 다시 전면에 등장하였다. 토지의 집단소유는 진화를 계속하고 있는 것이다.

둘째, 지방정부 간, 관료 간의 경쟁 메커니즘은 일면으로는 고도성장에 기여했지만, 지방 채무의 누적 등 성장지상주의의 폐해도 심각해지게끔 하였다. 성장지상주의에서 벗어나 지방정부는 공공서비스의 제공에 철저해야 한다는 논의가 있는 한편, 하천 하나의 수질관리에 1명의 관리가 책임을 지는 '하장제(河長制)'의 시행 등 지방정부 간, 관료 간의 경쟁 메커니즘을 환경보호나 기술도입 등 다양한 목적으로 이용하고자 하는 견실한 지향도 보였다. 시장 없는 시장경쟁이라는 메커니즘은 결코 폐지된 것이라 할 수 없다.

셋째, 경쟁적 시장에서 국유기업은 물러날 것이라는 대부분의 예상을 깨고 2003년경부터 중국정부는 명확하게 국유기업의 증강을 목표로 하는 정책으로 전환하였다. 경쟁적 시장에서 혼합소유 기업은 일정한 경쟁력이 있으며 몇몇 산업에서는 중국을 대표하는 내셔널 챔피언으로 클 가능성이 있다.

넷째, 신흥산업이 급성장을 이루어낸 과정에서 다수의 조직이나 개인이 복잡하게 뒤얽힌 산업조직이 형성되고 기술이나 디자인의 모방을 전제로 한 독특한 이노베이션 구조가 실현되었다. 이 구조는 앞으로도 당분간은 중국 이노베이션의 중심적 수단으로 지속될 것으로 여겨진다. 하지만 중국이 선진국을 따라잡고 나면 핵심기술의 개발을 계속해서 외부에 의존하는 것은 불가능할 것이다. 새로운 이노베이션 담당자를 생각하자면 관(官)이나 민(民) 가운데 양자택일이 아니라 관민일체형의 이노베이션 구조가 유효성을 발휘할 것 같다.

다섯째, 1990년대 중반 이후 중국은 신흥 도너로서 활발하게 대외원조를 하게 되었다. 그런데 중국의 대외원조에는 국제 원조사회의 상식과는 다른 측면이 많이 포함되며, 원조를 받는 나라로부터는 환영 받는 한편, 국제 원조사회로부터는 비판을 받고 있다. 중국의 대외원조의 수법은 일본의 과거 원조 경험과도 유사한 점이 많으며, 일본의 경험에서 충분히 교훈을 배운다면 미국 · 유럽과는 다른 독자적인 원조수법이라고 평가될 가능성도 있다.

여섯째, '애매한 제도'의 문제점으로 많이 지적된 부패와 격차 문제의 경우, 일방적으로 '애매한 제도'에 원인을 몰아세우고 그것이 없어지면 부패와 격차 모두 없어질 것이라고 생각하는 것은 과도한 단순화이다. '애매한 제도'는 확실히 부패의 원인 가운데 하나이지만 성장의 원천이기도 하였다. 부패만 없애고 성장을 유지하는 것은 그렇게 단순하지 않다. 격차의 경우도 시장화의 진전이 격차를 가져왔다는 측면과 시장화의 불철저가 격차를 가져왔다는 측면이 있다. 이익집단화한 당 · 정부 관료의 기득권 구조가 유지되고 있다는 의미에서 '애매한 제도'가 시장화의 불철저의 원인 가운데 하나라고 하더라도, 시장화를 철저히 하면 격차가 축소된다는 생각은 격차의 전자 측면을 간과하고 있다.

중국경제학이 목표로 하는 것

이상 살핀 것처럼 '애매한 제도'는 사회주의에서 시장경제로 이행이 진행되고 법 정비나 조직의 규범화가 진행되어 온 오늘날에도 소멸하기는커녕 오히려 완고하게 그 존재를 과시하고 있다. 물론 50년 뒤, 100년 뒤의 먼 미래에 어떠한 변화가 생길지는 알 수 없지만, 당분간은 '애매한 제도'의 특징을 지닌 중국형 자본주의가 존속할 것으로 보인다.

'애매한 제도'가 어떻게 기능하고 있는가를 밝히는 것은 중국형 자본주의를 보다 잘 이해하기 위해 필요하다 하더라도, 다른 나라에서는 참고가치가 낮다는 비판도 있을 수 있다. 확실히 '애매한 제도'는 기나긴 문화적 전통 하의 중국이 계승하고 발전시킨 것이기 때문에 다른 나라에 그대로 적용할 수 없는 것이다. 아마도 다른 나라에 적용하는 것은 힘들 것이라고 필자도 생각하고 있다. 하지만 '애매한 제도'는 다른 나라에서 참고 가치 이상으로 중요한 가치를 지니고 있다고 필자는 생각하고 있다. 그것은 지금까지와는 다른 틀로 경제학을 고쳐 파악하는 모종의 실마리를 '애매한 제도'가 주고 있는 것이 아닌가 하는 점이다.

본서의 제1장에서 제도의 역할에 주목하여 사무엘 보울즈가 기존의 경제학의 대전제가 된 왈라스적 패러다임의 극복을 목표로 하여 의욕적인 시도를 하고 있는 것을 소개하였다. 보울즈가 의거하는 새로운 패러다임의 세 가지 가정을 상기했으면 한다. 그것은 ①계약에 의하지 않은 사회적 상호작용, ②적응적이면서도 타자를 고려하는 행동, ③일반화된 수확체증, 이렇게 세 가지였다. 보울즈는 이론 측면에서 기존의 경제학에 도전을 하고 있는 것인데, 본서에서 검토한 중국의 '애매한 제도'는 실천 측면에서 기존 경제학의 틀에 대한 도전을 하고 있다고 파악할 수 있지 않을까 한다.

필자는 중국의 경험이 보울즈의 세 가지 가정과 들어맞는다고 주장하고 싶은 것이 아니다. 보울즈의 가정①은 '암묵적 계약'으로서의 '포'가 모종의 보편성을 지니는 것을 시사하고 있는 듯이 보이지만, 직감적으로 보더라도 가정②는 '자기중심주의'를 특징으로 하는 중국의 경험과는 들어맞지 않는 듯이 보인다. 하지만 보울즈가 든 세 가지 가정 가운데 무언가가 틀리고 올바른 가정이 달리 존재할 가능성도 현 시점에서는 부정할 수 없을 것이다. 한쪽이 이론 측면에서 다른 한쪽이 실천 측면에서, 이렇게 터널의 양쪽에서 파 들어가 딱 중간에서 터널이 개통되듯이 이론과 실천이 합치할 때 보울즈가 구상한 새로운 패러다임이 완성된다고 한다면, '애매한 제도'에 주목하여 중국의 독자성을 탐구하는 일은 경제학의 진보에 다소나마 공헌할 수 있지 않을까? 그것은 필자가 생각하는 중국경제학이 목표로 삼는 최종목표이며 본서는 그 작디작은 첫 발걸음이다.

부론(付論)

젊은 중국 연구자에게

—— 붉은 여왕의 질주와 이방인의 눈빛 ——

> 길을 잃지 않기 위해서는 얼굴에 바람을 잔뜩 받으며 코로 냄새를 맡는다. 바람에는 눈 냄새, 풀 냄새, 모래 냄새, 초석 냄새, 알칼리의 냄새, 늑대 냄새, 여우 냄새, 말똥 냄새, 영지(營地)의 냄새 등이 다양하게 있다. 가끔 어떠한 냄새도 나지 않는 때가 있다. 그때는 귀와 기억력에 의지하는 수밖에 없다.
>
> – 장룽(姜戎), 《늑대 토템[狼圖騰]》上卷, 講談社, 295페이지.

1. 내 자신의 연구사를 되돌아보다[1]

'붉은 여왕의 질주' 가설에 대해 여러분은 모두 알고 있을 것이다. 루이스 캐럴의 우화소설《거울나라의 앨리스》에서 '붉은 여왕'은 앨리스에게 이렇게 말한다. "여기에서는 한곳에 머물러 있고 싶으면 있는 힘껏 달려야만 해." 이 에피소드를 어원으로 하는 '붉은 여왕의 질주'는 생물학 분야에서 계속해서 진화하지 않으면 종은 소멸해 버린다거나 이노베이션 분야에서 최첨단 기술 혁신을 계속 하지 않으면 기업은 도산하고 만다는 등 다양한 분야에서 쓰이게 되었다.

1　加等(2012a)를 바탕으로 가필 · 수정하였다.

내 자신의 4반세기 연구 이력을 되돌아보면 '붉은 여왕의 질주'는 중국연구에도 들어맞는 곳이 있는 듯하다. 내가 오오사카 외국어대학 중국어학과를 졸업하여 코오베 대학(神戸大學) 대학원 경제학연구과에 입학한 것은 1979년 4월의 일이기 때문에, 개혁개방의 출발점이 되었던 공산당 제11기 3중전회(中全會)(1978년 12월)와 시기가 거의 중첩된다. 단순한 우연의 일치일지도 모르지만 나의 중국연구는 개혁개방의 시작과 동시에 시작되었던 것이다.

개혁개방에서 우리가 지켜보았던 중국경제의 대약진에 대해 여기에서는 자세히 서술하지 않겠다. 하지만 이 시기 중국이 세계에서도 가장 격한 변동을 경험한 나라라는 것은 의심할 여지가 없다. 우리는 그러한 대변동을 리얼 타임으로 관찰하는 행운을 얻은 것이다. 하지만 지금 되돌아보면 그러한 사실은 연구자에게 매우 엄격한 요구를 하는 것이었다고도 할 수 있다.

첫째, 정보량의 급증이다. 그때까지의 중국연구(주로 현대 중국의 경제연구를 염두에 두었다. 아래도 동일하다)의 스타일은 《런민일보人民日報》《광밍일보光明日報》 등 신문보도를 기초로 사회주의 중국의 운행 메커니즘을 관찰하는 것이었다. 당시 칸사이(關西)에서는 후지모토 아키라(藤本昭) 선생(코오베 대학 명예교수)과 카와치 쥬우조오(河地重藏) 선생(오오사카 시립대학 명예교수)을 중심으로 대학원생이나 젊은 연구자가 모여 우츠보공원 가까이에 있는 일중경제협회 칸사이본부 회의실에서 월 1회의 연구회를 열고 있었다. 그 내용은 지난달의 《런민일보》를 정성껏 읽고 주요 경제기사를 정리하여 모두가 논의하는 것이었다. 공업생산성이 몇 퍼센트 신장되었는가, 밀의 생산량이 몇 퍼센트 줄었는가 등 단편적으로 얻을 수 있는 통계수치를 아무리 뒤집어보아도 계량적인 연구 따위는 바랄 수 없었다. 하지만 계속해 나가다 보면 차츰 중국의 움직임이 어슴푸레하지만 보이기는 했기 때문에 신기했다. 그렇다고 해도 방심하고 있으면 신문이 산더미처럼 쌓여서 '오늘'까지 따라잡는 것이 매우 힘들어진다. 약간 과장되긴 했지만 이것이 나의 연구 이력에서 최초의 '붉은 여왕의 질주' 체험이었다. 그런데 되돌아보면 이것은 대단한 것도 아니었다.

정성껏 신문을 읽는 연구 스타일은 중국으로부터의 살아있는 정보가 폭발적으로 증가함에 따라 당장 수정될 수밖에 없었다. 《중국통계연감》이 1981년에 간행되고 지방마다의 통계연감도 계속해서 공개 · 발행되어 통계 데이터가 계속적으로 입수되게 되었다. 또 중국사회과학원 경제연구소의 기관지 《경제연구》를 위시하여 방대한 양의 경제잡지가 복간되거나 혹은 새롭게 간행되었다. 이처럼 방대한 자료나 데이터 속에서 중요한 정보만을 뽑아내고 자기 나름의 중국상(中國像)을 만들어나가는 것은 쉬운 일이 아니었다. 나에게는 지금도 약간은 남보다 낫다고 자만하는 점이 딱 하나 있다. 그것은 대량의 '쓰레기'와도 같은 중문자료에서 유용한 데이터만을 단기간에 뽑아내는 '기술'이다. 그러한 작업을 계속하지 않으면 중국의 움직임을 따라잡을 수 없었다는 의미에서 '붉은 여왕의 질주'가 들어맞는 상황이 생겼다고 할 수 있다.

둘째, 중국 자체의 빠른 변화이다. 시장경제화의 진전과 함께 급진전하는 제도개혁이나 잇달아 나오는 새로운 정책, 그것을 단순히 쫓아가는 것만으로도 논문이 양산 가능한 시기가 이어졌다. 하지만 새로운 제도를 소개하는 것만으로 알 수 있었던 것은 모종의 허무함 같은 것으로, 헛수고를 했다는 느낌이 들 수밖에 없었다. 탄탄한 재정 · 금융제도 연구로 유명한 남부 미노루(南部稔) 선생(코오베 대학 명예교수)은 어느 때부터인가 재정 · 금융제도 연구에서 손을 떼고 만년에는 홍콩경제 관련 책을 쓰거나 하면서 지내고 계셨다. 이제 그래도 되는 때가 되었다고 생각하기 때문에 내 나름대로 해석을 해보자면, 그처럼 열심히 하시던 재정 · 금융제도에 대한 연구를 관두신 이유는 제도개혁이 앞으로도 계속되겠지만 그것을 시기로 계열화하여 늘어놓더라도 어떤 의미가 있는가 하는, 단순하지만 본질적인 의문에 휩싸였기 때문이 아닐까?

어쨌든 중국을 바르게 이해하기 위해서는 해마다 변화하는 제도나 정책의 흐름을 제대로 파악해둘 필요가 있다. 만약 딱 2년 동안 전혀 논문을 쓰지 않으면 더 이상 논문을 쓸 수 없게 되는 것이 아닌가 하는 공포감에 휩싸인 적이 여러 차례 있다. 이러한 감정에도 '붉은 여왕의 질주'가 들어맞는 것이다.

셋째, 중국연구와 관련하여 가장 중요한 변화는 연구방법의 근본적인 전환이다. 개혁개방에 따른 시장경제화의 진전은 중국 연구자에게 모종의 신념 확인을 강요한 듯 보인다. 다시 말해, 사회주의의 정당성을 견지하는가 아니면 그것을 부정하여 사회주의로부터 결별하는가 하는 것이다. 지금 돌이켜볼 때 후자가 살아남고 전자는 도태되었다고 말하면 지나친 말일까? 좀 더 정확히 표현한다면 마르크스주의 경제학이나 사회주의 순이론에 가까운 입장의 연구자일수록 시장경제화를 진행하는 중국을 연구할 의욕을 잃게 되었다고 여겨진다. 조금 냉정히 말하자면, 사회주의의 정당성에 대한 논의를 보류해두고 중국의 실정에 접근하는 것으로 만족을 얻는 것이 가능한 연구자(나도 포함된다)는 나름대로 살아남았다고 말할 수 있을지도 모르겠다. 오해하지 말아야 할 것은 그러한 연구자를 비판할 의도는 조금도 없다. 지역 연구자는 원래 그러해야 하는 것이며 사회주의에 환멸을 느꼈기 때문에 연구를 중단하는 것은 진정한 지역 연구자라고 말할 수 없을 것이다.

나의 경우 대학 시절에 타나카 히로시(田中宏)(릿메이칸立命館 대학), 미소바타 사토시(溝端佐登史)(쿄오토 대학) 등이 주최한 공부모임에 참여하여 마르크스의 《자본론》을 읽은 사람이기 때문에 '마르크스 보이'라는 범주에 들겠지만, 앞에서 서술했듯이 개혁개방의 시기부터 연구를 시작했다는, 출발점이 늦은 이유에다 코오베 대학의 후지모토 아키라(藤本昭) 선생의 문하에 들어갔던 것이 그 후의 연구방향을 크게 바꾸게 되었다. 후지모토 선생 당신은 사회주의에 강한 동정을 가진 분이지만 이론보다 실증을 중시하는 연구 스타일로, 지금의 중국 실정을 파악하는 것이 중요하다는 입장이었다. 그것을 실천하는 훌륭한 선배 우에하라 카즈요시(上原一慶)(쿄오토 대학 명예교수), 야마모토 츠네토(山本恒人)(오오사카 경제대학 명예교수)도 뵐 수 있었다. 또 무라카미 아츠

시(村上敦) 선생(코오베 대학 명예교수) 아래에서 개발경제학의 기초를 배운 것도 내 자신의 연구방향을 정하는 데에 큰 영향을 주었다.

지역 연구자에게 현지를 살피는 것은 무엇보다 중요한 일이다. 나에게 있어 행운이었던 것은 1980년부터 문부성 중국파견 유학생 제도가 시작되어 1981년 9월, 제2회 파견학생으로 베이징대학에 유학을 갈 수 있었던 일이다. 고급진수생(高級進修生)이라는 신분으로 기숙사비는 무료였으며 120위안(2015년 9월 현재로는 1위안=18.7엔이지만 당시는 1위안=130엔)의 장학금도 지급되었다. 당시의 대학 조교수 급여와 같다고 들었다. 유학생활을 갓 했을 때의 추억담을 이야기하자면 자전거 구입을 위해 유학생 판공실에서 증명서를 받아 우다오커우(五道口)의 상점에서 군중에게 휩싸이듯 하여 상하이의 유명 브랜드 융지우파이(永久牌) 자전거를 120위안에 구입하였다. 신상품 자전거를 타고 씩씩하게 베이징대학까지 돌아오는 것은 좋았지만 이미 앞바퀴의 타이어 공기가 빠져 실망했던 것이 최초의 구매체험이었다. 유학생 식당에 매주 수요일 점심에 나오는 만두가 맛있었던 것, 요리를 잘한다고 자부하던 유학생 친구와 재료를 구해서 오뎅이나 햄버거 등 수제 요리를 만들어서 하얗게 날이 샐 때까지 밤새 술을 마셨던 것, 이탈리아에서 온 여자 유학생을 꾀어서 댄스홀에 갔던 것 등, 생각은 끝이 없다. 참고로 같은 유학생 숙소에 있던 연상의 술친구 사회학자 히시다 마사하루(菱田雅晴)는 그 후 연구 동료가 되었다.

나에게 있어 최초의 외국생활을 경험한 곳인 베이징은 지금 생각하면 즐거운 일만 있었던 듯 하지만, 대학의 수업내용은 솔직히 말해 환멸이 느껴졌다. 현 상황 분석에 관련된 경제학 수업은 하나도 하지 않아 수업에서 중국경제학을 배울 기회는 거의 제로에 가까웠다. 지금껏 강하게 인상에 남는 사건이 있다. 경제정책 결정의 중추에 있던 팡웨이중(房維中)(당시 국가계획위원회 부주임)이 중국경제의 현 상황에 대해 특별강연을 한다는 정보를 듣고는 교실에서 중국인 학생에 섞여서 기다리고 있었는데, 이 강연은 유학생에게는 '개방되지 않았다'며 교실에서 나갈 것을 강요받은 일이다. 이때는 왜 베이징에 있는 걸까 하고 마음 깊이 비참한 기분이 들었다.

한 가지 더 중국에 강한 환멸을 느꼈던, 지금 생각하면 우스갯소리 같은 추억담을 이야기해 둘까 한다. '지구를 걷는 방법' 같은 편리한 가이드북이 없던 시절, 전형적인 촌뜨기였던 나는 천안문 근처를 방황한 후 점심을 먹으려고 유명한 베이징호텔(北京飯店)의 1층 레스토랑에 들어갔다. 볶음밥과 맥주(지금이라면 약간 부끄러운 주문내용이지만 30년도 더 된 옛날의 궁핍한 학생의 일이라고 생각하고 너그러이 봐주시기 바란다)를 부탁하고, 칭다오맥주 큰 병에서 잔에 맥주를 따랐을 때 맥주병 바닥에 큰 유리파편을 발견하고는 깜짝 놀랐다. 곧장 웨이터를 불러 이것이 뭐냐면서 교환해 달라고 했지만 그의 대답은 나를 더 놀라게 하였다. 병 속에 문제가 있었다면 그것은 맥주회사의 책임이지 호텔의 책임이 아니며, 만약 돈을 돌려받고 싶으면 훗날 다시 찾아오라는 답변이었다. 믿기지 않는 이야기이지만 강렬한 체험으로 지금껏 선명하게 기억하고 있다. 1981년 가을의 베이징은 대학의 안과 밖 할 것 없이 틀림없는 사회주의 국가였다.

일본에 귀국한 뒤 거의 같은 시기에 중국의 각지에서 유학했던 사람에게 당시 상황을 들어보니 난징대학이나 중산대학(中山大學)에서는 더 자유로운 강의가 있으며 현지시찰까지 주선 받았다고 해서 역시 베이징대학이 특별했던 것이 확실해졌다. 다만, 크게 놀라거나 화가 나거나 하더라도 중국 연구를 그만두려고 생각하지 않았던 것은 이상하다면 이상하지만 역시 그것을 상회하는 매력이 이 나라에는 있다는 사실일 것이다. 1980년대 중반이 되자 오오시마 카즈츠구(大島一二)(모모야마 가쿠인[桃山學院] 대학), 사토오 히로시(佐藤宏)(히토츠바시[一橋] 대학), 겐 젠헤이(嚴善平)(도오시샤[同志社] 대학) 등과 함께 상하이 근교, 광둥성 바오안현(寶安縣), 저장성 원저우시(溫州市) 등에서 현장연구가 가능하게 되어 더욱 중국의 매력에 빠져들게 되었다.

현장연구에서 얻은 생생한 데이터를 이용하여 중국의 실태에 입각한 연구를 개발경제학 수법에 기초하여 진행하는 그 이후의 내 연구 스타일은, 지금으로서는 극히 당연한 것인 듯 보이지만 1980년대 초부터 중반의 중국에서는 가장 선진적인 연구 스타일이었다고 여겨진다. 사회주의의 베일에 휩싸여있던 중국이 실제로는 가난한 개발도상국에 불과하다는 것이 확실해짐에 따라 개발경제학으로 중국을 분석하고자 하는 지향이 생기는 것은 당연한 일하다. 당시 중국에 대한 관심을 강화시켰던 개발경제학자 와타나베 토시오(渡邊利夫)(타쿠쇼쿠[拓殖] 대학 총장)의 연구모임에 참여한다거나 중국 정치학자 모오리 카즈코(毛里和子)(와세다 대학 명예교수)의 연구회에 초청받은 것은 이러한 연구 스타일이 제대로 평가된 까닭이라고 생각한다. 내 자신은 그다지 강하게 의식하고 있지는 않았지만 결과적으로 중국 연구의 최첨단에 있었다는 의미에서 '붉은 여왕의 질주'를 하고 있었던 것인지도 모르겠다.

2. 지역 연구와 이방인의 눈빛[2]

1980년대의 개발경제학과 오늘날의 그것은 크게 달라져 새로운 이론이나 연구방법을 착실히 따라잡는 것만도 용이하지 않다. 이것 역시 '붉은 여왕의 질주'에 들어맞는 사례라고 할 수 있지만, 이러한 사실은 어떤 학문분야에서도 공통되기 때문에 굳이 지적할 것도 없을 것이다. 오늘날은 대량의 거시 데이터나 현장연구에서 얻어진 미시 데이터로 접근하기가 용이하여 계량경제학이나 공간경제학 이론이나 실증수법 등 최신 분석수법을 익힌 젊은 연구자의 앞길은 평탄할 것처럼 보이지만 실제로 그러할까? 지금의 젊은 연구자가 어떠

---

2 加藤(2009)를 바탕으로 가필 · 수정하였다.

한 문제의식을 가지고서 연구를 계속해 나가는 열정을 유지하고 있는지 솔직히 나는 잘 모르겠다.

2008년 가을의 일이다. 시장 이행 국가(러시아, 중부 및 동부 유럽, 중국)를 연구 대상으로 하는 중견 연구자 및 젊은 연구자들과 사회주의란 무엇이었는가, 시장경제로의 이행은 끝났는가, 중국의 독자적인 자본주의는 성립할 것인가 등에 대해 실증연구와는 다소 거리를 둔 자유로운 논의를 하는 기회를 갖게 되었다. 당시 술이 좀 들어간 뒤에는 중국이나 러시아, 중부 및 동부 유럽을 연구하는 의의는 무엇인가라는 이야기로 옮아갔다.

지역 연구의 의의는 무엇인가 하는 질문을 받으면 중국 연구자에게 있어서는 너무 자명한 일(중국이라는 존재의 크기, 일본과의 관계의 깊이)인 듯 여겨져 논의의 대상이 되지 않는 경우가 대부분이다. 하지만 적어도 사회과학 분야에서 중국 연구가 놓인 위치를 냉정하게 다시 생각해보면 실제로는 몹시 심각한 문제제기라고 새삼 생각하지 않을 수 없다.

어떤 중견의 러시아 경제연구자는 지역 연구로서의 러시아 연구에는 어떠한 흥미도 없다고 단언한다. 그저 보다 보편적인 가치를 지닌 이론(예전에는 사회주의라는 시스템에 대한 연구, 최근에는 이행경제에 대한 연구)에 대한 공헌에 의의가 있다고 생각하기 때문이다. 이러한 생각을 가진 러시아, 중부 및 동부 유럽 연구자는 사회과학에 한정하자면 오늘날에도 다수파를 구성하고 있는 것 같다. 다만 1991년의 소련 붕괴 이후 골수 마르크스주의자조차(혹은 골수 마르크스주의자이기 때문에) 연구를 계속하는 에너지를 유지하는 것은 용의하지 않게 되었다. 또 시장이행이 거의 끝났다고 여겨지는 오늘날 이행 이론의 연구가 앞으로도 하나의 연구영역으로 성립할지는 의문스럽다. 그렇다고 한다면 젊은 사람들은 무엇을 목표로 하여 연구하면 좋을까?

이 문제는 러시아, 중부 및 동부 유럽에 국한되지 않는다. 중국 연구에서도 정도의 차이는 있지만 똑같게 이야기할 수 있는 것이 아닐까? 양자의 차이는

'러시아적인 것'에 대한 관심의 깊이와 '중국적인 것'에 대한 관심의 깊이라는 차이에서 기인한 것으로 여겨지지만, 양자의 차이에 대해서는 여기에서는 이 이상 논하지 않기로 하겠다.

지금 새삼 한 번 더 연구사를 간단히 돌아보기로 하자. 1960년대에는 정보의 압도적인 부족이 원인의 하나라고는 하지만 마오쩌둥이 발동한 프롤레타리아 문화대혁명이야말로 소련과는 다른 새로운 사회주의를 추구하는 것이라고 하는 문화혁명 예찬론이 출현하여 일세를 풍미하였고 결국은 소멸하였다. 1980년대에 들어 중국이 가난한 발전도상국이라는 사실이 널리 알려지게 되자 사회주의 국가로서의 중국에 대한 매력은 단번에 사라졌지만, 개발경제학이나 사회학의 사례연구의 현장으로서 중국은 재미있는 소재를 제공해주었기 때문에, 중국 국내 실증연구의 낙후성으로 인해 연구재료에서는 부족함이 없었다. 21세기에 들어 장기간에 걸친 고도성장으로 중국이 부유하게 되자 이번에는 비즈니스 대상으로서의 중국의 매력이 높아지고 중국 연구의 일부는 정보로의 접근이 빠른 싱크탱크나 기업조사 부문이 되었다. 보다 아카데믹한 영역에서는 다른 분야로부터의 참여나 선진국에서 근대 경제학을 배운 중국인 연구자가 대두함에 따라 중국 연구가 표면적으로는 활황을 보인 듯이 보인다. 하지만 중국인일수록 현지의 정보 · 인맥에 정통한 것도 아니며 다른 분야로부터의 참여자일수록 세련된 분석툴을 잘 아는 것도 아니어서, 이른바 '중국 연구자'의 머물 곳은 점점 좁아진 것이 실정일 것이다.

이렇게 생각해보면 조금 과장되게 들릴지 모르지만 앞에서 서술한 의미에서의 협의의 '중국 연구'는 이제는 존망의 위기에 있다고 해도 좋을 것이다. 중국 연구가 하나의 연구영역으로 살아남고 발전을 계속하기 위해서는 무엇이 필요한 것일까? 나는 지역 연구로서의 의의, 다시 말해 '중국적인 것'을 철저하게 붙드는 것이 중국 연구가 발전을 계속할 방도이며 나아가서는 그것이 경제학의 내용을 보다 풍부하게 하는 것과 결부된다고 생각하고 있다.

파리에 거주하는 사회심리학자 코자카이 토시아키(小坂井敏晶)의 자전적인 저작을 읽고 이문화(異文化)와 창조성에 대해 크게 공감하는 점이 있었다(小坂井 2003). 코자카이는 오랜 기간 이문화 가운데 생활하고 학생을 가르치고 연구를 지속하고 있는데, 그는 그의 경험에 기초하여 '이질성 · 주변성 · 소수파성'이 상상력을 낳는 원천이라고 주장한다. 자세한 사항은 저작을 직접 보아야하겠지만, 상식과는 다른 이질적인 데이터나 이론이 서로 맞부딪히고 그 사이의 모순을 극복하려는 노력에서 새로운 생각이 발견된다. '이방인의 눈빛'을 지니고 이국에서 이국을 연구하는 의의는 바로 여기에 있다고 코자카이는 말한다.

다소 차이는 있겠지만 이국에서 이국을 연구하는 의의를 중국 연구에 끌어와 이야기해보면, 일본인으로서의 '이방인의 눈빛'으로 중국을 관찰해야만 비로소 발견할 수 있는 것이 있으며 그것이 중국인의 '상식'과 다르다고 한다면 그것은 반드시 의미 있는 문제제기가 되고 있는 것일 터이다. 게다가 그것은 중국인 제 자신이 인식하지 않았던 '중국적인 것'의 발견, 혹은 재평가와 결부될지도 모른다. 그렇다면 '중국적인 것'이 발견되었다고 하여 그것이 보편적인 가치를 지닐 수 있을 것인가? 답은 예스이다. '주변성', 즉 "중심에 없다는 그 이유 때문에 새로운 가치의 창조가 가능하게 된다"는 측면이 있는 동시에 '소수파'의 문제제기가 세계의 '상식'을 바꾸는 힘을 지니고 있을지도 모르기 때문이다. 다른 말로 표현하자면 개별연구를 관통한 저 너머에 보편의 진리가 기다리고 있는 것이다.

하지만 "말은 쉽고 행동은 어렵다." 그 작은 시도로서 민국 시기의 중국을 관찰하여 '포(包)'의 윤리규율을 발견한 카시와 스케카타(柏祐賢)의 연구를 힌트 삼아 개혁개방 이후의 중국 경제제도를 논한 논문을 발표하였다(加藤 2010). 그리고 이 논문을 출발점으로 한 사색을 통해 이전 저서(加藤 2013)를 발간하였다. 본서 역시 앞에서 서술한 질문에 대한 답을 계속해서 모색하고 있는 내

나름의 시도 가운데 하나이다.

남겨진 연구생활이 그다지 길지 않은 나는 당분간 이 방향으로 나아가볼까 생각하고 있지만, 염려가 되는 것은 연구자들이다. 스스로 중국의 독자성을 붙들어야 한다고 말하면서도 한편으로는 자신이 지도하는 대학원생이 중국의 독자성 등에 대해 소리 높이기 시작하면 잠시 기다리고 우선은 실증연구를 착실히 진행해야 한다고 조언할 것이 틀림없는 내 자신이다. 중국의 독자성은 어느 정도 연구자로 독립하고부터 생각하면 좋다고 생각하는 반면, 그렇다면 연구자로서의 정체성을 확립하는 것이 불가능하게 되는 것이 아닌가 하는 두려움도 느낀다. 연구대상이 명확하여 망설임 없이 연구를 진행하는 것이 가능했던 행복한 시절은 이미 과거의 것이 되었다. 무엇을 연구해야 하는가, 어떤 룰을 통해 그곳에 도달할까, 각각의 연구자 개인이 시행착오를 계속하는 가운데 전진하는 것 외에는 방법이 없다.

우선 하나의 산업이나 하나의 연구영역을 깊이 파는 것은 현명한 선택이다. 하지만 결코 거기에 매몰되어서는 안 된다. 특정 산업에 특화하거나 특정 영역으로만 연구의 범위를 줄인 지역 연구자가 대성한 경우는 드물다. 개별 실증연구를 계속하면서 전체로서의 중국을 응시하는 관점을 늘 어디에서든 지니는 것이 중요하다고 생각한다. 이 어려운 시기에 어려운 연구 주제를 굳이 선택한 젊은 연구자에게 마음으로부터 성원을 보내고 싶다. 중국 연구에 뜻을 둔 젊은 연구자 여러분! 결코 개별 실증주의에 매몰되지 말고 계속해서 '이방인의 눈빛'을 지니고서 중국인의 중국 연구와는 다른, 일본인의 중국 연구의 의의를 세계를 향해 어필할 수 있는, 창조적인 연구를 크게 기대해본다.

참고문헌

【일본어】

- 阿甘(2011), 《中國モノマネ工場−世界ブランドを搖さぶる'山寨革命]の衝擊》(徐航明 · 永井麻生子 譯), 日經BP社.
- 青木昌彦(1995), 《經濟システムの進化と多元性−比較制度分析序說》, 東洋經濟新報社.
- 青木昌彦(2005), 〈比較制度分析の方法−制度のシュンペーター的革新と革新の制度〉, 《比較經濟體制學會年報》第42巻 第1號.
- アセモグル, ダロン, ジェイムズ · ロビンソン(2013), 《國家はなぜ衰退するのか−權力 · 繁榮 · 貧困の起源》(鬼澤忍 譯), 早川書房(Daron Acemoglu and James A. Robinson, *Why Nations Fail : The Origins of Power, Prosperity, and Poverty*, Crown Business, 2012).
- 足立啓二(1998), 《專制國家史論−中國史から世界史へ》, 柏書房.
- 足立啓二(2012), 《明淸時代の經濟構造》, 汲古書院.
- アマーブル, ブルーノ(2005), 《五つの資本主義−グローバリズム時代における社會經濟システムの多樣性》(山田鋭夫 · 原田裕治 외 譯), 藤原書店(Bruno Amable, *The Diversity of Modern Capitalism*, Oxford University Press, 2003).
- アルベール, ミシェル(2011), 《資本主義對資本主義》(小池はるひ 譯), 竹內書店新社(Michel Albert, *Capitalisme contre Capitalism*, Éditions du Seuil, 1991).
- 磯部靖(2008), 《現代中國の中央 · 地方關係 · 廣東省における地方分權と省指導者》, 慶應義塾大學出版會.
- 伊藤亞聖(2012), 〈'闇市'から'雜貨の殿堂'へ−浙江省義烏市の地域經濟發展〉, 加藤弘之 編, 《中國長江デルタの都市化と產業集積》, 勁草書房.
- 伊藤亞聖 · 李卓然 · 王敏(2014), 〈中國におけるイノベーション政策の效果推計−多層 · 多ルートの政策體系は機能しているのか?〉, 《社會科學硏究》第66巻 第1號.
- 伊藤亞聖(2015), 〈中國'一帶一路'の構想と實態−グランドデザインか寄せ集めか？〉,《東亞》No.579, 2015年 9月號.

- 稲田十一(2013), 〈中國の'四位一體'型の援助－アンゴラ・モデルの事例〉, 下村恭民・大橋英夫・日本國際問題研究所 編,《中國の對外援助》, 日本經濟評論社.
- 猪木武德(2015), 〈《21世紀の資本》が問う讀み手の'知'－何がわかり, 何がわからないかを區別せよ〉,《中央公論》2015年 4月號.
- 今井健一(2009), 〈國有資本のプレゼンスと經營支配の變革〉, ナズール・イスラム, 小島麗逸 編,《中國の再興と抱える課題》, 勁草書房.
- 岩井茂樹(2004),《中國近世財政史の硏究》, 京都大學學術出版會.
- 祝迫得夫(2000), 〈經濟成長の實證研究〉, 內閣府・經濟社會總合研究所 編,《經濟分析第160號：構造變化を伴なう東アジアの成長－新古典派成長論VS雁行形態論》.
- 大橋英夫(2008), 〈中國經濟の構造轉換と'走出去'戰略〉, 高橋五郎 編,《海外進出する中國經濟》, 日本評論社.
- 岡本隆司(2011),《中國'反日'の源流》, 講談社.
- 梶谷懐(2012), 〈農村都市化の政治經濟學－農地流動化, 非農業轉用の観点から〉, 加藤弘之 編,《中國長江デルタの都市化と産業集積》, 勁草書房.
- 梶谷懐(2014), 〈土地政策－農村の開發と地方政府〉, 中兼和津次 編,《中國經濟はどう變わったか－改革開放以後の經濟制度と政策を評價する》, 國際書院.
- 柏祐賢(1985),《經濟秩序個性論－中國經濟の研究 I, II, III》, 柏祐賢著作集 第3卷～第5卷, 京都産業大學出版會(人文書林 刊, 昭和23年의 복각본).
- 加藤弘之(1995),《中國の農村發展と市場化》, 世界思想社.
- 加藤弘之(1997),《中國の經濟發展と市場化－改革・開放時代の検證》, 名古屋大學出版會.
- 加藤弘之(2009), 〈地域研究と'異邦人のまなざし'〉,《日本現代中國學會ニューズレター》第28號.
- 加藤弘之・久保亨(2009),《進化する中國の資本主義》, 岩波書店.
- 加藤弘之(2010), 〈移行期中國の經濟制度と包の倫理規律－柏祐賢の再發見〉, 中兼和津次 編,《歴史的視野からみた現代中國經濟》, ミネルヴァ書房.
- 加藤弘之・上原一慶 編(2011),《現代中國經濟論》, ミネルヴァ書房.
- 加藤弘之(2012a), 〈鏡の國のアリスと中國研究〉,《現代中國研究》第30號.

- 加藤弘之 編(2012b),《中國長江デルタの都市化と產業集積》, 勁草書房.
- 加藤弘之·藤井大輔(2012),〈競爭する地方政府−企業經營から都市經營へ〉, 加藤弘之 編,《中國長江デルタの都市化と產業集積》, 勁草書房.
- 加藤弘之(2013),《'曖昧な制度'としての中國型資本主義》, NTT出版.
- 加藤弘之·渡邊眞理子·大橋英夫(2013),《21世紀の中國 經濟篇−國家資本主義の光と影》, 朝日新聞出版.
- 加藤弘之(2014a),〈包括的制度, 收奪的制度と經濟發展−アセモグルとロビンソンの《國家はなぜ衰退するのか》を讀む〉, 神戸大學經濟經營研究所年報《經濟經營研究》第63號.
- 加藤弘之(2014b),〈腐敗は中國の成長を制約するか?〉,《東亞》No. 561, 2014年 3月號.
- 加藤弘之(2014c),〈中國型資本主義の'曖昧さ'をめぐるいくつかの論点−中兼和津次氏の批判に答える〉,《國民經濟雜誌》第210卷 第2號.
- 加藤弘之(2015a),〈內陸農村の都市化とは−四川省の事例〉,《日中經濟協會ジャーナル》2015年 5月號.
- 加藤弘之(2015b),〈加速する中國の新興國援助−日本はインフラ'卒業'を〉,《日本經濟新聞》2015年 5月 24日자.
- 加藤弘之(2016),〈中國における格差問題を考える−トマ·ピケティの《21世紀の資本》を讀む〉, 大阪商業大學,《地域と社會》第18號.
- 關志雄(2004),〈民營化とMBOを巡る大論爭−國有資產の流出が正當化できるか〉, 經濟產業研究所,《中國經濟新論》(2004年 9月 15日).
- 關志雄(2014),〈ポスト三中全會の國有企業改革−コーポレート·ガバナンスの向上は可能か〉, 經濟產業研究所,《中國經濟新論》(2014年 6月 4日).
- 菊地道樹(1993),〈鄕鎭企業の發展の軌跡と展望〉, 石原享一 編,《'社會主義市場經濟'をめざす中國−その課題と展望》, アジア經濟研究所.
- 木越義則(2014),〈書評報告−加藤弘之 著《曖昧な制度としての中國型資本主義》(NTT出版, 2013年)について〉, 中國現代史研究會 워크숍〈中國研究の方法論を問い直す−'制度'をどう捉えるか〉(2014年 1月 25日, 神戸大學).
- 岸本美緒(2006),〈中國中間團體論の系譜〉,《'帝國'日本の學知−東洋學の磁場》, 岩波書店.
- 木村公一朗(2010),〈中國の携帶電話端末產業−中國大手携帶電話メーカーの急成長と模索〉, 丸川知雄・安本雅典 編, 《携帯電話産業の進化プロセス−日本はなぜ孤立したのか》, 有斐閣.

- グライフ, アブナー(2009), 《比較歴史制度分析》(岡崎哲二・神取道宏 監譯), NTT出版(Avner Grief, *Institutions and the Path the Modern Economy : Lessons from Medieval Trade*, Cambridge University Press, 2006).
- 黑崎卓・大塚啓二郎 編(2015), 《これからの日本の國際協力−ビッグ・ドナーからスマート・ドナーへ》, 日本評論社.
- 吳柏鈞・楊劍俠(2012), 〈私營企業の創業と成長〉, 加藤弘之 編, 《長江デルタの都市化と産業集積》, 勁草書房.
- 吳敬璉(2015), 《吳敬鍵, 中國經濟改革への道》(バリー・ノートン編・解說, 曾根康雄 監譯), NTT出版(Wu Jinglian, edited with introduction by Barry Naughton, *Wu Jinglian : Voice of Reform in China*, The MIT Press, 2013).
- 高尙全 編(2015), 《轉換を模索する中國−改革こそが生き殘る道》(岡本信廣 監譯, 岡本惠子 譯), 科學出版社東京株式會社(高尙全 編, 《改革是中國最大的紅利》, 人民出版社, 2013年).
- 小坂井敏晶(2003), 《異邦人のまなざし−在パリ社會心理學者の遊學記》, 現代書館.
- 小嶋華津子(2012), 〈エリート層における黨の存在−中國エリート層意識調査(2008~9)に基づいて〉, 菱田雅晴 編, 《中國共産黨のサバイバル戰略》, 三和書籍.
- 兒玉谷史朗(2015), 〈ザンビア−對アフリカ援助の政治經濟學〉, 黑崎卓・大塚啓二郎 編, 《これからの日本の國際協力−ビッグ・ドナーからスマート・ドナーへ》, 日本評論社.
- ゴビンダラジャン, ビシャイ, クリス・トリンブル(2012), 《リバース・イノベーション−新興國の名もない企業が世界市場を支配するとき》(渡部典子 譯), ダイヤモンド社(Vijay Govindarajan and Chris Trimble, *Reverse Innovation : Create Far from Home, Win Everywhere*, Harvard Business Review Press, 2012).
- コーヘン, スレイマン・イブラヒム(2012), 《國際比較の經濟學−グローバル經濟の構造と多様性》(溝端佐登史 외 監譯), NTT出版(Suleiman Ibrahim Cohen, *Economic Systems Analysis and Policies : Explaining Global Differences, Transition and Development*, Palgrave Macmilllan, 2009).
- 駒形哲哉(2011), 《中國の自轉車産業−'改革・開放'と産業發展》, 慶應義塾大學出版會.

- 齋藤修(2008), 《比較經濟發展論-歷史的アプローチ》, 岩波書店.
- 下村恭民・大橋英夫・日本國際問題研究所 編(2013), 《中國の對外援助》, 日本經濟評論社.
- シャンボー, デイビッド(2015), 《中國グローバル化の深層-'未完の大國'が世界を變える》(加藤祐子 譯), 朝日新聞出版(David Shambaugh, *China Goes Global : The Partial Power*, Oxford University Press, 2013).
- 徐濤(2014), 《中國の資本主義をどうみるのか-國有・私有・外資企業の實證分析》, 日本經濟評論社.
- 末廣昭(2014), 《新興アジア經濟論-キャッチアップを超えて》, 岩波書店.
- 關山健(2013), 〈'シャドーバンキングによる中國經濟危機'という噓〉, 東京財團, 《View on China》(2013年 9月 2日).
- 瀨口淸之(2011), 〈全國自治體に割り振れ〉, 《讀賣新聞》, 2011年 3月 18日자.
- 薛進軍・園田正・荒山裕行(2008), 《中國の不平等》, 日本評論社.
- ダイアモンド, ジャレド《銃・病原菌・鐵-1万3000年にわたる人類史の謎》(倉骨彰 譯), 草思社(Jared Diamond, *Gun, Germs and Steel : The Fates of Human Societies*, W. W. Norton, 1997).
- 橘木俊詔(2014), 〈トマ・ピケティ著《21世紀の資本》の衝擊〉, 《現代思想》1月臨時增刊號(2014年 12月).
- 田中修(2015a), 〈借換え地方債の追加發行〉, MIMEO.
- 田中修(2015b), 《世界を讀み解く經濟思想の授業-スミス, ケインズからピケティまで》, 日本實業出版社.
- 田村曉彦(2014), 〈中國における反腐敗キャンペーンと經濟構造改革-國有企業改革を中心に〉, 經濟産業研究所コラム 第405回(www/rieti.go.jp/columns/a01_0405.html).
- 張樂天・陸洋(2012), 〈農村基層幹部を讀み解く-浙江省海寧市の事例〉, 加藤弘之 編, 《中國長江デルタの都市化と産業集積》, 勁草書房.
- 丁可・潘九堂(2013), 〈'山寨'携帶電話-ブラットフォームと中小企業發展のダイナミクス〉. 渡邊眞理子 編, 《中國の産業はどのように發展してきたか》, 勁草書房.
- 內藤二郎(2014), 〈財政制度-改革の再檢證と評價〉, 中兼和津次 編, 《中國經濟はどう變わったか-改革開放以後の經濟制度と政策を評價する》, 國際書院.

- 中兼和津次(2010), 《體制移行の政治經濟學－なぜ社會主義國は資本主義に向かって脱走するのか》, 名古屋大學出版會.
- 中兼和津次(2012), 《開發經濟學と現代中國》, 名古屋大學出版會.
- 中兼和津次 編(2014a), 《中國經濟はどう變わったか－改革開放以後の經濟制度と政策を評價する》, 國際書院.
- 中兼和津次 編(2014b), 〈'曖昧な制度'とは何か－加藤弘之《'曖昧な制度'としての中國型資本主義》を讀んで〉, 《中國經濟研究》第11巻 第1 號.
- 中根千枝(1987), 《社會人類學－アジア諸社會の考察》, 東京大學出版會.
- 中屋信彦(2013), 〈體制移行の錯覺と中國の國家資本〉, 《經濟科學》第60巻 第4號.
- ニーダム, ジョセフ(2009), 《ニーダム・コレクション》(牛山輝代 編譯), 筑摩書房.
- ノース, ダグラス(1994), 《制度・制度變化・經濟成果》(竹下公視 譯), 晃洋書房(Douglass C. North, *Institutions, Institutional Change and Economic Performance*, Cambridge University Press, 1990).
- バナジー, アビジット, エスター・デュフロ(2012), 《貧乏人の經濟學－もういちど貧困問題を根っこから考える》(山形浩生 譯), みすず書房(Abhijit V. Banerjee and Ester Duflo, *Poor Economics : A Radical Rethinking of the Way to Fight Global Poverty*, Public Affairs, 2011).
- 原洋之介(1996), 《開發經濟論》, 岩波書店.
- ハンチントン, サミュエル(1972), 《變革期社會の政治秩序(上)》(內山秀夫 譯), サイマル出版會(Samuel P. Huntington, *Political Order in Changing Societies*, Yale University Press, 1968).
- ピケティ, トマ(2014), 《21世紀の資本》(山形浩生 외 譯), みすず書房(Thomas Piketty, *Capital in the Twenty-first Century*, The Belknap Press of Harvard University Press, 2014).
- ピコー, アーノルド, ヘルムート・ディートル, エゴン・フランク(2007), 《新制度派經濟學による組織入門－市場・組織・組織間關係へのアプローチ》, (丹澤安治 외 譯), 白桃書房(Armold Picot, Helmut Dietl and Egon Frank, *Organisation : Eine ökonmische Perspektive, 4. Aktualisierte und erweiterte Auflage*, Schäller-Poeschel Verlag GmbH, 2005).
- 菱田雅晴 編(2012), 《中國共産黨のサバイバル戰略》, 三和書籍.
- ブレマー, イアン(2011), 《自由市場の終焉－國家資本主義とどう闘うか》(有賀裕子

譯), 日本經濟新聞出版社(Ian Bremmer, *The End of the Free Market : Who Wins the War between States and Corporations?*, Portfolio Hardcover, 2010).

- 寳劍久俊(2012), 〈農地賃貸市場の形成と農地利用の效率性〉, 加藤弘之 編, 《中國長江デルタの都市化と産業集積》, 勁草書房.
- ボウルズ, サミュエル(2013a), 《制度と進化のミクロ經濟學》, (鹽澤由典 외 譯), NTT出版(Samuel Bowles, *Microeconomics : Behavior, Institutions and Evolution*, Princeton University Press, 2006).
- ボウルズ, サミュエル(2013b), 《不平等と再分配の新しい經濟學》(佐藤良一 · 芳賀健一 譯), 大月書店(Samuel Bowles, *The New Economics of Inequality and Redistribution*, Cambridge University Press, 2012).
- 星野眞(2012), 〈都市定義の變遷と都市 · 農村間所得格差の動向〉, 加藤弘之 編, 《中國長江デルタの都市化と産業集積》, 勁草書房.
- 星野眞(2013), 〈縮小した中國の地域所得格差〉, (http://www.yomiuri.co.jp/adv/wol/opinion/inernational_130012.html).
- ポメランツ, ケネス(2015), 《大分岐-中國, ヨーロッパ, そして近代世界經濟の形成》(川北稔 監譯), 名古屋大學出版會(Kenneth Pomeranz, *The Great Divergence : China, Europe, and the Making of the Modern World Economy*, Princeton University Press, 2000).
- ボーモル, ウィリアム, ロバート · ライタン, カール · シュラム(2014), 《良い資本主義惡資本主義-成長と繁榮の經濟學》(原洋之助 監譯, 田中健彦 譯), 書籍工房早山(William J. Baumol, Robert E. Litan and Carl J. Schramm, *Good Capitalism, Bad Capitalism, and the Economics of Growth and Prosperity*, Yale University Press, 2007).
- 堀口正(2015), 《周緣からの市場經濟化-中國農村企業の勃興とその展開過程》, 晃洋書房.
- ボワィエ, ロベール(2005), 《資本主義VS資本主義-制度 · 變容 · 多様性》(山田鋭夫 譯), 藤原書店(Robert Boyer, *Une Théorie du Capitalisme Est-elle Possible?*, Odile Jacob, 2004).
- 丸川知雄(2000), 〈自動車産業-なぜ'民族企業'は育たなかったのか〉, 丸川知雄 編, 《移行期中國の産業政策》, アジア經濟研究所.
- 丸川知雄(2007), 《現代中國の産業-勃興する中國企業の强さと脆さ》, 中央公論新社.

- 丸川知雄(2013a),《チャイニーズ・ドリーム–大衆資本主義が世界を變える》, ちくま新書.
- 丸川知雄(2013b),〈大衆資本主義–もう一つの'中國モデル'〉, 大橋英夫 외 編,《ステート・キャピタリズムとしての中國–市場か政府か》, 勁草書房.
- 丸川知雄(2013c),《現代中國經濟》, 有斐閣.
- 丸川知雄・梶谷懷(2015),《超大國・中國のゆくえ4–經濟大國化の軋みとインパクト》, 東京大學出版會.
- 三浦有史(2013),〈中國不平等社會の持續性–かみ合わないパズルをどう組み合わせるか〉, 大橋英夫 외 編,《ステート・キャピタリズムとしての中國–市場か政府か》, 勁草書房.
- 溝口雄三(2011),《中國思想のエッセンスI》, 岩波書店.
- 溝端佐登史(2014),〈書評：加藤弘之 著《'曖昧な制度'としての中國型資本主義》(NTT出版, 2013年)〉,《國民經濟雜誌》第210卷 第3號.
- 三井物産戰略研究所(2014),〈中國自動車産業の課題と展望〉(2014年 8月 12日).
- 三竝康平(2015),《中國におけるイノベーションにかんする實證研究》, 神戸大學大學院 經濟學研究科 博士論文, 2015年 3月 제출.
- 南亮進・牧野文夫(2012),《中國經濟入門[第3版]》, 日本評論社.
- 三宅康之(2006),《中國・改革開放の政治經濟學》, ミネルヴァ書房.
- ミュルダール, グンナー(1959),《經濟理論と低開發地域》(小原敬士 譯), 東洋經濟新報社(Gunnar Myrdal, *Economic Theory and Under-developed Regions*, Gerald Duckworth, 1957).
- ミラノヴィッチ, ブランコ(2012),《不平等について–經濟學と統計が語る26の話》(村上彩 譯), みすず書房(Branko Milanovic, *The Haves and The Have-Nots : A Brief and Idiosyncratic History of Global Inequality*, Basic Books, 2011).
- ミルグロム, ポール, ジョン・ロバーツ(1997),《組織の經濟學》(奧野正寛 외 譯), NTT出版(Paul Milgrom and John Roberts, *Economics, Organization and Management*, Prentice Hall Inc., 1992).
- 村上衛(2015),〈中國近代史研究と'制度'〉, 中國現代史研究會 編,《現代中國研究》第35號.
- 村松祐次(1949),《中國經濟の社會態制》, 東洋經濟新報社.

- 毛里和子(2012a), 〈台頭中國をどう捉えるか〉, 毛里和子・園田茂人 編,《中國問題-キーワードで讀み解く》, 東京大學出版會.
- 毛里和子(2012b), 〈データから解析する中國共産黨の變身〉, 菱田雅晴 編,《中國共産黨のサバィバル戰略》, 三和書籍.
- モヨ, ダンピサ(2010),《援助じゃアフリカは發展しない》(小濱裕久 監譯), 東洋經濟新報社(Dambisa Moyo, *Dead Aid : Why Aid is not Working and How There is a Better Way for Africa*, Farrar, Straus and Giroux, 2009).
- 與那覇潤(2011),《中國化する日本-日中'文明の衝突'一千年史》, 文藝春秋.
- ラジュ, ナヴィ, ジャイディープ・プラブ, シモーネ・アフージャ(2013),《イノベーションは新興國に學べ!-カネをかけず, シンプルであるほど增大する破壞力》(月澤李歌子 譯), 日本經濟新聞出版社(Navi Radjou, Jaideep Prabhu and Simone Ahuja, *Jugaad Innovation : Think Frugal, Be Flexible, Generate Breakthrough Growth*, Jossey-Bass, 2012).
- 林毅夫(2012),《北京大學中國經濟講義》(劉德强 譯), 東洋經濟新報社.
- ロドリック, ダニ(2013),《グローバリゼーション・パラドクス-世界經濟の未來を決める三つの道》, (柴山桂太・大川良文 譯), 白水社(Dani Rodrik, *The Globalization Paradox : Democracy and the Future of the World Economy*, Oxford University Press, 2011).
- 渡邊眞理子 編(2013),《中國の産業はどのように發展してきたか》, 勁草書房.
- 渡邊眞理子(2014), 〈企業制度-國有, 民營混合體制の形成とその問題〉, 中兼和津次 編,《中國經濟はどう變わったか-改革開放以後の經濟制度と政策を評價する》, 國際書院.
- 和辻哲郎(1935),《風土-人間學的考察》, 岩波書店.
- Qian, Yingyi and Barry R. Weingast(1997), 〈制度, 政府行動主義と經濟發展-中國國有企業と鄕鎭企業の比較〉, 青木昌彦 외 編,《東アジアの經濟發展と政府の役割-比較制度分析アプローチ》, 日本經濟新聞社.

【英語】

- Acemoglu, Daron and James A. Robinson(2014), "The Rise and Decline of General Law of Capitalism," *NBER Working Paper*, No. 20766, December 2014.

- Boyer, Robert(2012), "The Chinese growth regime and the world economy," Robert Boyer, Hiroyasu Uemura and Akinori Isogai(eds.), *Diversity and Transformations of Asian Capitalisms*, Routledge.
- Breznitz, Dan and Michael Murphree(2011), *Run of Red Queen : Government, Innovation, Globalization, and Economic Growth in China*, Yale University Press.
- Dollar, David and Shang-Jin Wei(2007), "Das (Wasted) Kapitail : Firm Ownership and Investment Efficiency in China,", *NBER Working Papers*, No. 13103, May 2007.
- Elvin, Mark(1973), *The Pattern of the Chinese Past : A Social and Economic Interpretation*, Stanford University Press.
- Gill, Indermit and Homi Kharas(2007), *An East Asian Renaissance : Ideas for Economic Growth*, World Bank.
- Grief, Avner and Guido Tabellini(2010), "Cultural and Institutional Bifurcation : China and Europe Compared," *American Economic Review : Papers & Proceedings*, 100, May 2010.
- Holz, A. Carsten(2007), "Have China Scholars All Been Bought?" *Far Eastern Economic Review*, April 2007.
- Jefferson, Gary H. and Thomas G. Rawski(1994), "Enterprise Reform in Chinese Industry," *Journal of Economic Perspectives*, Vol. 8, Spring 1994.
- Kornai, Janos(1992), *The Socialist System : The Political Economy of Communism*, Oxford University Press.
- Leff, Nathaniel(1964), "Economic Development through Bureaucratic Corruption," *American Behavioral Scientist*, Vol. 8, November 1964.
- Maddison, Angus(2006), *The World Economy*, OECD.
- Naughton, Barry(2007), *The Chinese Economy : Transitions and Growth*, The MIT Press.
- Naughton, Barry(2011), "China's Economic Policy Today : The New State Activism," *Eurasian Geography and Economics*, 52(3).
- Nee, Victor and Sonja Opper(2012), *Capitalism from Below : Markets and institutional Change in China*, Harvard University Press.

- Oi, Jean C.(1992), "First Reform and the Economic Foundations of Local State Corporatism in China," *World Politics*, No. 45.
- Putterman, Louis(1997), "On the Past and Future of China's Township and Village-Owned Enterpises," *World Development*, Vol. 25, No. 10.
- Rosenthal, Jean-Laurent and Wong, R. Bin(2012), "Before and Beyond Divergence : A New Look at the Economic History of China and Europe," Masahiko Aoki, Timur Kuran and Gérard Roland(eds.), *Institutions and Comparative Economic Development*, Palgrave Macmillan.
- Stiglitz, Joseph E.(2013), "Institutional Design for China's Innovation System : Implications for Intellectual Property Rights," David Kennedy and Joseph E. Stiglitz(eds.), *Law and Economics with Chinese Characteristics : Institutions for Promoting Development in the Twenty-first Century*, Oxford University Press.
- Subramanian, Arvind(2012), "Which Nations Failed? : Democracy, Development, and Uncooperative Realities of Chinese and Indian History," *American Interest*, October 30, 2012.
- Szamosszegi, Andrew and Cole Kyle(2011), *An Analysis of State-owned Enterprises and State Capitalism in China*, U.S.-China Economics and Security Review Commission, October 2011.
- Walder, Andrew G. and Jean C. Oi(1999), "Property Right in the Chinese Economy : Contours of the Process of Change," Jean C. Oi and Andrew G. Walder(eds.), *Property Rights and Economic Reform in China*, Stanford University Press.
- Wedeman, Andrew(2012), *Double Paradox : Rapid Growth and Rising Corruption in China*, Cornell University Press.
- Weitzman, Martin L. and Xu Chenggang(1994), "Chinese Township-Village Enterprises as Vaguely Defined Cooperatives," *Journal of Comparative Economics*, Vol. 18.
- Williamson, Oliver E.(2000), "The New Institutional Economics : Taking Stock, Looking Ahead," *Journal of Economic Literature*, Vol. 38.
- World Bank and Development Research Center of the State Council, the People's Republic of China(2012), *China 2030 : Building a Modern,*

Harmonious, and Creative High-Income Society, World Bank.

【中國語】

- 北京天則經濟研究所 編(1995),《中國經濟學1994》, 上海人民出版社.
- 北京天則經濟研究所 編(2014),《中國經濟學2012》, 上海人民出版社.
- 北京天則經濟研究所課題組(2011),〈國有企業的性質, 表現與改革〉
- 曹正漢·史晋川(2009),〈中國地方政府應對市場化改革的策略-抓住經濟發展的主導權〉,《社會學研究》2009年 第4期.
- 曹正漢(2010),〈走出'中央治官, 地方治民'舊格局〉,《南方周末》2010年 6月24日.
- 曹正漢(2014),〈統治風險與地方分權關于中國國家治理的三種理論及其比較〉,《社會》2014年 第6期.
- 陳剛·李樹·尹希果(2008),〈腐敗與中國經濟增長〉,《經濟社會體制比較》2008年 第3期.
- 陳曉舒·徐凱(2010),〈高官貪腐錄〉,《財經》總第275號, 2010年 10月 25日.
- 國務院新聞辦公室(2011),《中國的對外援助(白皮書)2011》.
- 國務院新聞辦公室(2014),《中國的對外援助(白皮書)2014》.
- 花中東·周理瑞(2014),〈省際間對口支援政策與移轉支付制度的互補效應研究〉,《商業時代》2014年 第7期.
- 費孝通(2006),《鄕土中國》, 上海人民出版社.
- 黃宗智(2002),〈發展還是內卷？十八世紀英國與中國〉,《歷史研究》2002年 第4期.
- 黃宗智(2007),《經驗與理論-中國社會, 經濟與法律的實踐歷史研究》, 中國人民大學出版社.
- 姜琪(2014),〈腐敗與中國式經濟增長〉,《南京師大學報(社會科學版)》2014年 第2期.
- 李實·史泰麗·別雍·古斯塔夫森 主編(2008),《中國居民收入分配研究III》, 北京師範大學出版社.
- 李實·賴德勝·羅楚亮 등(2013),《中國收入分配研究報告》, 社會科學文獻出版社.
- 劉守英(2014),《直面中國土地問題》, 中國發展出版社.
- 倪星·原超(2014),〈經濟發展, 制度結構與腐敗程度〉,《浙江大學學報(人文社會科學版)》第44卷 第4期.

- 農寒部郷鎮企業局 · 中國郷鎮企業協會 · 農業部郷鎮企業發展中心 編(2007), 《郷鎮企業30年》, 農業出版社.
- 清華大學凱風發展研究院社會進步研究所 · 清華大學社會學系社會發展研究課題組(2012), 〈'中等收入陷穽'還是'轉型陷穽'?〉, 《開放時代》2012年 第3期.
- 涂謙(2011), 〈中國省部級幹部腐敗現象的實證研究〉, 《當代中國政治研究報告》2011年 第1期.
- 宋瑋(2015), 〈解密小米〉, 《財經》2015年 3月 30日.
- 王燦發(2009), 〈地方人民政府對轄區內水環境質量負責的具體形式〉, 《環境保護》2009年 第5期.
- 王小魯(2012), 《灰色收入與發展陷穽》, 中信出版社.
- 王小魯(2013a), 〈灰色收入與國民收入分配-2013年報告摘要〉, 《王小魯的博客》(http://wangxiaolu.blog.caixin.com).
- 王小魯(2013b), 《國民收入分配戰略》, 學習出版社 · 海南出版社.
- 王永欽 · 張晏 · 章元 · 陳釗 · 陸銘(2008), 〈中國的大國發展道路〉, 張軍 · 周黎安 編, 《爲增長而競爭》, 格致出版社 · 上海人民出版社.
- 文貫中(2005), 〈中國的疆域變化與走出農本社會的冲動〉, 《經濟學(季刊)》第4卷 第2期.
- 吳敬璉(2010), 〈中國改革進入深水區〉, 《綠葉》, 2010年 21期.
- 新望(2005), 《蘇南模式的終結》, 三聯書店.
- 西南財經大學中國家計金融調查與研究中心(2010), 《中國家計收入不平等報告》.
- 姚洋(2003), 〈高水平陷穽-李約瑟之謎再考察〉, 《經濟研究》2003年 第1期.
- 楊聯陞(1987), 《中國文化中報, 保, 包之意義》, 中文大學出版社.
- 張丙宣(2015), 〈新型城鎮化的浙江模式-反思與進路〉, 《浙江工商大學學報》2015年 第5期.
- 張軍(2012), 〈理解中國經濟快速發展的機制-朱鎔基可能是對的〉, 《比較》No. 63, 2012年 第6期.
- 張曙光(2014), 《中國問題的經濟學》, 中信出版社.
- 張五常(2009), 《中國的經濟制度》, 中信出版社.
- 張宇燕 · 高程(2005), 〈海外白銀, 初始制度條件與東方世界的停滯〉, 《經濟學(季刊)》

第4卷 第2期.
- 張郁慧(2012), 《中國的對外援助研究(1950−2010)》, 九州出版社.
- 張維迎(2013), 〈反腐敗的兩難選擇〉, 《經濟觀察報》2013年 3月 4 日.
- 趙明剛(2011), 〈中國特色對口支援模式研究〉, 《社會主義研究》20 11年 第2期.
- 中華人民共和國商務部 · 中華人民共和國國家統計局 · 國家外匯管理局 編(2013), 《2012年度中國對外直接投資統計公報》, 中國統計出版社.
- 鐘開斌(2013), 〈對口支援−起源, 形成及演化〉, 《甘肅行政學院學報》2013年 第4期.
- 周黎安(2007), 〈中國地方官員的晋昇錦標賽模式研究〉, 《經濟研究》2007年 第7期.
- 周黎安(2008), 《轉型中的地方政府−官員獎勵與政府治理》, 格致出版社 · 上海人民出版社.
- 周黎安 · 陶婧(2009), 〈政府規模, 市場化與地區腐敗問題研究〉, 《經濟研究》2009年 第1期.
- 周黎安(2014), 〈行政發包制〉, 《社會》2014年 第6期.
- 周其仁(2002), 《産權與制度變遷》, 社會科學文獻出版社.
- 周其仁(2006), 〈希望不是微觀調控〉, 《經濟觀察報》2006年 4月 30日.

후기

본서는 이전 저서 《'애매한 제도'로서의 중국형 자본주의》(NTT출판, 2013)의 속편이며 전면 개정판이기도 하다. 이전 저서에서 필자는 처음으로 '애매한 제도'라는 개념을 제시하여 중국형 자본주의의 특성을 밝히는 것을 시도하였다. 실험적인 내용이었음에도 불구하고 필자의 시도는 학회 일부에서 나름 지지를 얻었다고 생각한다. 또 고맙게도 네이 마사히로(根井雅弘) 선생이 《일본경제신문》(2013년 11월 10일자)의 서평란에서 다루어준 덕분에 '애매한 제도'를 논하는 것이 결코 필자의 독선이 아니라는 사실을 확인할 수 있었다. 하지만 솔직히 고백하자면 필자가 기대하고 있었던 만큼 반향이 크지는 않았다.

지금 그 이유를 생각해보면 '애매한 제도'가 분석개념으로 충분히 소화된 것이 아니었다는 것, 중국형 자본주의의 다면적인 모습을 있는 그대로 묘사하는 것에 주안을 두었기 때문에 '애매한 제도'의 설명으로는 불필요한 서술이 포함되어 있었던 데다 반대로 설명이 불충분한 곳도 있었던 것 등을 들 수 있다. 그렇지만 다행히도 나카가네 카츠지(中兼和津次), 미소바타 사토시(溝端佐登史), 키고시 요시노리(木越義則) 등 세 분으로부터 이전 저서에 대해 건설적인 비판 · 코멘트를 받고 필자는 '애매한 제도'에 대한 사색을 깊게 할 수 있었다. 그리고 이전 저서의 내용을 심화시켜 '애매한 제도'에 기초한 중국경제의 전체상을 다시 한 번 묘사하고 싶다고 강하게 느끼게 되었다. '중국경제학입문'이라는 본서의 타이틀에는 '애매한 제도'의 기능 메커니즘에 대한 분석을 통해 내 나름의 중국경제론이 완성되었다고 하는 필자의 생각이 담겨 있다.

당신의 최고걸작이 무엇이냐는 질문을 받은 영화감독이 “최고걸작은 다음 작품”이라고 답하는 것을 듣고 나도 한 번은 말하고 싶은 근사한 말이라고 생각했었는데, 잘 생각해보면 이 말의 진의는 갓 완성된 이번 작품에 온전히 못해낸 것이 상당히 있으며 나는 보다 좋은 것을 만들 수 있다는 아쉬움의 표현이기도 하다. 아쉬움이 전혀 없다고 하면 거짓말이겠지만 그래도 바로 지금은 약간 생각을 바꾸어 굳이 다음과 같이 답하고 싶다. 나에게 있어 최고 걸작은 지금 막 완성한 바로 이 책이라고 말이다.

이전 저서에 이어 본서에서도 나카가네 카츠지(中兼和津次)(토오쿄오 대학 명예교수), 타나카 히토시(田中仁)(오오사카 대학 교수), 카지타니 카이(梶谷懷)(코오베 대학 교수), 호시노 마사시(星野眞)(와세다 대학 조교),[1] 후지이 다이스케(藤井大輔)(오오사카 경제대학 전임강사), 미츠나미 코오헤이(三竝康平)(코오베 대학 연구원) 등 여러분들이 초고를 읽어주시고 유익한 코멘트를 주셨다. 기록하여 사의를 표한다. 남아 있는 오류가 필자의 책임이라는 것은 두말할 것도 없다. 또 수년 전부터 몸 상태가 안 좋아져서 충분한 교육 · 행정 업무가 불가능했던 나에게 코오베 대학 경제학연구과는 풍부한 연구시간과 훌륭한 연구환경을 계속해서 제공해 주었다. 지누시 토시키(地主敏樹) 연구과장을 비롯한 연구과의 동료 · 스텝에게는 마음으로부터 감사를 드리고 싶다. 또 본서는 평성 25년(2013)~27년도(2015) 과학연구비 보조금(기반연구A) ‘중국의 경제시스템의 지속 가능성에 관한 실증적 연구 : 이중의 덫을 넘어’의 연구성과의 일부이며, 현지시찰이나 국제 심포지엄, 연구집회 등을 통한 연구교류나 연구

1 조교 : 우리나라 대학의 ‘조교’와는 다른 의미이다. 일본에서는 교원의 등급이 ‘조교 · 강사 · 준교수 · 교수’로 나누어져 있다. 우리나라의 경우 ‘전임강사’나 갓 부임한 ‘교수’와 비슷하다고 보면 되지만, 교원으로서의 자격은 주어지나 연구활동에 전념하는 편이며 강의는 대개 ‘강사’가 되고부터 시작한다.[역자주]

분담자의 자유로운 논의가 본서에 반영되어 있다. 이 공통연구의 성과를 카토오 히로유키(加藤弘之) · 카지타니 카이(梶谷懷) 편《이중의 덫을 넘어 나아가는 중국형 자본주의 : '애매한 제도'의 실증분석》(미네르바서방[ミネルヴァ書房], 2016年)으로 출판하였다. 관심 있는 독자께서는 이것도 아울러 읽어보시기 바란다.

본서는 필자로서는 나고야 대학 출판회에서 출판한 세 번째 단행본이다. 이 출판회의 타치바타 소오고(橘宗吾) 선생은 장기간에 걸쳐 필자를 인내심으로 지켜보아주며 연구의욕을 고무시켜 주었다. 본서의 초고에 대한 적절한 코멘트와 본서를 집필할 기회를 준 것에 깊이 감사드리고 싶다. 돌이켜보면 이 출판회에서 나온 나의 처녀작《중국의 경제발전과 시장화 : 개혁 · 개방 시대의 검증》(1997년)의 〈서문〉에서 필자는 다음과 같이 말하였다. "지역 연구로서의 중국연구의 존재의의는 결국 어떻게 중국의 독자성을 파악하는가 하는 한 가지에 있다고 필자는 생각하고 있다. (중략) 중국 연구의 큰 선배이신 무라마츠 유우지(村松祐次) 선생을 흉내 내어 말하자면 '그 길을 통하는 것 외에 조금씩도 자신의 공부를 진전시킬 힘을 기를 방법은 없다'(村松 1949)는 것이다." 긴장 넘치는 문장에서 부끄러운 생각이 들지만 그 이후 18년 동안 이 길을 곧바로 걸어왔다는 사실만은 조금은 자만해도 좋지 않을까 한다. 스가시카오(菅止戈男)의 명곡 〈프로그레스[Progress]〉의 가사에 있는 다음의 한 구절은 지금 필자의 거짓 없는 느낌이기도 하다. "줄곧 찾고 있던 이상적인 나는 좀 더 멋진 모습이었지만, 사실은 내가 걸어온 나날의 길을 진정한 '나'라고 하는 거라더군. (중략) 한 걸음만 더 앞으로 나아가자."

기소천(木曾川) 하구에 있는 야토미시(彌富市)에서 태어나 자란 나로서는, 나이가 듦에 따라 깊어지는 주니치 드래건스(프로야구팀 이름이다)에 대한 애착과 함께 나고야(名古屋)와는 깊은 인연이 있다는 생각을 다시금 하고 있다. 칸사이(關西)로 이사해 살고 4반세기가 지나 그 세련된 음식문화에도 접해온 셈이지만, 히츠마부시(장어덮밥의 일종)나 미소니코미 우동이 까닭 없이 먹고 싶어질 때가 있다. 이러한 느낌을 수많은 지방 출신자들(적어도 현縣 밖에 사는 나고야 사람)은 이해할지도 모르겠다. 음식에 대한 기호조차 이처럼 바꾸기 힘든 것이라면, 일단 형성된 제도가 완고하게 변하기 힘든 구조를 지닌다는 것은 조금도 이상하지 않다. 중국경제를 제제로 그것을 확인해 보고자하는 편안한 마음으로 많은 사람들이 본서를 지니게 된다면 필자에게는 그것보다 큰 기쁨은 없을 것이다.

2015년 9월 5일 환갑을 맞이하며

저자

도표 일람

색인

중국경제학입문

초판 1쇄 인쇄 2020년 9월 20일
초판 1쇄 발행 2020년 9월 24일

저자 카토오 히로유키
역자 김종선 · 박상영

펴낸이 김진웅
펴낸곳 문진
주소 대전광역시 유성구 대학로 31 한진오피스텔 2004호
전화 042-933-6510 **팩스** 042-367-5510
이메일 woungsa@hanmail.net

ISBN 979-11-87638-57-5 03320

값 18,000원

이 도서의 국립중앙도서관 출판예정도서목록(CIP)은 서지정보유통지원시스템 홈페이지(http://seoji.nl.go.kr)와
국가자료종합목록 구축시스템(http://kolis-net.nl.go.kr)에서 이용하실 수 있습니다. (CIP제어번호 : CIP2020038278)